عجائب في عجائب

إعداد

سعد رفعت

2010 م

دار اليقين

مقدمـــــة

تشدنا كلمة عجائب منذ نعومة أظافرنا

فيخبرنا معلمونا عن عجائب الدنيا السبع

فهذه أهرامات الجيـزة التـي تحمـل عبـق المـاضي التليـد بأسراره العجيبة التي لا تنتهي. فكل يوم تلد الأيام الحبالى سرا من أسراها العظيمة

فنزداد إعجابا وتعجبا وانبهارا

وهذه حدائق بابل المعلقة بالعراق

نتساءل حدائق ومعلقة!!!!!!!!

تنتابنا الدهشة والاستغراب والتعجب

وهذه بيضة مكتوب عليها محمد رسول اللــه آية عجيبة في زمـن انقطاع الـوحي ننظر في الخلق فنزداد تعجبا

ننظر في الآفاق فتبهرنا المعجزات والآيات

والمتأمل للمشهد العام للحياة ليجد العجائب فضاء لا متناهي من العطاء لكـل مـن يقلب صفحات الأيام ويتمعن وينظر حوله..

.... ولا شك أن تلك العجائب شغلت بال الإنسان ومنذ زمن بعيـد فـلا يفتـأ يتتبعهـا ويحاول تسجيلها

منهم من تكلم عن عجائب المخلوقات وعجائب الملكوت وعجائب العقل البشرى وعجائب المخطوطات ولا تنتهي الرحلة بتتبع كل ما كتب

وهذا الكتاب محاولة جادة ومخلصة في تتبع تلك العجائب والغرائب يهدف إلى إشباع شغف الإنسان لمعرفة كل ما هو جديد وغريب بأسلوب سهل وبسيط يخلق جوا من المتعة والانبهار الذي نبحث عنه جميعا ولا نجد أنفسنا في النهاية سوى قول سبحان الله تمتلئ بها نفوسنا التواقة إلي المتعة الثقافية والانبهار بالجديد نصعد سويا عتبات العجائب الأكثر إثارة.

سعد رفعت راجح

المياسرة/ 2009/4/1م

عجائب الشعر

هذه بعض عجائب الشعر العربي الجميل...الغريـب فيـــه..أنـك تستطيـع قراءته أفقيـا ورأسيـا

ألـــــوم صديقـــي وهــــذا محــــال
صديقـــــي أحبــــه كـــلام يقـــال
وهــــذا كــــلام بليـــغ الجمـــال
محـــال يـــقال الجمـــال خيـــال

ويقول آخر:

ســـبتني فتـــاة وهـــذا حـــرام
فتـــاة يبـــاح لـــديها غـــرام
وهـــذا لـديهـــا يعـــد مـــرام
حـــرام غـــرام مـــرام يـــرام

ويقول الإمام علي كرم الـلـه وجهه:

مودته تدوم لكل هول... وهل كل مودته تدوم

اقرأ البيت بالمقلوب حرفا حرفا واكتشف الإبداع...حيث أن هذا البيت يقرا من الجهتين

وهذه الأبيات نموذج آخر

قمـــر يفـــرط عمـــدا مـــشرق　　رش مـــاء طـــرف يرمـــق

قـــد حـــلا كـــاذب وعـــد تـــابع　　لعبـــا تـــدعو بـــذاك الحـــدق

وهذه الأبيات نموذج آخر

قـــبسٌ يـــدعو ســـناه إن جفـــا　　فجنـــاه أنـــس وعـــد يـــسبق

قـــر في إلـــف نـــداها قلبـــه　　بلقاهـــا دنـــف لا يـفـــرق

حلمــوا فـــما ســاءَت لهــم شــيم سـمحوا فـما شـحّت لهـم مـنـنُ

سلــموا فـــلا زلّـــت لهـــم قـــدمُ رشـــدوا فــــلا ضـــلّت لهـم ســنـنُ

الأبيات السابقة جزء من القصيده الرجبية، ولها ميزة عجيبة ألا وهي:

أن الأبيات، أبيات مدح وثناء ولكن إذا قراءتها بالمقلوب كلمة كلمة، أي تبتدئ من قافية الشطر الثاني من البيت الأول وتنتهي بأول كلمه بالشطر الأول من البيت الأول، فإن النتيجة تكون أبيات هجائية موزونة ومقفاة، ومحكمة أيضا.

وسوف تكون الأبيات بعد قلبها كالتالي:

مــنـنٌ لهــم شــحّت فــما ســمحوا شــيمٌ لهــم ســاءَت فــما حلمــوا

ســـننٌ لهــم ضلــّت فــلا رشـــدوا قـــدمٌ لهـــم زلّـــت فـــلا ســلموا

أيضا من طرائف الشعر هذه القصيدة والتي هي عبارة عن مدح لنوفل بن دارم، وإذا اكتفيت بقراءة الشطر الأول من كل بيت فإن القصيدة تنقلب رأسًا على عقب، وتغدو قصيدة ذم لا مدح

قصيدة المدح:

إذا أتيـــت نوفـــل بـــن دارم أمـــير مخـــزوم وســـيف هاشـــم

وجـــدته أظلـــم كـــل ظـــالم عـــلى الـــدنانير أو الـــدراهم

وأبخـــل الأعـــراب والأعـــاجم بعـــرضه وســـره المكـــاتم

لا يـــستحي مـــن لـــوم كـــل لائـــم إذا قـــضى بـــالحق في الجـــرائم

ولا يراعـــي جانـــب المكـــارم في جانـــب الحـــق وعـــدل الحـــاكم

يقـــرع مـــن يأتيـــه ســـن النـــادم إذا لم يكـــن مـــن قـــدم بقـــادم

قصيدة الذم:

إذا أتيـــت نوفـــل بـــن دارم وجدتـــه أظلـــم كـــل ظـــالم

وأبخـــل الأعـــراب والأعـــاجم لا يـــستحي مـــن لـــوم كـــل لائـــم

ولا يراعـــــي جانــــب المكـــــارم يقـــرع مـــن يأتيـــه ســـن النـــادم

أبيات كل حروفها بدون تنقيط:

الحمد لله الصمد حال السرور والكمد

الـلـه لا اله إلا الـلـه مـولاك الأحد

أول كل أول أصل الأصول والعمد

الحول والطول له لا درع إلا ما سرد

وهذه أبيات شعر نظمها شاعر يعرف بـ «القاسم بن علي الحريري»

ومن عجائب هذه الأبيات أنها تقرأ من اليمين إلى اليسار ومن اليسار إلى اليمين حرفًا حرفًا دون أن يتغير المعنى المراد من البيت والأبيات هي:

أَسْ أَرْمَــلاً إِذَا عَــرَا: وارْعَ إِذَا المَــرْءُ أَسَــا أَسْــنِدْ أَخَــا نَباهَــةَ: أَبِــنْ إِخَــاءً دَنَّــسَا

أُسْــلُ جَنَــابَ غاشِــمٍ: مُــشَاغِبٍ إِنْ جَلَــسَا أُسْرُ إِذَا هَـــبَّ مِــراً: وَارْمِ بِــهِ إِذَا رَسَــا

أُسْكُنْ تَقَوَّ فَعَسَى: يُسْعِفُ وَقْتٌ نَكَسَا

فالبيت الأول يعني:

أَعط الأرمل الذي نفد زاده وافتقر إذا أَتى طالبا للرفد،

واحفظ العلاقة الطيبة إذا المرء أساء.

و البيت الثاني:

أَي أعن الشخص النبِيهَ واقطع وأبعد إِخاء يلوِث العرض.

والبيت الثالث:

أَي انس وطب نفسًا عن فراق فناءِ الظالم المهيج للشر.

والبيت الرابع:

أَي كن سريًا سيدًا رئيسًا إذا ثار الجدل وتخلص منه إذا ثبت.

والبيت الخامس:
أي إذا هدأت تتقوى وعسى الوقت الذي قلب يسعفك.
وهذه أبيات لنفس الشاعر
استخدم في آخرها نفس الكلمة مع اختلاف معناها في كل بيت
و الأبيات هي:

سَـــلَّ الزَّمَـــانُ عَـــلَيَّ عَـــضْبَهْ   لِيَرُوعَنــــي وأحَـــدَّ غَرْبــــَهْ
واسْتَـــلَّ مِـــنْ جفنـــي كـــرَاهُ   مُـــرَاغِمًا وأسَـــالَ غَرْبَـــهْ
وأجَـــالَنِي في الأفـــقِ أطْـــوِي   شَرْقَـــهُ وأجُـــوبُ غَرْبَـــهْ
فَبِكُـــلِّ جَـــوٍّ طَلْعَـــةٌ   في كُـــلِّ يَـــوْمٍ لِي وغَرْبَـــهْ
وكَـــذَا المُغَـــرِّبُ شَخْـــصُهُ   مُتَغَـــرِّبٌ ونَـــوَاهُ غَرْبَـــهْ

والبيت الأول: أي جرد الزمان علي سيفه ليخيفني وسن غربه،والغرب حد السيف.
البيت الثاني: أي وانتزع من عيني نومها مغاضبا وأسال مجرى دموعها.
البيت الرابع: أي لي في كلِ فضاء طلعة كالشمس وغربة كغروبها.
البيت الأخير: أي وكذلك الذي يأتي المغرب فهو متغرب، والجهة التي ينويها غربة أي بعيدة.
أبيات في كل كلماتها حرف شين:

فأشـــعاره مـــشهورة ومـــشاعره   وعـــشرته مـــشكورة وعـــشائره
شـــمائله معـــشوقة كـــشموله   ومـــشهده مستبـــشر ومعـــاشره
شـــكور ومـــشكور وحـــشو مـــشاشه   شـــهامة «شـــمير يطـــيش» مـــشاجره

بيت تتشابه فيه نطق بعض الكلمات وتختلف في المعنى:
طرقت«الباب حتى كل متني ولما كل متني كلمتني

المقصود بكلمة كل متني أي تعبت أكتافي من طرق الباب

أطول وأعقد بيت يسجله تاريخ الأدب العربي للمتنبي

قال المتنبي:

عــش ابــق اســم ســد جــد قــد مــر انــه اســر فــه تســل

غـظ ارم صـب احـم اغـز اسـب رع زع دل اثـن نـل

وهذا دعاء لو سكت كفيته لأني سألت الله فيك وقد فعل

ومن أبياته التي يمكن أن تغير فيها دون أن يتغير المعنى - وإن كان
المتنبي نفسه لم يقصد ذلك فيما أحسب - قوله في وصف الأسد:

يطأ الثرى مترفقاً من تيهه   فكأنه آس يجس عليلا

فالشطر الأول يمكن أن يكون:

يطأ الثرى من تيهه مترفقا

من تيهه يطأ الثرى مترفقا

من تيهه مترفقاً يطأ الثرى

مترفقاً من تيهه يطأ الثرى

مترفقاً يطأ الثرى من تيهه

بالمقلوب:

قال الحريري:

أس أرمـلا إذا عـرا وارع إذا المـرء أسـا

أسند أخـا نباهـة أبـن إخـاء دنسـا

أسل جناب غاشم مشـاغب إن جلسا

أسر إذا هـب مـرا وارم بـه إذا رسـا

أسكن تقو فعسـى يسعف وقت نكسا

لعلك قرأت هـذه الأبيـات قراءة عادية، ولكن ماذا لو قرأت الأبيات بالمقلـوب «مـن اليسار إلى اليمين».. لن يتغير البيت أليس كذلك؟

قافيتين:

قال الحريري: وقـــــرارة الأكــدار
يا خاطـب الدنيا الدنية إنها شرك الردى

بعـدا لهـا مــن دار
دار متـــى مـا أضحكـت أبكت غـدا

بجلائـــل الأخطـــار
غاراتهـا مـــا تنقضـي وأسيرهـا لا يفتدى

متمـــردا المقـــدار
متجاوز كـم مزدهـي بغرورهـا حتى بـدا

ونـزت لأخـذ الثـار
قلبـت لـه ظهـر المجن وأوغلـت فيه المـدى

من غير ما استظهار
فاربأ بعمرك أن يمـر مضيعا فيها سـدى

ورفاهـــة الأســرار
واقطـع علائـق حبها وطلابها تلـق الهــدى

وتوثــب الغـــدار
وارقب إذا ما سالمت من كيدها حرب العدى

وونت سرى الأقـدار
واعلم بأن خطوبها تفجا ولو طـال المـدى

تأمل -عزيزي القارئ- في هذه الأبيات، ستلاحظ أنك تستطيع قراءتها بقافيتين، إما أن تأخذ البيت كاملا (مع الجزء الأحمر) فتصبح القافيـة حرف الراء، أو أنك ستغني عن الجزء الأخضر فتصبح القافية حـرف الدال!!

تكرار:

قال الحريري:

قويمـــا ويغشـــاه إذا مـــا التـــوى التوى
بنـــي استقـــم فالعـــود تنمـــي عروقـــه
إذا التهبـــت أحشـــاؤه بالطـــوى طـــوى
ولا تطـــع الحـــرص المـــذل وكـــن فتـــى
إلـــى النجـــم لمـــا أطـــاع الهـــوى هـــوى
وعـــاص الهـــوى المـــردي فكـــم مـــن محلـــق
علـــى مـــن إلـــى الحـــر اللبـــاب انضوى ضوى
وأسعـــف ذوي القربـــى فيقبـــح أن يـــرى
زمـــان ومـــن يـــرعـــى إذا مـــا النـــوى نـــوى
وحافـــظ علـــى مـــن لا يخـــون إذا نبـــا
إذا اعتلقـــت أظفـــاره بالشـــوى شـــوى
وان تقتـــدر فاصفـــح فـــلا خيـــر فـــي امرئ
شكا بل أخو الجهل الذي ما ارعوى عوى
وإيـــاك والشكـــوى فلـــم تـــر ذا نهـــى

كما تلاحظ أن الشاعر أردف في نهاية كل بيت تكرار لنفس الكلمة التي قبلها، وهي طريقة تحتاج مهارة عالية، ومتانة في اللغة.

وهذا نموذج آخر:

مشتهر في علمه وحلمه وزهده وعهده مشتهر
في علمه مشتهر وحلمه وزهده وعهده مشتهر
في علمه وحلمه وزهده مشتهر وعهده مشتهر
في علمه وحلمه وزهده وعهده مشتهر مشتهر

من أروع ما قرأت في عجائب الشعر

قول ابن قيم الجوزية في كتابه: «بدائع الفوائد» (3/511-512) قوله:

قال بعض الفضلاء: بيتاً من الشعر يشتمل على أربعين ألف بيت من الشعر وثلاثمائة وعشرين بيتاً:

لقبلي حبيب مليح ظريف بديع جميل رشيق لطيف

وبيان ذلك:

أن هذا البيت ثمانية أجزاء، يمكن أن ينطق بكل جزء من أجزائه مع الجزء الآخر، فتنتقل كل كلمة ثمانية انتقالات، فالجزءان الأولان لقبلي حبيب، يتصور منهما صورتان بالتقديم والتأخير.

ثم خذ الجزء الثالث فيحدث منه مع الأولين ست صور؛ لأن له ثلاثة أحوال تقديمه عليهما وتأخيره وتوسطه، ولهما حالان، فاضرب أحواله في الحالين

يكون ستة. ثم خذ الجزء الرابع، وله أربعة أحوال، فاضربها في الصور المتقدمة وهي الستة التي لما قبله تكن أربعة وعشرين. ثم خذ الخامس تجد له خمسة أحوال، فاضربها في الصور المتقدمة وهي أربعة وعشرون تكن مائة وعشرين. ثم خذ السادس تجد له ستة أحوال، فاضربها في مائة وعشرين تكن سبعمائة وعشرين. ثم خذ السابع تجد له سبعة أحوال، فاضربها في سبعمائة وعشرين تكن خمسة آلاف وأربعين.

ثم خذ الثامن تجد أحواله ثمانية فاضربها في خمسة آلاف وأربعين تكن أربعين ألفاً وثلاثمائة وعشرين بيتاً فامتحنها تجدها كذلك.

ومثله لي - أي لابن قيم الجوزية:

محب صبور غريب فقير وحيد ضعيف كتوم حمول

عجائب الخطب

جلس جماعة من صحابة رسول الله ﷺ.

يتذاكرون فتذاكروا الحروف الهجائية وأجمعوا على أن حرف الألف هو أكثر دخولا في الكلام فقام الإمام علي بن أبي طالب عليه السلام... وارتجل هذه الخطبة الخالية من الألف:

وهي تتكون من 700 كلمة أو 2745 حرفا ما عدا

ما ذكره فيها من القرآن

حمدت وعظمت من عظمت منته، وسبغت نعمته، وسبقت غضبه رحمته، وتمت كلمته، ونفذت مشيئته، وبلغت قضيته. حمدته حمد مقر بتوحيده، ومؤمن من ربه مغفرة تنجيه، يوم يشغل عن فصيلته وبنيه. ونستعينه ونسترشده ونشهد به، ونؤمن به، ونتوكل عليه، ونشهد له تشهد مخلص موقن، وتفريد ممتن، ونوحده توحيد عبد مذعن، ليس له شريك في ملكه، ولم يكن له ولي في صنعه، جل عن وزير ومشير، وعون ومعين ونظير، علم فستر، ونظر فجبر، وملك فقهر، وعصي فغفر، وحكم فعدل، لم يزل ولم يزول، ليس كمثله شئ، وهو قبل كل شئ، وبعد كل شئ، رب متفرد بعزته، متمكن بقوته، متقدس بعلوه، متكبر بسموه، ليس يدركه بصر، وليس يحيطه نظ ، قوي منيع، رؤوف رحيم، عجز عن وصفه من يصفه، وصل به من نعمته من يعرفه، قرب فبعد، وبعد فقرب، مجيب دعوة من يدعوه، ويرزقه ويحبوه، ذو لطف خفي، وبطش قوي، ورحمته موسعه، وعقوبته موجعة، رحمته جنة عريضة مونقة، وعقوبته جحيم ممدودة موثقة. وشهدت ببعث محمد عبده ورسوله، وصفيه ونبيه وحبيبه وخليله، صلة تحظيه، وتزلفه وتعليه، وتقربه وتدنيه، بعثه في خير عصر، وحين فترة كفر، رحمة لعبيده، ومنة لمزيده، ختم به نبوته، ووضح به حجته فوعظ ونصح، وبلغ وكدح، رؤوف بكل مؤمن رحيم، رضي ولي زكي عليه رحمة وتسليم، وبركة وتكريم، من رب رؤوف رحيم، قريب مجيب. موصيكم جميع من حضر، بوصية ربكم، ومذكركم بسنة نبيكم، فعليكم برهبة تسكن قلوبكم،وخشية تذرف

دموعكم وتنجيكم، قبل يوم تذهلكم وتبلدكم، يوم يفوز فيه من ثقل وزن حسنته، وخف وزن سيئته، وليكن سؤلكم سؤل ذلة وخضوع، وشكر وخشوع، وتوبة ونزوع، وندم ورجوع، وليغتنم كل مغتنم منكم صحته قبل سقمه، وشبيبته قبل هرمه فكبره ومرضه، وسعته وفرغته قبل شغله وثروته قبل فقره، وحضره قبل سفره، من قبل يكبر ويهرم ويمرض ويسقم ويمله طبيبه ويعرض عنه حبيبه، وينقطع عمره ويتغير عقله. قبل قولهم هو معلوم، وجسمه مكهول، وقبل وجوده في نزع شديد، وحضور كل قريب وبعيد، وقلب شخوص بصره، وطموح نظره، ورشح جبينه، وخطف عرينه، وسكون حنينه، وحديث نفسه، وحفر رمسه، وبكي عرسه، ويتم منه ولده، وتفرق عنه عدوه وصديقه، وقسم جمعه، وذهب بصره وسمعه، ولقي ومدد، ووجه وجرد، وعري وغسل، وجفف وسجى، وبسط له وهيئ، ونشر عليه كفنه، وشد منه ذقنه، وقبض وودع وسلم عليه، وحمل فوق سريره وصلي عليه، ونقل من دور مزخرفة وقصور مشيدة، وحجر متحدة، فجعل في طريح ملحود، ضيق موصود، بلبن منضود، مسعف بجلمود، وهيل عليه عفره، وحشي عليه مدره، وتخفق صدره، ونسي خبره، ورجع عنه وليه وصفيه ونديمه ونسيبه، وتبدل به قريبه وحبيبه، فهو حشو قبر، ورهين قفر، يسعى في جسمه دود قبره، ويسيل صديده على صدره ونحره، يسحق تربه لحمه، وينشف دمه ويرم عظمه، حتى يوم محشرة ونشره، فينشر من قبره وينفخ في صوره، ويدعى لحشره ونشوره، فتلم بعزه قبور، وتحصل سريرة صدور، وجئ بكل صديق، وشهيد ونطيق، وقعد للفصل قدير، بعبده خبير بصير، فكم من زفرة تعنيه، وحسرة تقصيه في موقف مهيل ومشهد جليل بين يدي ملك عظيم بكل صغيرة وكبيرة عليم، حينئذ يجمعه عرفه ومصيره، قلعة عبرته غير مرحومة، وصرخته غير مسموعة، وحجته غير مقبولة، تنشر صحيفته، وتبين جريرته، حين نظر في سور عمله، وشهدت عينه بنظره، ويده ببطشه، ورجله بخطوه، وفرجه بلمسه، وجلده بمسه، وشهد منكر ونكير، وكشف له من حيث يصير، وغلل ملكه يده، وسيق وسحب وحده، فورد جهنم بكرب وشده، فظل يعذب في جحيم، ويسقى شربة من حميم، يشوى وجهه، ويسلخ جلده، ويضربه زبينه بمقمعة من حديد، يعود جلده بعد نضجه وهو جلد جديد، يستغيث فيعرض عنه خزنة جهنم، ويستصرخ فلم يجده ندم ة، ولم ينفعه حينئذ ندمه. نعوذ برب قدير من شر كل مضير ونطلب منه عفو

من رضي عنه، ومغفرة من قبل منه، فهو ولي سؤلي، ومنجح طلبتي، فمن زحزح عن تعذيب ربه، جعل في جنة قربه، خلد في قصور مشيده، وملك حور عين وعده، وطيف عليه بكؤوس، وسكن في جنة فردوس، وتقلب في نعيم، وسقي من تسنيم، وشرب من عين سلسبيل قد مزج بزنجبيل، ختم بمسك، مستديم للملك، مستشعر بسرور، يشرب من خمور، في روض مغدق، ليس يبرق، فهذه منزلة من خشي ربه، وحذر ذنبه ونفسه، قوله قول فصل، وحكمه حكم عدل، قص قصص، ووعظ نص، بتنزيل من حكيم حميد، نزل به روح قدس متين، مبين من عند رب كريم، على نبي مهدي رحمة للمؤمنين، وسيد حلت عليه سفره،مكرمون برره، وعذت برب عليم حكيم، قدير رحيم، من شر عدو ولعين رجيم، يتضرع متضرع كل منكم، ويبتهل مبتهلكم، ويستغفر رب كل مذنوب لي ولكم (تمت) و الـلـه أعلم. ثم قرأ بعدها قوله تعالى ﴿**تلك الدار الآخرة نجعلها للذين لا يريدون علوا في الأرض ولا فسادا والعاقبة للمتقين**﴾

• • •

خطبة خالية من النقط:

يقول على كرم الـلـه وجهه:

الحمد لله الملك المحمود، المالك الودود، مصوّر كلّ مولود، ومآل كلّ مطرود. ساطح المهاد، وموطّد الأطواد، ومرسل الأمطار، ومسهّل الأوطار، عالم الأسرار ومدركها، ومدمّر الأملاك ومهلكها، ومكوّر الدّهور ومكرّرها، ومورّد الأمور ومصدّرها.

عمّ سماحه، وكمل ركامه وهمل، وطاوع السؤال والأمل، وأوسع الرّمل وأرمل.

أحمده حمدا ممدودا، وأوحّده كما وحد الأوّاه، وهو الـلـه لا إله للأمم سواه، ولا صادع لما عدّله وسوّاه.

أرسل محمّدا علما للإسلام، وإماما للحكّام. مسدّدا للرّعاع، ومعطّل أحكام ودّ وسواع.

أعلم وعلّم، وحكم وأحكم، وأصّل الأصول ومهّد، وأكّد الموعود وأوعد.

أوصل الـلـه له الإكرام، وأودع روحه السّلام، ورحم آله وأهله الكرام. ما لمع زائل،

وملع دالّ، وطلع هلال، وسمع إهلال. اعملوا رعاكم الـلـه أصلح الأعمال، واسلكوا مسالك الحلال.

واطرحوا الحرام ودعوه، واسمعوا أمر الـلـه وعوه.

وصلوا الأرحام وراعوها، وعاصوا الأهواء واردعوها.

وصاهروا أهل الصّلاح والورع، وصارموا رهط اللّهو والطّمع.

ومصاهركم أطهر الأحرار مولدا، وأسراهم سؤددا، وأحلاهم موردا، وها هو أمّكم، وحلّ حرمكم. مملّكا عروسكم المكرمة، وماهرا لها كما مهر رسول الـلـه أمّ سلمه.

وهو أكرم صهر أودع الأولاد، وملك ما أراد.

وما سها مملكه ولا وهم، ولا وكس ملاحمه ولا وصم.

أسأل الـلـه لكم أحماد وصاله، ودوام إسعاده. وألهم كلاّ إصلاح حاله،

و الإعداد لمآله ومعاده. وله الحمد السّرمد، والمدح لرسوله أحمد...

من عجائب اللغة الإنجليزية

يوجد في اللغة الإنجليزية بعض العبارات التي تطلق ويراد بها معنىً آخر غير المعنى الحرفي لها مما قد يسبب بعض الإشكالية في فهم بعض المحادثات..

وقد أحببت أن أذكر بعضها فيما يلي:

Break the ice

المعنى الحرفي: اكسر الثلج

المعنى المجازي: مهد الأمور أو مهد الطريق لأمر ما

He looks blue

المعنى الحرفي: هو يبدو أزرقاً

المعنى المجازي: هو يبدو حزيناً

She is in the clouds

المعنى الحرفي: هي في الغيوم

المعنى المجازي: هي شاردة الذهن

I will go banana

المعنى الحرفي: سأصبح موزة

المعنى المجازي: سأجن أو سأفقد عقلي

It rains cats and dogs

المعنى الحرفي: إنها تمطر قططاً وكلابا

المعنى المجازي: إنها تمطر بغزارة

This is nuts

المعنى الحرفي: هذه مكسرات

المعنى المجازي: هذا جنون أو هذا هراء

It's a piece of cake

المعنى الحرفي: إنها قطعة من الكيك

المعنى المجازي: إنه لأمر سهل جدا

He leads a dog's life

المعنى الحرفي: هو يحيا حياة الكلاب

المعنى المجازي: هو يحيا حياة مليئة بالقلق

He is a black sheep

المعنى الحرفي: هو خروف أسود

المعنى المجازي: هو شخص سيء الأخلاق

This is a hot air

المعنى الحرفي: هذا هواءٌ حار

المعنى المجازي: هذا كلام لا فائدة منه

• • •

عجائب وغرائب الطبيعة

• شجرة الضحك

توجد في شبه الجزيرة العربية شجرة ذات ثمار صغيرة تحتوى كل ثمرة منها على ثلاث حبات سوداء في حجم حبة البازلاء وتُعرف باسم شجرة الضحك والسبب في هذه التسمية هو أن مسحوق حباتها السوداء يُستعمل كنوع من أنواع (النشوق) يكفى أن يستنشق المرء منه عدة مرات لتنتابه نوبة شديدة من الضحك تتحول إلى رقص وتستمر هذه الحالة حوالي نصف ساعة يروح بعدها المرء في سبات عميق.

• بحيرة تتنفس

يوجد في نيوزيلاندة بحيرة كبيرة تبلغ مساحتها ثمانين كيلومتراً وعمقها أربعمائة متر.. هذه البحيرة ترتفع وتنخفض بنظام آلي كل خمس دقائق فهي تشبه صدر إنسان يتنفس بقوة.

• الأنهار الصغار

من بين الأنهار الصغار نهرين بين البصرة والأهوار قيل أنه يرتفع بعض الأوقات ثم ينقطع ثماني سنين ولا يعرف عنه أحد شئ.. ونهر في اليمن عند طلوع الشمس يجرى من الشرق إلى الغرب وعند غروبها يجرى من الغرب إلى الشرق.

• الجبال الطبيعية

إن جبل المقدس جبل شريف فنار تضئ في الليل وتزورها الناس ويوجد جبل بالشام لونه أسود كالفحم ورماده أبيض وجبل سمرقند يقطر

منه ماء في الصيف يصير جليداً في الشتاء وجبل الطور إذا حُفر بأرضه يُخرج حجارة كصورة الآدميين.

- أسوأ البراكين

هو بركان فيزوف ويقع جنوب نابولي بإيطاليا وهو على هيئة مخروط يصل ارتفاعه إلى 1300 متراً تقريباً ومحيط قاعدته 4 كيلومتر.. ويبلغ قطر فوهته حوالي 4 كيلومترات وأشهر ثوراته التي حدثت عام 79 م واستمرت الحمم الملتهبة تقذف المدن حولها ثلاثة أيام حتى أفنت مدنًا بأكملها.. ثم ثورته عام 1631 أي بعد أسوأ ثوراته الأولى بحوالي 1500 عام ليقتل هذه المرة ما يزيد على 18 ألف شخص.

- أسوأ الزلازل المتسببة بالموت في العالم

أضخم أرقام الضحايا من جراء الزلازل هو ذلك الذي ضرب كل مدن البحر الأبيض المتوسط في شهر يوليو 1201 والإحصاء المعاصر لعدد الضحايا يشير إلى 1100000 وثمة رقم غير مؤكد وهو 830000 في الجزر الصينية (شنيس - شانس - هونان) من جراء زلزال في يناير 1556 - أما رقم الضحايا الأعظم فكان من زلزال تانفشان - شرق الصين وقد ضرب الصين في عام 1976 وبلغت شدته 8.2 ريختر.. وكان أول رقم نُشر فى ذلك كان حوالي 65537 وقد عُدّل الرقم فيما بعد ليصل إلى 750000. والزلزال الأقوى الذي تسبب في خسائر مادية وبشرية هائلة كان زلزال طوكيو ويوكوهاما حيث دمر 575000 منزلاً وقد قُدرت الأضرار المادية بـ 1000 مليون جنيه إسترليني.

- أطول أنهار العالم

أطول الأنهار في العالم هو نهر (الأمازون) الذي يصب في جنوب الأطلنطي، ونهر النيل الذي يصب في البحر الأبيض المتوسط، وتم اكتشاف المصدر الحقيقي لنهر

الأمازون في عام 1953 وهو ينبوع اسمه (هوركو) وقد تم قياس طول هذا النهر حتى مصِّبه في جنوب الأطلنطي عام 1969.. فبلغ 4007 ميلاً = 6448 كم.. أما طول نهر النيل فقد بلغ حوالي 4145 ميلاً.. حوالي 6670 كم.

• أقصر أنهار العالم

أقصر الأنهار هو (نهر فدى) في مدينة لينكولين بالولايات المتحدة الأمريكية.

• نبع مياه عذبة في البحر

في إحدى جزر البحرين يحصل السكان على الماء العذب من نبع ينبثق وسط المياه المالحة قرب ساحل الجزيرة لذلك تقصد إليه السفن وينزل الغواصون تحت سطح الماء حيث يملأ ون أوانيهم على مقربة من القاع قبل أن تختلط بالماء المالح.

• نهر من الخل

قد يوصف نهر النيل بأنه نهر من العسل أو الشهد كدلالة على عذوبة مياهه.. وعلى العكس من النيل هناك نهر من الخل وهو نهر (الريو - فيناجري) الذي يوجد في كولومبيا. وهو جزء من النهر الأكبر المسمى كوكا.. وقد بلغ من ملوحته أن الأسماك لا تستطيع العيش فيه وعندما حلل العلماء مياهه كيميائياً وجدوا أنها تحتوى على أحد عشر جزءا من حامض الكبريتيك وعلى تسعة أجزاء من حامض الهيدروكلوريك في كل 1000 جزء من الماء... ويرجع سبب ملوحة هذا النهر إلى أنه يجرى بالقرب من بركان يسمى بركان (بوراسيه).

• أعلى بركان

أعلى بركان في العالم هو بركان كوتوباكس في الأكوادور بأمريكا الجنوبية ويبلغ ارتفاعه 5900 متراً يليه بركان مونالوا وارتفاعه حوالي 4500 متراً.. فبركان فيزوف 1186 متراً.

• أعلى الشلالات

أعلى شلالات العالم هي شلالات سوزولاند في الجزيرة الجنوبية لأيسلندا.

- الشجرة التي تأكل الناس!

سافرت بعثة إنجليزية قبل عشرين عاماً إلى إحدى جزر المحيط الهندي وعادت تحمل أخبارا عن شجرة يُقال أنها تأكل الناس والحيوانات بأن تلتف أوراقها وأغصانها الهائلة على الضحية فتفترسها وتمتصها فلا تتركها إلا بعد أن تصبح هيكلاً بشرياً.. ومما قالته البعثة أن هذه الشجرة تنمو في نفس الجزيرة التي نزل فيها السندباد البحرى وقص عنها الغرائب والعجائب المعروفة..

ويعتقد السكان هناك بأن أرواح أجدادهم وآلهتهم متقمصة في أوراق هذه الشجرة، ولذلك تجدهم يعبدونها ويقدسونها ويُقدمون إليها ذبيحة مختارة على الهيكل هيكل الأجداد والآلهة.

أما كيف يتقدم الشخص من الشجرة المقدسة، فيلخص بأنه يرى في نومه أنه واقف تحتها، يكفى أن يحلم بها فيتقدم في اليوم التالي ويعترف للكاهن بأن الاختيار وقع عليه.. والويل لمن ينكر ذلك منهم فإنه باعتقادهم يصيح منبوذاً من الآلهة وتحق عليه لعنته الأبدية.

- بيت في شجرة

ينمو في أواسط أفريقيا وأستراليا نوع من الشجر كبير الحجم يمتاز بتجويف كبير في جذعه ولذا يتخذه الأهالي هناك مسكناً لهم.

• أطول شجرة عيد ميلاد

أقدم شجرة في العالم لعيد الميلاد بلغ ارتفاعها 221 قدماً = 67.36 متراً وقد تم اقتطاعها من شجرة تنَّوب (دوجلاس) واشنطن عام 1950.

وأطول شجرة عيد ميلاد شُيدت في بريطانيا بلغ ارتفاعها 85 قدماً = 25.98 متراً وهى مقتطعة من شجرة بيسية من النرويج وذلك في لندن عام 1975.

• أقدم شجرة في العالم

كانت شجرة صنوبر نمت على ارتفاع 10.75 قدماً فوق سطح البحر في نيفادا - الولايات المتحدة الأمريكية.. بلغ عمرها 5100 عاماً أما أكبر الأشجار الحية سناً فهي شجرة صنوبر في كاليفورنيا - الجبال البيضاء - وعمرها هو 4600 عاماً.. وقيل أنه في شهر مارس عام 1974 أنتجت هذه الشجرة 48 نبتة صغيرة.

• أضخم غابة في العالم

أضخم مناطق الغابات في العالم تقع في شمال روسيا وتصل مساحة المناطق المشجرة إلى حوالي 1100 مليون هكتار أي حوالي ربع مساحة غابات العالم.

• أغلى شجرة في العالم

أكبر ثمن دُفع لقاء شجرة هو 51000 دولار لشجرة تفاح (جولدن) في منطقة(باكي) واشنطن - الولايات المتحدة الأمريكية وقد اشترتها بيت حضانة للأطفال في ميسوري عام 1959.

• النبات الذي يأكل اللحم

نوع مـن النبـات يـسمى الكـوبرا وهـو نبات أرضى غريب وغذاؤه أغرب لكنه يعـيش على التهام اللحـوم، فـضحاياه مـن الحـشرات التي يجذبها إلى جناحيه المزودين برحيق حلو ورائحة جذابة، فما أن تـأوي الحـشرات إليهـا حتى تدخل فتحة لدى النبات وتضل الحـشرة طريقها في الخروج..

هذه الفتحة هي المصيدة وهى بمثابة المعدة التي تُهضم وتُمتص وكأنها الجهاز الهضمي عند الحيوان.

• • •

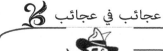

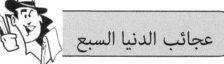

عجائب الدنيا السبع

- أهرامات الجيزة

أهرمات الجيزة (مصر) من أقدم عجائب الدنيا السبع، وهي مقابر الفراعنة، بنيت حوالي 2690 ق.م ثلاثة أهرام شاد الأول منها الفرعون خوفو وعلوه 147مترا والثاني الفرعون خفرع وعلوه 136مترا والثالث الفرعون منقرع وعلوه 62 مترا وهي من عجائب الدنيا السبع المتبقية وقد امتلأت ممراتها ومقابرها في يوم من الأيام بممتلكات الملوك التي لا تقدر بثمن، والتي دفنوها معهم حتى يستعملوها في الحياة الأخرى ـ على حد زعمهم ـ وقد نهبت كنوز الأهرامات منذ آلاف السنين ولا زالت الاكتشافات متوالية إلى الآن.

- تمثال رودس

كان هليوس رودس من أشهر التماثيل الضخمة القديمة، أقيم في اليونان عام 280 ق.م على جزيرة رودس ويعلو 32 مترا وقد حطمه زلزال في عام 227 ق. م فأصبح أنقاضا وكان هذا التمثال مصنوعاً من البرونز المقوى بالحديد.

- فنار الإسكندرية

أقام بطليموس الثاني فنار الإسكندرية في عام 280 ق.م، حيث تعتبر أول منارة في العالم وبلغ ارتفاع الفنار حوالي 120 مترا، وكان على جزيرة تبعد قليلا عن مدينة الإسكندرية، وكان المصريون يشعلون النار كل ليلة على قمة الفنار ليحذروا السفن المارة، هدمها زلزال عام 1375م.

- ضريح هاليكارناسوس

عندما مات موسولوس ملك كاريا قررت أرتميس ملكة كاري أرملته أن تقيم له ولأخيها قبرا ضخما (ضريح هاليكارناسوس) وقد اشترك أشهر المعماريين الإغريق في تشييد وتزيين الضريح بأجمل التماثيل، وفي قمة الضريح وضع تمثال للملك موسولوس وزوجته وهما جالسان في عربة تجرها خيول أربعة، علوه 42 مترا ويحتفظ المتحف البريطاني ومدينة بوردوم في تركيا ببعض أجزاء منه.

- تمثال زيوس

تمثال زيوس في أولمبيا، نحت في اليونان عام 450 ق.م كان الاعتقاد السائد أن الخير والإلهية ينبعثان من هذا التمثال الضخم لزيوس ـ معاذ الله ـ (أو المشتري كما عرفه الرومان) وهو رب الآلة عند الإغريق، وكان هذا التمثال في معبد أوليمبيا في اليونان، وهو من صنع المثّال فيدياس والتمثال مصنوع من العاج والذهب، ويبلغ ارتفاعه أكثر من 15 مترا، وقد دمره حريق هائل ولا أثر له باق.

• معبد ديانابارفسوس

أقام ملك ليديا معبد ديانا بارفسوس في عام 500
ق.م، بني هذا المعبد الشهير في آسيا الصغرى بتركيا
وأحرقه إيروسترات عام 356 ق.م في الليلة التي ولد فيها
الاسكندر الكبير وأعيد بناؤه عام 350 ق.م ولكن دمر عند
هجوم القوطيين عام 262 ق.م ولا تزال بقاياه محفوظة
في المتحف البريطاني كما استعملوا قسما من بقاياه في بناء
كنيسة القديس يوحنا في أفسس والقديسة صوفيا في
اسطنبول، ونحن نعرف شكل تمثال ديانا الذي كان داخل
المعبد، عن طريق النسخ الموجودة له.

• حدائق بابل المعلقة

كانت حدائق بابل المعلقة مجموعة من
المدرجات الصخرية الوحدة تلو الأخرى، تعود
إلى عام 600 ق.م ويقال أن نبوخذ نصر هو
الذي بناها وتعلو هذه الحدائق عن الأرض
مابين 23 و92مترا أما اليوم فلم يعد لها أثر
فقد اندثرت، وقد زرعت الأشجار والنباتات
والزهور في طبقة كثيفة من التربة على كل
مدرج من المدرجات الصخرية.

أغلب هذه العجائب انتهت أو
دمرت ولم يبق منها إلا أهرامات الجيزة

عجائب أخرى

• تاج محل

من عجائب الدنيا الحديثة والتي تستحق البحث والدراسة، بناه رجل مسلم لزوجته المسلمة، وهو في تصميمه يأخذ العمارة الإسلامية التي تأثر بها كل من على هذه الكرة الأرضية، والآن هو من أشهر المعالم السياحية في الهند، ولا يمكن لأحد الزوار أن يزور الهند دون العبور على هذا الصرح.

• برج بابل

كان شامخا أثناء الحضارة البابلية، وهي امتدادًا لأول حضارة عرفتها البشرية حسب أقاويل العديد من العلماء، إنها الحضارة السومرية، حيث كان الناس يعرفون لغة واحدة وكلماتهم كانت قليلة وغير متشعبة، أي أن ما يدور في خلدهم لا يقولونه كاملا، لأنهم لا يعرفون كيف يعبرون عنه، إن هؤلاء الناس العظماء بنوا برجا وكأنهم يعلمون أن الزمن سوف يأتي يوما ما لتتباهي المدن بأبراجها، فيا عجبًا! أفي ذلك الوقت كانت الأبراج موجودة؟! وماذا لو كان البرج صامدا شامخا إلى يومنا هذا؟! ماذا سنقول؟!

• • •

- معبد أبو سمبل

المعبد العظيم لأبي سمبل الذي يعود إلى رمسيس الثاني، زينت واجهته بأربعة تماثيل ضخمة للفرعون العظيم نفسه، كذلك فإن الأسطورة تحكي أن هذا المعبد لحورس الراهب، حيث كان يؤدي تعويذاته وصلاته فيه، يبلغ علو التمثال الواحد حوالي 20 مترا، أما الواجهة فإنها بعرض 35 مترا، وعلوها 30 مترا، وفي الصورة يمكن رؤية الملك وهو بعض من زوجاته وأبنائه، كذلك فإن من غرائب وعجائب معبد أو سمبل أن شعاع الشمس يدخل فيه مرتين في العام الواحد وتحديدا في 20 فبراير و20 أكتوبر.

- سور الصين العظيم

أحد روائع الزمن والدنيا والبشرية، إنه سور الصين العظيم والذي يقال أن يأجوج ومأجوج مدفونان تحته وأنهما سيخرجان منهما، ولكن كثرت الأقاويل عن هذا الصرح الشامخ، يستحق المشاهدة.

- خواتم الصخور

إنه المكان الأكثر غرابة في العالم، لا يمكن لأي شخص أن يراه بدون أن يبدي إعجابه بما رأته عينه، إنها مجموعة من الخواتم الصخرية العملاقة والتي تعود إلى الألف الثانية قبل الميلاد، وتوجد هذه الخواتم على سهل ساليسبري الفارغ، وهي تأخذ شكل المركز وعلى قممها حذاء الفرس.

• برج بيزا المائل

الواقع في إيطاليا أحد عجائب الدنيا، ولكن ليست السبع بل العجائب الحديثة التي وصل عددها إلى 50 معلم على وجه الكرة الأرضية، قام بتصميمه المهندس الإيطالي بونانو بيزاتو، ويبلغ ارتفاعه 550 متر وقد وضع حجر الأساس له عام 1173م وظل يعمل فيه المهندس الإيطالي حتى سنة 1185، وعندما وصل البناء إلى الطابق الثالث لاحظ أن البرج يميل قليلا، فهرب خوفا من وقوعه وظل البرج على هذه الحالة طيلة 90 عاماً، حتى جاء مهندس آخر وعكف على إكماله، وجعل الطوابق الخامس والسادس والسابع مستقيمة لتعويض الميل، ثم جاء مهندس ثالث وأكمل بناء الطابق الثامن، وبذلك استغرق بناء البرج حوالي قرنين من الزمان، ومع ذلك استمر في الميل، لذا يعتبر أحد عجائب الدنيا الحديثة.

• • •

عجائب الزواج في العالم

• **الزواج عند الصينيين:**

من غرائب عادات الزواج عند الصينيين في بعض المناطق أن يتم عقد الخطبة بدون أن يرى العروسان بعضهما.. فإذا تم الاتفاق يقوم أهل العروسة بتزيينها ثم يضعونها في محفة خاصة ويغلق عليها الباب ثم يحملونها إلى خارج البلدة ومعها بعض أهلها، الذين يقابلون الزوج هناك ويعطونه المفتاح فيقوم بفتح المحفة ويراها فإذا أعجبته أخذها إلى منزله وإلا ردها إلى قومها.

• **الخطوبة في التبت:**

مقاطعة التبت لها طقوس غريبة في الزواج والخطبة فعند اختيار الزوج للزوجة.. يقوم بعض أقارب العروس بوضعها أعلى شجرة ويقيمون جميعاً تحت الشجرة مسلحين بالعصي فإذا رغب أحد الأشخاص في اختيار هذه الفتاه عليه أن يحاول الوصول إليها والأهل يحاولون أن يمنعونه بضربه بالعصي فإذا صعد الشجرة وأمسك يديها عليه أن يحملها ويفر بها وهم يضربونه حتى يغادر المكان ويكون بذلك قد ظفر بالفتاة وحاز على ثقة أهلها.

• **الزواج في الهند وقبيلة تودا:**

وقبيلة (تودا) في جنوب الهند لها طقوس غريبة في الزواج أثناء الاحتفال بالعرس ينبغي على العروس الزحف على يديها وركبتها حتى تصل إلى العريس ولا ينتهي هذا الزحف إلا عندما يبارك العريس عروسه بأن يضع قدمه على رأسها.

• **الزواج في غينيا الجديدة:**

من عادات الزواج هناك أن تسبح الفتاة في بركة ماء وهى عارية تماماً فإذا قدم إليها أحد الحاضرين وقطع ثيابه تكون قد أعجبته وارتضاها زوجة له وعندما تتناول تلك القطع تصبح على الفور زوجته.

- إندونيسيا:

يحظر على العروس في إندونيسيا أن تطأ بأرجلها الأرض يوم زفافها خاصة عندما تنتقل من بيت أهلها إلى بيت زوجها لذا يُجبر والدها على حملها من بيته إلى بيت عريسها على كتفيه مهما طال الطريق.

- الملايو:

من عادة الزواج في ملايو أن الرجل إذا أحب فتاة فإنه يأتي ويمكث وينام في بيت الحبيبة بعد موافقتها ويبقى ويعيش معها مدة عامين دون أن يمسها فإذا راقت له خلال هذه الفترة التجريبية عندها توافق عليه وتتزوجه.. أما إذا كان مخلاً بالأدب وصاحب أخلاق سيئة فإنها تطرده على الفور.

- جزيرة جرين لاند:

في الأقاليم الريفية منها يذهب العريس ليلة الزفاف إلى منزل عروسه ويجرها من شعرها إلى أن يوصلها إلى مكان الاحتفال.

- الباسفيك:

من عادات أهالي جزيرة هاوان أن يقدموا صداق المرأة الجميلة بعدد كبير من الفئران وتقل هذه الكمية حسب جمال العروسة.

- المهر العجيب في جاوة:

أغرب وأعجب مهر في العالم هو الذي يطلب من الأشخاص الراغبين في الزواج في جزيرة جاوة الغربية أن يقدم كل زوجين 25 ذنب فأر لاستصدار رخصة الزواج كما يطلب إلى الأشخاص الذين يطلبون تحقيق الشخصية أن يقدموا 5 أذناب. حاكم جاوة فرض هذه الرسوم الغريبة في سبيل القضاء على الفئران التي أصبحت خطراً يهدد محصول الأرز.. كما تصبغ العروس أسنانها باللون الأسود وتغسل قدمي زوجها أثناء حفلات الزواج كدليل على استعدادها لخدمته طيلة حياتها.

- جزيرة تاهيتى:

تضع المرأة في جزيرة تاهيتى وردة خلف الأذن اليسرى إذا كانت تبحث عن حبيب.. وتضع الزهرة خلف الأذن اليمنى إذا وجدته.

- جنوب المحيط الهادي:

أبسط طقوس الزواج وأقلها تعقيداً هي تلك التي تمارسها قبيلة نيجريتو في جنوب المحيط الهادي ففي تلك الجزيرة يذهب الخطيبان إلى عمدة القرية فيمسك برأسيهما ويدقهما ببعض وبهذا يتم الزواج

- قبيلة جوبيس الأفريقية

تُجبر العروس في قبيلة جوبيس الأفريقية على ثقب لسانها ليلة الزفاف حتى لا تكون ثرثارة ويمل منها زوجها.. بعد ثقب اللسان يتم وضع خاتم الخطبة فيه يتدلى منه خيطاً طويلاً يمسك الزوج بطرفه فإذا ما ثرثرت الزوجة وأزعجت زوجها يكفيه بشّدة واحدة من هذا الخيط أن يضع حداً لثرثرتها وكثرة كلامها

من أعجب وأغرب قصص الزواج في العالم:

- تتزوج بعد انتظار 40 سنة!

شهدت قاعة المحكمة الكبرى في مدينة جدة بالسعودية واحدة من أغرب الزيجات التي عرفتها المملكة .. بزواج مواطن في الثمانين من العمر من آنسة سعودية في الستين من العمر.. تمكنت أخيرا من الزواج بعد رفض والدها زواجها منذ أربعين عاما.

- أربع نساء.. يتزوجن طفلا!

كان الأمير «سليم» - (1569 - 1627) ولي عهد (الهند) - عنده أربع زوجات، عندما كان في الثامنة من عمره.

- يطلب زواجه منها طوال عام.. برسائل يكتبها لها بدمه!

دأب «هنري الأول» الدوق «دوجيز» طوال سنة كاملة على كتابة رسالة شهرية.. إلى حبيبته «آن دوجونزاج».. يضمها الأيمان المغلظة بأنه سيقترن بها عندما تتحرر من كل قيد!!.. وكان يكتب رسالته الشهرية تلك بدمه على رق ثمين، يبعث بها إليها مع رسول خاص!.. مع

ذلك.. عندما تحررت «آن» وأصبح بإمكانها الزواج.. اقترن «الدوق» بغيرها.

- أصغر عروسين!!

إن أصغر عروسين معروفين في العالم هما ابن الملك «هنري» الرابع الفرنسي الذي عقد قرانه في الرابعة من عمره على «فرنسواز دولورين»، وكانت في الثالثة من عمرها.

- سلطان يجمع (30) ألف زوجة!!

السلطان «عبد الحميد الثاني» العثماني.. لم يكن له إلا خمسمائة ولد.. رقم تقريبي.. ولكنه ضرب الرقم القياسي بعدد الزوجات.. إذا جمع منهن 30 ألفا.

- ليلة زفاف.. مع الأشباح!!!!!

في ليلة زفاف «لشيرلي بارثروب» من الأرمل «روي بارثروب» وبعد أن دخلا عش الزوجية، بدأ أحد الكلاب بالنباح خارج نافذة غرفة نومهما!. وما إن جلست «شيرلي» على حافة السرير حتى طارت إحدى اللوحات الجدارية من مكانها، وتحطمت على الأرض، ثم تناولت كأسا من الشراب لتهدئ من روعها، وصعدت إلى فراشها! وفجأة سقطت إحدى أرجل السرير، وبعدها سمعت صوت امرأة تضحك.. وعندما انهارت منضدة الزينة من ثقل هدايا الزوج كانت «شيرلى» قد تشبعت بما حصل معها.. فقامت بالتقاط حقيبتها بيد، وطرف ثوب زفافها باليد الأخرى.. ثم ولت هاربة تاركة زوجها مصعوقا من هول المفاجأة.

- أطول طلب زواج

كان الكاتب الإيطالي «فرانشيسكو كولونا» شديد الحياء.. ويخجل من التقدم بطلب يد الفتاة التي يحبها وتدعى «بوليا».. فكتب من أجل ذلك كتابا سماه (حلم حب) مؤلف من 165 ألف كلمة!.. وكانت الأحرف الأولى من كل عنوان فصل.. من فصولة السبعة والثلاثين تقرأ هكذا: «فرانشيسكو كولونا، يحب بوليا».

- يتزوجان.. وعمرها أقل من عام

تزوج طفل يبلغ من العمر أحد عشر شهرا، بطفلة تبلغ من العمر ثلاثة أشهر في شمالي بنجلاديش لوضع نهاية لعداء دام عشرين سنة بين عائلتين متنافستين تدعى كل

منهما أحقيتها في ملكة أرض زراعية متنازع عليها.

- زواج المصادفة!!

قد تجئ الزيجات من أماكن لا تخطر على بال.. فقد كتب شاب من «بريستول» يدعى «جراهام» عنوانه على ورقة صغيرة، ووضعها في زجاجة أغلقها إغلاقا محكما.. ثم ألقى بها في النهر! وتصادف أن انتشلت الزجاجة فتاة حسناء، لم تجد غضاضة في أن تكتب إلى «جراهام» خطابا لتتعرف به.. وبعد عدة أشهر..كانت الفتاة زوجة لشقيق «جراهام».

- يتزوج 10 مرات وعمره 112 سنة

تزوج «توماس بار» الإنجليزي.. عشر مرات في عام واحد، بعد أن ماتت زوجته.. وكان عمره آنذاك 112 عاما.

- العريس 94 سنة.. والعروس 93 سنة

غصت قاعة الكنيسة - في بلدة (برناي) التابعة لمقاطعة (نورماندي) الفرنسية - بالجماهير الخفيرة، التي توافدت من كل حدب وصوب لحضور زفاف الموسم.. بل زفاف القرن العشرين.. الذي عقدت مراسمه للجميع عن طريق الحلال بين المدعو (لود ولف توماس لوفرانسو) وهو من مواليد (أول يناير سنة 1888)، وحبيبة قلبه الحسناء (أيزابيل أوجستن بوتيه) وهي من مواليد العاشر من ديسمبر 1889.

- يتزوج أصغر منه بـ 86 سنة

المواطن الكيني (محمد آلو) تزوج بعد أن بلغ عمره قرنا تاما.. والعروس لا تتجاوز الـ 14 عاما.. وذلك بمدينة (ميالي) القريبة من حدود أثيوبيا.

- أكبر المتزوجين سنا

تزوج «ديورا افراموفيتش» وعمره 101 سنة، من «يولا زهيفتش» وعمرها 95 سنة في (يوغوسلافيا) في (نوفمبر سنة 1963).

- بطلة لعبة تنس.. تتزوج صديقتها

في جريدة (الأحرار) القاهرية هذا الخبر التالي الذي نشرته في يوم الاثنين 1987/7/27 أعلن في إحدى جزر الكاريبي نبأ أغرب زواج تم خلال هذه الأيام...

طرفاه نجمة التنس العالمية (ماريتينا نافرتيلوفا). وكانت النجمة المشهورة قد عقدت قرانها على صديقتها الحميمة (جودي) وقدمت لها شبكة الزواج من الذهب الخالص.. وكانت (ماريتينا) الفائزة مؤخرا ببطولة (ويمبلدون) العالمية للتنس قد أعلنت رفضها لكل محاولات الزواج من الرجال! وعلل البعض بأن مارتينا تعاني من خلل هرموني.

والغريب.. أن «مارتينا» وصديقتها «جودي» قد أعلنتا أنهما ينويان تأجيل مسألة الإنجاب قليلا.

- تزوجت من خيال الشمس!

فتاة من قبائل (السدرا) الهندية في مدينة (جانجان) زوجوها الأهالي لخيال الشمس المنعكس على الماء، لأنهم يقدسون أشعة الشمس المنعكسة على الماء..

- يريد الزواج من فرسه!!!!!!

أطرف محاولة للزواج حدثت في مدينة (دالاس) الأمريكية، عندما تقدم (روس هيوارد) بطلب رسمي إلى سلطات المدينة بشأن رغبته في الزواج من «ميسي» وهي فرسه التي أحبها كثيرا وظلت السلطات الرسمية حائرة أمام هذا الطلب الغريب والمرفوض دون نقاش لكنها أرادت أن تبحث عن سبب قانوني للرفض، تقدمه للعريس، المجنون، حتى لا يلاحقها قانونيا وبعد تفكير عميق.. توصلت إلى السبب التالي: فالفرس عمرها خمس سنوات، وهو سن صغير بالنسبة لأي عروس طبيعية، لذلك كتبت السلطات على الطلب المقدم منه: «مرفوض.. لأن العروس لم تبلغ السن القانونية».

- توأمان يتزوجان من امرأتين على الرغم من التصاق جسديهما

عقد في عاصمة جزر الفلبين، زواج لم تبق صحيفة في العالم إلا تحدث عن غرابته! أما إنه غريب فحسبك أن تعلم أن الزوجين واسم أحدهما (لوشيو جودينو) والآخر (سمبلشيو جودينو) قد تزوجا - على الرغم من التصاق جسديهما - من ناحية الكتف بشقيقتين منفردتي الجسم وقد عرض هذان التوأمان أمرهما على أشهر جراحي العالم، رجاء أن يفصل جسم أحدهما عن جسم الآخر، ولكن الأطباء أجمعوا على أن في هذه العملية خطرا على حياتهما.

- الزواج في الطرق المزدحمة

لعل أغرب زواج.. هذا الذي وقع في مدينة (كينتوكي). فقد كان العريس عمره 62 سنة، والعروس 60 عاما.. يسيران جنبا إلى جنب في طريق مزدحم بالمارة.. وعرض الشاب على فتاته الزواج، فقبلت فما كان منهما إلا أن أوقفا أول قسيس قابلهما في عرض الطريق، وطلبا منه أن يعقد قرانهما هكذا في عرض الطريق.

- حسناء.. تختطف شابا.. لتتزوجه!!!!

«جيوسبي». شاب كان أول رجل يخطف من أجل الزواج.. فقد قاوم «جيوسيى» غزل الجميلة «آنا».. لكن الأخيرة لم تيأس رغم هذا الصدود.. بل دعته لتناول القهوة في بيت عمها، وقام هذا الأخير بالتواطؤ مع ابنة أخيه، فأدخل «جيوسبى» وأغلق الباب عليه وأقامت عائلة «جيوسبى» دعوة أمام القضاء.. إلا أن الشاب الذي خضع أخيرا لإغراء «آنا» وافق على الذهاب معها إلى الكنيسة أما القاضي فقد اعتبر - عند نظره إلى الدعوى - أن خطف رجل للزواج منه ليس جريمة. وشطب الدعوى.

• • •

عجائب الأرقام

- حياتك هي عبارة عن مجموعة من الأرقام

A=1 B=2 C=3 D=4 E=5 F=6 G=7 H=8 I=9 J=10 K=11 L=12

M=13 N=14 O=15 P=16 Q=17 R=18 S=19 T=20 U=21 V=22

W=23 X=24 Y=25 Z=26

saad refat

75=20+1+6+5+18+4+1+1+19

12=5+7

Fahd Al Fahd

4+8+1+6+12+1+4+8+1+6

يساوي 51

5+1

الناتج النهائي

6

- علم العدد........

يؤكد علم العدد أن الصدفة لا وجود لها في الحياة وما من شئ يخرج من نظام الطبيعة في هذا الوجود ومن هنا اعتبر علم العدد فلسفة قائمة بذاتها

- الفرق بين العدد والرقم........

الرقم والأرقام ليست عدداً أو أعداداً وإنما هي أشكال تكتب بها رموز الأعداد، والأرقام محدودة وعددها عشرة وهي 9-8-7-6-5-4-3-2-1- 0 لكن الأعداد لا ينتهي عدها أي ليس لها آخر فلا يوجد عدد نقول عنه أكبر الأعداد. فرمز العدد سبعة يتكون من رقم واحد هو 7 ورمز العدد سبعة وعشرين يتكون من رقمين هما الرقم 7 والرقم 2 .

• مصادفة حسابية...

قد تعرف القليل أو الكثير عن الحرب العالمية الثانية، التي بدأت في عام 1939م واشتركت فيها جميع دول العالم تقريبا، فكانت أكبر الحروب في تاريخ الإنسانية وأوسعها انتشاراً، وقتل فيها 50 مليون من البشر. ومن خلال هذه الحرب اكتشف أحد المؤرخين ظاهرة عجيبة حقا تربط حياة الزعماء الستة الذين قادوا بلادهم في هذه الحروب، وهم هتلر مستشار ألمانيا، وتشرشل رئيس وزراء بريطانيا، وموسوليني رئيس وزراء ايطاليا، وروزفلت رئيس الولايات المتحدة الأمريكية، وستالين سكرتير عام الإتحاد السوفيتي، وتويو رئيس وزراء اليابان، ويوضح الجدول هذه الظاهرة:

تويو ستالين رزوفلت موسوليني تشرشل هتلر أسم الزعيم

1884 1879 1882 1883 1874 1889 سنة مولده

1941 1924 1933 1922 1940 1933 سنة توليه

مدة بقائهم في الحكم

تويو: 3 ستالين: 20 رزوفلت: 11 موسوليني: 22 تشرشل: 4 هتلر: 11

أعمارهم عند وفاتهم

تويو: 60 ستالين: 65 رزوفلت: 62 موسوليني: 61 تشرشل: 70 هتلر: 55

3888 3888 3888 3888 3888 3888 المجموع

تويو 1884 + 1941 + 3 + 60 = 3888

• • •

10

10 1010101010101010101010101010101010101010101010

10 1010101010101010101010101010101010101010101010

• الكمال

- في الحساب يُعتبر العشرة من أكثر الأعداد البسيطة دهشة وشهرة لوجود الصفر والواحد، فالصفر لوحده لا يعني شيئا، والواحد وحده قيمته بسيطة صحيحة والعددان يقفزان إلى مكانيّة عالية تفوق كل الأرقام الحسابية البسيطة.

- في الإسلام: الاعتكاف في رمضان يكون في الأيام العشر الأواخر

من الكفارات أيضًا هو إطعام عشرة مساكين أو كسوتهم

لا تقوم الساعة حتى تكون هناك عشرة علامات

من حفظ العشر الأواخر من سورة الكهف عُصِم من فتنة الدجّال وهناك عشرة من المبشرين بالجنة

- في اليونان يرمز العشرة إلى الانسجام، بحسب الفلسفة اليونانية، باعتباره العدد الأساس في الحساب

اليونانيون كانوا ينظرون إلى الرقم عشرة نظرة خاصة لعدة أسباب منها

لو جمعنا الأعداد الأربعة لوجدنا أنها تساوي عشرة 1 + 2 + 3 + 4 = 10

أيضًا يحتوي على عدد فردي وعدد زوجي وبالتالي هناك توازن أو انسجام

والانسجام هو أساس الرياضيات عند اليونان

- في روما: كان القانون الروماني يقضي بوجود عشرة شهود عند الزواج

- في الهند عند البوذيين وضع بوذا عشرة خطايا ينبغي على الإنسان تجنبها وهي: القتل - السرقة - الزنا - الكذب - الافتراء - الشّتم - الكلام الباطل - الطّمع - البغض – الضّلال.

- في المكسيك يرمز الرقم عشرة إلى الموت

- عند العبريين يعتبرون العشرة هو رمز الكمال ولا سيما الكمال الأدبي

أيضًا يعتقد العبريين بوجود عشرة أرواح شريرة

كان الأسبوع عند العبريين مكون من عشرة أيام وكانوا يسمونه عاشور

من الغرائب أنهم في اليوم العاشر من الشهر السابع يتذللون ويتقربون من الرب

- عند الماسونيين يبلغ عدد الضباط العظام في الماسونية عشرة هم: المهندس الأعظم - التشريفاتي الأعظم - الموسيقيّ الأعظم - أمين المكتبة الأعظم - المهيب الأعظم – ناقِل

العلم الأعظم - السيّاف الأعظم - الحاجب الداخليّ الأعظم - والحاجب الخارجيّ الأعظم

- يرمز الرقم عشرة عند الماسونيين بالكمال والسبب أصابع اليد العشر

أفضل اللاعبين بالعالم ارتدوا الرقم عشرة أمثال الأرجنتيني ماردونا والبرازيلي بيليه

الإعلان العالمي لحقوق الطفل مكون من عشرة مبادئ وعيد الطفل بالعادة يستمر عشرة أيام

- هناك حروب تربطها علاقة بالرقم (10) مثل حرب السنوات العشر (1868 - 1878) نضال الكوبيين للحصول على استقلالهم من أسبانيا، ويوم العاشر من رمضان الذي يحمل اسم الحرب التي انتصر فيها العرب على إسرائيل حرب أكتوبر 1973 م

- الساعة 10 و10 دقائق هو الرقم الأكثر شيوعًا في الإعلانات والدعايات المتعلقة بالساعات والهدف من ذلك هو محاولة مخاطبة إحساس وشعور الأفراد ويقول أحدهم أن ذلك يدل على النصر بتشبيهها بيدين مرفوعتين

• • •

• 6

6666666666666666666666666

6666666666666666666666666

• كان هذا الرقم موضع جدل ساخن بين المتحمسين لنظرية المؤامرة الذين ادعوا بأن رقم 666 كان يمثل رقمًا الشيطان

• عندما نقوم بتحليل العدد (6) إلى عوامله الأولية فنجد الأرقام: 1، 2، 3، 6 وهي القواسم الطبيعية للستة، فإذا استثنينا العامل الأخير لأنه يساوي العدد نفسه (6) وجمعنا العوامل الثلاثة 1 + 2 + 3 فنرى أن الناتج = 6 بالذات، ويندر أن تحقق الأعداد هذه الميزة

• قبل يوم 6\6\2006 دعاء الكثير من الهولنديين إلى إقامة الصلاة لمواجهة هذا اليوم الذي وصف بأنه يوم الشيطان حيث قالوا أن الشيطان يكره الصلاة إلى الرب، وعندما حل ذلك اليوم استيقظ الآلاف من الهولنديين، حيث توجسوا وتوقعوا وترقبوا

حدوث كوارث في ذلك اليوم لاعتقادهم أنه يوم هبوط الشيطان إلى الأرض

أيضا وصفت الكتب المقدسة الغربية الذين يحملون هذا الرقم بأنه سوف يحل عليهم غضب الله

و يقال أن من يحمل وشم أو علامة أو ما شابه تدل على الرقم 666 فإن ذلك بمثابة شفرة وهمية تحدد من هو خادم الشيطان

يذكر أن الرقم 666 مأخوذًا من أحد الكتب المقدسة الغربية الذي يتناول الأحداث التي تؤدي إلى نهاية العالم، وبالتالي كان سببًا في خوف الكثيرين من ذلك مؤديًا إلى خروج ما يعرف بعبادة الشيطان

• • •

• الصفر

0000000000000000000000000
0000000000000000000000000

يعد الصّفر أوّل الأعداد وأكثرها تبسيطا وأشدها شهرة ودهشة واستعمالا وأهميّة وروعة وفي الحقيقة، يمتاز هذا العدد بمزايا خاصّة استثنائيّة لا يتمتّع بها أيّ عدد آخر، إذ بعد انتهاء العدد تسعة تستعين الأعداد بالصّفر من أجل دورة جديدة

10 20 30 40 فالبداية دائمًا تحتوي على الرقم صفر

من المعروف أنه لا يوجد رقم نهائي للأعداد فعندما نصل إلى التسعة نبدأ دورة جديدة بإضافة الصفر لذلك رمز للصفر برمز الاستمرارية والخلود، وهو رمز الغموض والمجهول أيضا

لا شك أن ما يشهده الناس اليوم من تطور في الحضارة المادية، قائم على هذا الصفر السحري الذي سُهِّل به الترقيم والحساب

الصفر من الأرقام التى ترمز إلى الاستقلالية

كان الصفر في الجاهلية يعتبر شهرًا من أشهر النحس

الصفر خال من الوعي. لذلك، هو يعتبر (لا شيء)، أو (عدم)، حين يكون وحيداً.

لكنه يعني الكثير حين يتواجد إلى جانب أرقام أخرى. لهذا السبب، يعتبر الصفر طاقة لا واعية، يستخدمها الإنسان في المجال الذي يروق له، أو الذي يحتاج إليه

• • •

• 40

40 4040404040404040404040404040404040404040404040404040

40 4040404040404040404040404040404040404040404040404040

أربعين النفساء بعد الولادة حيث نلاحظ جميعًا اهتمام الأقارب بالأم النفساء من حيث الرعاية القصوى في الراحة واختيار الأكل والنوم الطويل، وهذا يستمر لمدة 40 يوماً، وفي هذه الفترة لا يحدث الحيض

أربعينية الشتاء والصيف، أربعينية النضج وسن اليأس، من عاشر القوم أربعين يومًا وأربعين الميت

معلوم أن تيه بني إسرائيل استمر (40) سنة، وقد تعرض القرآن الكريم لهذا الموضوع فرسم صورة القرار الإلهي الذي تلقاه موسى عليه السلام بحق أولئك البشر وبأنهم سيتيهون (40) سنة

إن مسألة المن والسلوى التي أنزلها الـلـه سبحانه وتعالى على بني إسرائيل وعلى مدار (40) سنة، هي حقيقة موجودة في كتبهم، والقرآن الكريم عندما يخاطبهم ويذكرهم بهذه المسألة، نجده يرسم هذه الصورة بوحدات تصوير متطابقة تماما مع الوحدات الزمنية لهذه المسألة، وبشكل إعجازي يثبت لهم صدق القرآن الكريم، حيث نلاحظ أن آية المن والسلوى في سورة البقرة وسورة طه وسورة يونس جميعها مكونة من 40 حرف

من المعلوم أن مفهوم (الأربعين) قد كرس في القوانين الوضعية ودساتير الدول فالقانون الإيطالي قد كرس دستوريا سن المرشح لرئاسة الجمهورية وهو (أربعون سنة) كحد أدنى، كذلك بعض الجامعات في الماضي، كجامعة السوربون في باريس، التي كانت تشترط (سن الأربعين) لنيل الدكتوراه في الفلسفة والرياضيات، وكذلك المهل القانونية المحددة (بأربعين يوما) تحت طائلة إسقاط الحقوق بعد إنقضاء هذه المدة

بعد الأربعين يا رب تعين، احذر النساء قبل العشرين واتركهم بعد الأربعين، المرأة بتحب يوم وبتكره أربعين يوم، بنت الأربعين ذات بنات وبنين، الأربعينية يا شمس تحرق يا مطر تغرق

• • •

• 7

7777777777777777777777777
7777777777777777777777777

- يعتبر الكثير من الأشخاص الرقم سبعة رقم الحظ

- عندما بدأ اللـه خلق هذا الكون اختار الرقم سبعة ليجعل عدد السماوات سبعة وعدد الأراضين سبعة

- من بداية سورة البقرة وحتى نهاية سورة النبأ يوجد بالضبط 5705 آية وهذا العدد من مضاعفات السبعة أيضاً 5705 = 7 × 815

- عدد الأحرف الأبجدية 28 حرفًا أي 7 × 4

- سبعة يظلهم اللـه يوم لا ظل إلا ظله

- أبواب النار سبعة وتكررت كلمة جهنم في القرآن 77 مرة

- عجائب الدنيا سبعة وتم اختيار عجائب الدنيا الجديدة في 7\7\2007

- الطواف حول الكعبة 7، والسعي بين الصفا والمروة 7

- عدد آيات الفاتحة سبعة وعدد الجمرات سبعة

- هناك سبعة أحرف غير مذكورة في سورة الفاتحة وهي ث، ج، خ، ز، ش، ظ، ف ليصبح عدد الأحرف بالصورة 21 وهذا الرقم من مضاعفات الرقم سبعة 7×3

- عدد حروف الألف واللام والهاء في سورة الفاتحة هو 49 حرفًا = 7 × 7

- يرمز إلى عدد أيام الأسبوع وشهور اكتمال الجنين

- عدد القارات سبع وعدد أيام الأسبوع كذلك

- يقسم الإغريق مراحل العمر إلى سبع مراحل كل منها يستمر سبع سنوات «الطفل، الصبي، المراهق، الشاب، الإنسان الناضج، الكهل، الشيخوخة» أي أن متوسط عمر الإنسان بهذا المعنى 7 × 7 = 49

• • •

• 19

19 19191919191919191919191919191919191919191919191919
19 19191919191919191919191919191919191919191919191919

المعجزة

- بسم الـلـه الرحمن الرحيم مكونة من 19 حرفًا
- أول ما نزل من القرآن هو 19 كلمة

- سورة الجن هي السورة الوحيدة في القرآن الكريم التي تنتهي بكلمة عددا، واللافت هنا أنّ ترتيب كلمة عددا في السورة هو 285، وهو عدد الأعداد في القرآن الكريم، وهو أيضاً من مضاعفات الرقم 19 وهو 19 × 15.

- عدد سور القرآن 114 سورة وهذا الرقم من مضاعفات الرقم 19

- كلمة الـلـه تتكرر في القرآن 2698 وهذا الرقم أيضًا من مضاعفات 19

- أول 19 آية من سورة المدثر تتكون من 57 كلمة أي 3 × 19

- 19 من الأعداد الصحيحة الواردة في القرآن والأعداد الصحيحة التى ذكرت في القرآن هي 30 عددًا إذا جمعناها يعطي الرقم 162146 أي 19 × 8534

من مزايا العدد 19 أن التسعة والواحد لا يتغير شكلها أو رسمها سواء بالكتابة العربية أو الهندية

الشمس والقمر تدور في أفلاكها لتصبح على خط واحد مرة كل 19 سنة

المذنب هالي يزور مجموعتنا الشمسية كل 74 سنة أي 4 × 19

الهيكل العظمي لجسم الإنسان مكون من 209 عظمة أي 11× 19

• • •

متوالية ليوناردوا فيبوناتشي
21-13-8-5-3-2-1-1

• • •

• 1.618
1.6181.6181.6181.6181.6181.6181.6181.6181.6181.618
1.6181.6181.6181.6181.6181.6181.6181.6181.6181.618

وهو الرقم فاي PHI هذا الرقم اشتق من متوالية فيبوناتشي وهي متوالية حسابية شهيرة ولا تعود شهرتها لكون كل رقمين متتالين فيها يساوي الرقم الذى يليه فحسب بل لأن نواتج قسمة الأرقام المتتالية فيها تتمتع بخاصية مذهلة وهي الاقتراب من الرقم 1.618 أي فاي، حيث يسمي القدماء هذا الرقم بالنسبة المقدسة حيث أن الوجه المذهل لـ فاي يتمثل بدوره كحجر بناء أساسي في الطبيعة فالنباتات والحيوانات وحتى البشر كلهم يتمتعون بخواص بعدية تعتمد وبدقة متناهية عن النسبة المقدسة فاي إلى واحد فقداكتشف علماء البيولوجية خاصية غريبة تتعلق بمجتمعات النحل وهي أن عدد الإناث في أي خلية يفوق عدد الذكور بنسبة ثابتة وهذه النسبة هي 1.618، أيضًا لو قسمت المسافة من قمة رأسك إلى الأرض والمسافة من سرة بطنك إلى الأرض وقمت بالقسمة ستحصل على نفس الرقم الغامض 1.618

• • •

• 23
23 23232323232323232323232323232323232323232323232323
23 23232323232323232323232323232323232323232323232323

- غرقت سفينة تايتنك في الرابع عشر من ابريل أي 15\4\1912

نلاحظ أن 5 + 1 + 4 + 2 + 1 + 9 + 1 =23

- في الحادي عشر من ديسمبر 1941 اندلعت الحرب العالمية الثانية في ألمانيا

23 = 12 + 11

- قام هتلر بالإنتحار في أبريل 1945 أي 4 + 1 + 9 +4+5=23

- الكرة الأرضية تميل 23 درجة على خط الطول الرئيسي وبالتحديد 23.5 ولكن إذا تناسينا الخمسة فإنها تعلن عن نفسها في مجموع 3 + 2

- يتكون دم الإنسان من 46 كروموسوم 23 الأب و23 الأم

- تستغرق الدورة الدموية 23 ثانية

- هناك اعتقاد بأن نهاية العالم ستكون في 23 ديسمبر 2012 وهذا غيب لا نخوض فيه.

- نلاحظ أيضا أنه في حالة قسمة 2 على 3 نحصل على 0.666

- ألقيت القنبلة الذرية على هيروشيما في اليابان الساعة 8: 15 الثامنة وخمسة عشر دقيقة أي 8 + 15=23

• • •

• 13

1313131313131313131313131313131313131313131313131313 13

1313131313131313131313131313131313131313131313131313 13

- الكثير من الأشخاص يعتبرون الرقم 13 رقم غير محظوظ

- أول سورة في القرآن هي الفاتحة وعدد آياتها 7 وأخر سورة هي الناس وعدد آياتها 6

وطبعًا 7+6 = 13

- أول آية من 19 كلمة بالقرآن هي من سورة البقرة وهي: **﴿وَإِذَا قِيلَ لَهُمْ آمِنُوا كَمَا آمَنَ النَّاسُ قَالُوا أَنُؤْمِنُ كَمَا آمَنَ السُّفَهَاءُ أَلاَ إِنَّهُمْ هُمُ السُّفَهَاءُ وَلَكِن لاَّ يَعْلَمُونَ﴾** الآيـة رقم 13.

- وآخر آية من 19 كلمة بالقرآن هي من سورة الممتحنة وهي: **﴿يَا أَيُّهَا الَّذِينَ آمَنُوا لاَ تَتَوَلَّوْا قَوْمًا غَضِبَ اللـهُ عَلَيْهِمْ قَدْ يَئِسُوا مِنَ الآخِرَةِ كَمَا يَئِسَ الْكُفَّارُ مِنْ أَصْحَابِ الْقُبُورِ﴾** الآيـة رقم 13 .

- إن السبب الرئيس لهذا الخوف يعود إلى العصور القديمة إذ كانوا يصفون هذا الرقم بالقدر والقوة الخفية وصلته بعلم الغيب، وقد ذكر في أحد الكتب القديمة العهد أن من يفهم الرقم «13» ربما يحصل على مفاتيح الطاقة والسلطة

- من الغريب أن معظم الفنادق والأماكن العامة والطائرات والمسارح قد حذفت الرقم «13» أو تم استبداله بالرقم «A12» لمخاوف الناس واعتقاداتهم بسوءه.

- في المكسيك يعتبرون هذا الرقم رقم مقدس إذ لديهم 13 حية إلهية.

- الغرب يكرهون الرقم 13 إذا وافق يوم جمعة فقد ذكرت إحدى الصحف الأمريكية أن المعدل اليومي للزوج في نيويورك يصل إلى 150 زيجة ولكنه ينخفض إلى 60 في صباحية يوم الجمعة.

- الغريب أيضًا أن الخوف من أن يصادف 13 يوم جمعة هو مرض منتشر في أمريكا حيث يعاني منه أكثر من 21 مليون شخص هناك حيث يحاول معالجته العديد من الأطباء النفسيين هناك.

- وفي دراسة أجرتها إحدى المجلات هناك تبين أن الشركات الأميركية تخسر كل يوم جمعة 13 في أي شهر 750 مليون دولار لأن الناس لا تتسوق أو تسافر أو تغامر بأي شيء يوم جمعة 13

- الإسكندنافيون القدماء كانوا يعقدون حبل المشنقة 13 عقدة

- في القرن الماضي كانت شركة لويدز للتأمين البحري في لندن ترفض تأمين أي سفينة تبحر يوم جمعة 13

- في العام 1970، انطلق «أبولو 13» الساعة 13 و13 دقيقة، وفي ثلثي المسافة إلى القمر وقع انفجار في المركبة أجبر الرواد على قطع رحلتهم في 13 نيسان. واليوم لا تستخدم 90% من ناطحات السحاب والفنادق في الولايات المتحدة الرقم 13 في ترقيم طبقاتها وتقفز من 12 إلى 14 وأحيانا يستبدل الرقم 13 بالرقم A12.

- في المستشفيات لا وجود لغرفة تحمل الرقم 13، أما شركات الطيران فلا تدخل هذا الرقم على رحلاتها.

- 13 هو رقم الحظ لدى الموسيقار الألماني ريتشارد فاغنر Richard Wagner فيتألف اسمه من 13 حرفا، واسم والدته من 13 حرفا، وقد ولد في العام 1913، وترك

المدرسة وهو في الثالثة عشر من العمر، وأحبّ 13 امرأة، وألف 13 أوبرا، وتوفي في الثالث عشر من شباط

• • •

• 8

8888888888888888888888888
8888888888888888888888888

- لفظ رقم ثمانية هو لفظ مشترك عند الكثيرين فإما نقول ثمانية في اللغة العربية الفصحى أو تمانية كما في اللغة العربية العامية أو كما في اللغة الآرامية والسريانية أو بالشين كما في اللغة العبرية.

- في الرياضة الفكرية والحرب السلمية تأملوا لعبة الشطرنج ورقعتها المشكلة على (8 × 8) في مساحة قدرها أربعا وستين خانة (8 أس 2) ولا يمكن للشطرنج أن تخرج عن هذا التقدير.

- المكعب يتكون من 8 زوايا.

- الثمانية هي سقف الأعداد الزوجية 2 4 6 8.

- إن وصول شعاع الضوء إلى غلاف الكرة الأرضية يستغرق 8 دقائق تامة قد يضاف لها بضعة ثوان.

- يقول العلماء أن معدل راحة النوم عند الإنسان هو 8 ساعات.

- يعتبر اليونانيون الرقم 8 رقمًا ضعيفًا لأن مجموع عوامله يساوي سبعة وبالتالي الناتج أقل من الرقم الأساسي 8 أي 2+4+1=7.

- يعتبر بعض المسحيين أن 8 هو رمز للتجدد.

- في بابل ترمز 8 إلى الشر فاعتقدت بابل أن الدورة الحياتية تنتهي بالرقم 7.

- في الهند يعتبر البراهمة 8 رقمًا مقدسًا، ويؤمن الهنود بالإلهة الأم وهي أم ذات ثمانية أذرع.

- أما في الصين فأنهم يتفاءلون كثيرًا بهذا العدد فقد ذكرت إحدى الصحف هناك أن

رجل أعمال دفع مبلغ 350 ألف جنيه ليحصل على لوحة بها العدد 8 .

- يؤمن الصينيون بوجود ثمانية أرواح شريرة وثمانية أروح خيرة.

- القصر الإمبراطوري بالصين يضم 8888 غرفة.

- يتم الاحتفال بيوم الأب في الصين في اليوم الثامن من الشهر الثامن.

- كان اليهود يمارسون الختان في اليوم الثامن بعد المولد وفي عيد التكريس كانوا يبقون ثمانية شمعات مضاءة.

- نوح كان الثامن من التسلسل المباشر من آدم.

- لقد صنف علماء الحفريات الهياكل البشرية المكتشفة إلى ثماني فصائل، أشهرها إنسان (هومو إيريكتوس) ولعدد ثمانية (8) علاقة أخرى بالإنسان، حيث البويضة الملقحة لا تنغرس في جدار الرحم (العلوق) إلا في اليوم الثامن بعد التقليح.

- إن طقم الأسنان في تجويف الفم مكون من القواطع الثماني والضواحك الثماني والطواحن الثماني، وتبقى الأنياب والعواقل أربعا أربعًا فيكون المجموع اثنتين وثلاثين سنا كلها تقبل القسمة على عدد ثمانية.

• • •

• 2

2222222222222222222222222
2222222222222222222222222

- أول الأعداد الزوجية ويرمز في كثير من الثقافات إلى معنى التناسق أو التناوب

- يعتبر البعض الرقم أثنين رمزاً للنزاعات

- يرمز إلى مفهوم الثنائية: النفس والمادة، الخير والشر ولأن هذه الثنائيات كثيراً ما تفضي إلى التعارض والعداء أصبح الرقم 2 رمزاً للنزاع.

- عند المسيحيين العدد اثنان هو رمز الصّليب بامتياز

- عند العبرانيين يعتقدون أن الرب جعل الرقم أثنين أساسًا للعالم وفي تراثهم يرمز

الرقم أثنين إلى الشر .

- ينظر الهنود إلى العدد اثنين على أنه مبدأ الشّر. ويؤمن البوذيّون بمبدأين يتصارعان مدى الحياة: مبدأ الراحة الذي يميل إلى تدمير الأشكال الحيّة، ومبدأ النشاط الفاعل الذي يميل إلى خلق الأشكال المادية.

- أما في اليونان فهناك نظرية تقول أن العالم خلق من قوّتين متضادّتين هما الحب والكره.

- جرت العادة على اعتبار الأعداد الفردية ذكورية في حين أسندت الأعداد الزوجية للمرأة أو الأم، ومن ثم يصبح الرقم 2 أول الأعداد الأنثوية حسبما يعتقد البعض.

• • •

• 12

121212121212121212121212121212121212121212121212121212
121212121212121212121212121212121212121212121212121212

- مبطلات الصوم في الإسلام عددها 12

- من الغرائب يُعتبر البَيْض رمزا للإنجاب في أفغانستان، إذ يعدّ الناس داخل حجرة العروس، ليلة الزفاف، حلّة نحاسية يضعون بداخلها 12 بيْضة، ثم يُحكِمون غطاءها ويدعون العروس للجلوس عليها طوال الليلة السابقة لزفافها، فهم يتفاءلون بالبيْض طلبا للإنجاب.

- يرمز العدد اثنا عشر عموما إلى الامتلاء، وكان رمزا تقتصر معرفته على كهنة المعابد فقط، فكانوا يعتبرونه عددا روحيا صرفًا.

- قسم الهنود السنة إلى 12 شهرا في 6 فصول. وعرف الهنود 12 إلها في السنة يتطابقون مع الأشهر.

- يبلغ عدد الأعياد الكبيرة عند المسحيين 12 عيدًا.

- في ملحمة الأوديسة، (أوديسيوس) بطل الملحمة وملك (إيثاكا) اقلع من شواطئ (طروادة) بعد نصره المؤزر في اثنتي عشرة سفينة تقل خيرة رجاله الذين كتب لهم البقاء.

- في العقيدة البوذية ترى أن (دولاب الوجود) يتألف من 12 شعاعًا، كل منها يرمز إلى حلقة في (دورة الحياة والموت المتكررة على الدوام).

• • •

• 4

4444444444444444444444444
4444444444444444444444444

- وفي الإسلام نجد أن الكعبة المشرفة وهي رمز إسلامي عزيز مربعة الشكل رمزًا للثبات والشمولية، وكثير من المساجد ومن البيوت العربية أيضاً تصمم مربعة أيضًا.

- من الأرقام المقدسة عند الشعوب السامية، وهو يشير الجهات الجغرافية الأربع الشمال الجنوب والشرق والغرب.

- عدد الخلفاء الراشدين أربعة، وأئمة الفقه والشريعة أربعة، وعدد الأشهر الحرم أربعة.

- يرمز الرقم أربعة في المسيحية إلى الثبات والدوام فالطاولة ذات أربعة أرجل والكثير من الدواب أيضا ويبلغ عدد أطراف الصليب أربعة.

- والعالم مؤلف من أربعة عناصر: الماء، التراب، الهواء، النار.

- وباعتبار أن الأرقام الزوجية أنثوية، فان الرقم 4 من أهمها حيث يرمز إلى المرأة التي تشترك مع الأرض في معنى الخصوبة ومن ثم يصبح شكل المربع رمزاً للأرض.

• • •

• 17

17 1717171717171717171717171717171717171717171717171717
1717171717171717171717171717171717171717171717171717

- سورة لقمان تحمل الرقم 17 دالًا على ترتيبها بين السور الفواتح.

عدد آيات سورة لقمان هو 34 آية، وهذا الرقم من مضاعفات الرقم 17 أي 17 × 2

الآية التي تحمل الرقم 17 في سورة لقمان مكونة من 17 كلمة.

- يقدس المتصوفة الشيعة الرقم 17 ويعتبرونه رمزًا لتوازن كل الأشياء.

- في اليابان ارتدت العروس كيكو زوجة آيا فستانًا مرصعًا بسبعة عشر كيلو غرامًا من الذهب.

- في مصر يعتبر السابع عشر من شهر حاتور أشأم أيام السنة وهو ذكرى اغتيال أوزيريس في منزل سث ورمي تابوته في نهر النيل.

- في العصر الروماني كان يعتبر الرقم 17 رقمًا نحسًا. وقد أرجأ نابليون بونابرت هجومه العسكري على مقاطعة برومير الإيطالية إلى اليوم الثامن عشر بعدما كان مقررا نهار الجمعة في السابع عشر فقال لا أحب النفوس المتكبرة. ليس هناك إلا المجانين يتحدّون القدر.

• • •

• 11

11 11111111111111111111111111111111111111111

11 11111111111111111111111111111111111111111

George W Bush الرئيس الأمريكي باسمه 11 حرف

مأساة سبتمبر 11 بتاريخ 9/11 أي 9+1+1=11

رقم الأمن في الولايات المتحدة الأمريكية 911 بمعنى 9 +1+1=11

وشهد العالم أهم حدث فلكي في يوم 11 أغسطس من العام 1999م، وقد فسَّر القدماءُ هذه الظاهرة بعرس السماء وفيه تُزفُّ الشمس إلى القمر في وضح النهار

• • •

• 9

9999999999999999999999999

9999999999999999999999999

- يرتحل المؤمنون إلى مكة المكرمة للحج حيث يبدأ في اليوم التاسع من ذي الحجة.

- الحيوانات التى تدخل الجنة في القرآن تسعة حيوانات.

- تسعة هو العدد الوحيد الذى إذا ضرب في أي عدد فإنه ينتج نفسه 2×9=18 أي 8 + 1 = 9 .

- القدامى كانوا يدفنون موتاهم في اليوم التاسع.

- يعتبر الرقم تسعة رقمًا محضوضًا عند البعض لأنه يولد فيه الإنسان.

- يسمي الهنود الجسم الإنساني بالمدينة ذات التسعة أبواب.

- هذا الرقم هو حاصل ضرب 3× 3 وباعتبار أن الرقم 3 يعتبر رمزاً للكمال فإن الرقم 9 أصبح ينظر إليه على إنه رقم صوفي ينطوي على أسرار كثيرة.

- في الصين تسمى المنطقة التي تمضي إليها أرواح الأجداد بعد الموت الينابيع التسعة.

• • •

• 5

5555555555555555555555555

5555555555555555555555555

- الإسلام يرتكز على خمسة دعائم: الشهادة والصلاة والحج والصيام والزكاة، كما أن الصلاة ترتكز على خمسة فروض: الفجر والظهر والعصر والمغرب والعشاء.

- يعتبر الصينيون أن الرقم 5 هو العدد الذهبي، لأنه يرمز إلى النشاطات البشرية الخمسة إشارات، كلام، رؤية، سمع، إرادة.

- وفي الهند هناك خمسة عناصر تدرك بالحواس الخمس: «الأثير بالنسبة للسمع، الهواء بالنسبة للملمس، النار بالنسبة للنظر، الماء بالنسبة للتذوق، الأرض بالنسبة للشم.

- في الولايات المتحدة الأمريكية يشير مخمس الزوايا «البنتاجون» إلى القوة العسكرية للولايات المتحدة الأمريكية.

- وشعوب كثيرة تمجد النجمة ذات الخمسة رؤوس باعتبارها علامة على القوة أو الصحة الجيدة أو أنها تقي ضد العين الشريرة والشياطين، وربما لهذا نجد النجمة الخماسية ترفرف في إعلام بلدان كثيرة: مصر وتونس وليبيا وسوريا وتركيا وباكستان وموريتانيا

والسنغال وروسيا والصين.

- ما يعرف بالخمسة وخميسة أو كف اليد بالأصابع الخمسة كلها أو أداة لدرء الحسد والعين.

• • •

• 3

3333333333333333333333333

3333333333333333333333333

- كثير من الإغريق والصينيين يعتقدون أن العدد 1 والعدد 2 لا ينتميان إلى الأعداد، لأن مفهوم العدد قائم على مجموع وحدات متشابهة ولهذا يعتبرون الرقم «3» لتوفر هذا المعنى فيه، يعتبرونه أول الأعداد.

- يدل الرقم 3 على الأزمنة ماض، حاضر، مستقبل.

- وفي فيتنام هناك إجلال للأمهات المقدسات الثلاث.

- بينما توجد نقوش ورسوم متعددة عند الغاليين وكلها ثلاثية الرؤوس وترمز للقوة أو الكمال.

- تطرح الماسونية مفهوم التثليث من خلال شكل الهرم أو المثلث الذي يرمز إلى ثلاث تثليثات: «حرية، مساواة، إخاء» «قوة، جمال، حكمة» «اللانهائية، الأبدية، كلية القدرة».

• • •

• 1

1111111111111111111111111

1111111111111111111111111

- جاء في القرآن الكريم في سورة البقرة: ﴿**وَإِلَهُكُمْ إِلَهٌ وَاحِدٌ لاَّ إِلَهَ إِلاَّ هُوَ**﴾، وفي سورة هود: ﴿وَلَوْ شَاءَ رَبُّكَ لَجَعَلَ النَّاسَ أُمَّةً وَاحِدَةً﴾.

- وفي الأبجدية العبرية، يتطابق الواحد مع الحرف (N) الذي يمثل رجلا يرفع يده إلى السماء ويشير بالثانية إلى الأرض، محققا الوحدة في الكون، تلك الوحدة التي تعتبر مبدأ

الحياة في خلاصة روح الكائن الآدميّ الكونيّ.

- يعبر عن الوحدة، ومن ثم يعتبر المبدأ أو الجذر لكل الأعداد والعناصر.

- وكما هناك تعارضات كثيرة: يمين، يسار.. منحنى ومستقيم.. ظلام ونور.. يقسم الفيثاغورثيين الأعداد إلى فردية وزوجية، ويرون أن الأعداد الفردية وعلى رأسها الـ «1» أعداد تنتمي إلى النظام الأبدي لأنها لا تتغير ولا تقبل القسمة أما الأعداد الزوجية فهي قابلة للقسمة وبالتالي قابلة للفساد وتنتمي للزمان.

- وهناك آخرون يرون أن الرقم «1» ليس عدداً زوجيا ولا فرديا وإنما هو زوجي وفردي في نفس الوقت، لأنه حين يضاف إلى أي عدد فردي يجعله عددا زوجيا «3+1=4» وإذا طرح من أي عدد زوجي يجعله فرديًا.

- في الصين يعتبر الرقم «1» هو الرقم الشعاري لعنصر الماء.

- يرمز الواحد بشكل خاص إلى الإنسان في وضعية الوقوف، وهو الكائن الوحيد الذي يتمتع بهذه الميزة، ممّا حدا بعدد من علماء الأنتروبولوجيا إلى اعتبار العموديّة علامة تميّز الإنسان أكثر بكثير من ميزة.

• • •

- 18 81

- الخطوط التى على كف اليد

- يلاحظ أي شخص عندما ينظر إلى يديه وجود رقمين هما 18 و81

- لو جمعنا الرقمين 18+81= 99 نحصل على الرقم 99 وهو عدد أسماء الـلـه الحسنى

- وإذا طرحنا الرقمين 81- 18 = 63 نحصل على الرقم 63 وهو عمر الرسول عليه الصلاة والسلام فسبحان من خلق فأبدع.

• • •

- 129

- نابليون: هتلر

- قامت الثورة الفرنسية سنة 1789م

- وقامت الثورة الألمانية سنة 1918م

والفرق بينهما:

129=1789-1918

- استلم نابليون بونابرت الحكم بعد الثورة الفرنسية سنة 1799م

- واستلم هتلر الحكم في ألمانيا سنة 1928م

والفرق بينهما:

129=1799-1928

- توج نابليون بونابرت إمبراطورًا على فرنسا سنة 1804م

- وتسلم هتلر زمام الحكم في ألمانيا سنة 1933م

والفرق بينهما:

129=1804-1933

- بدأت حملة نابليون على روسيا سنة 1812 م

- وبدأت حملة هتلر على روسيا سنة 1941م

والفرق بينهما:

129=1812-1941

- خسر نابليون معركة واترلو سنة 1815م

- وخسر هتلر سنة 1944م

والفرق بينهما:

129=1815-1944

الأرقام لغة عجيبة ودقيقة.....

فهي إذا ما رتبت بأشكال معينة كثيرا ما ينتج عنها نتائج مذهلة

هل تعلم مثلا أن حاصل ضرب الرقم 37×3×أي رقم من 1إلى 9 يعطينا في كل مرة ثلاثة أرقام مشابهة للرقم المضروب فيه؟

على سبيل المثال:

$111 = (1) \times 3 \times 37$، $222 = (2) \times 3 \times 37$

$333 = (3) \times 3 \times 37$، $444 = (4) \times 3 \times 37$

$555 = (5) \times 3 \times 37$...الخ

أوجد ناتج باقي الأرقام لتتأكد بنفسك..

الهرم الرقمي

فلندرس كيفية تركيب هذا الهرم الرقمي، لا شك أنه سينال إعجاب محبي العمليات الحسابية لدقته وتنسيقه وتسلسله..

$$9 \times 0 + 8 = 8$$

$$9 \times 9 + 7 = 88$$

$$9 \times 98 + 6 = 888$$

$$9 \times 987 + 5 = 8888$$

$$9 \times 9876 + 4 = 88888$$

$$9 \times 98765 + 3 = 888888$$

$$9 \times 987654 + 2 = 8888888$$

$$9 \times 9876543 + 1 = 88888888$$

$$9 \times 98765432 + 0 = 888888888$$

$$9 \times 987654321 + -1 = 8888888888$$

• أسرع نتيجة ضرب × الرقم11:

$$11 \times 10 = 1 + 0 = 1 = 110$$

$$11 \times 11 = 1 + 1 = 2 = 121$$

$$11 \times 12 = 1 + 2 = 3 = 132$$

$$11 \times 20 = 2 + 0 = 2 = 220$$

$$11 \times 54 = 5 \times 4 = 9 = 594$$

$$11 \times 45 = 4 + 5 = 9 = 495$$

شرح أحد الأمثلة بالتفصيل:

45×11.

قمنا بوضع الرقم (5) في خانة الآحاد ثم نضع الرقم (4) في خانة العشرات ونجمع الرقمين معا ونضع مجموعهما بينهما.. 5 + 4 = 9 .

5 9 4

- جدول عجيب يقوم على أساس الرقم 9:

$$8888888889 = 9×987654321$$
$$17777777778 = 18×987654321$$
$$26666666667 = 27×987654321$$
$$35555555556 = 36×987654321$$
$$44444444445 = 45×987654321$$
$$53333333334 = 54×987654321$$
$$62222222223 = 63×987654321$$
$$71111111112 = 72×987654321$$
$$80000000001 = 81×987654321$$

الرقم 100 مكتوب بالأعداد التسعة كلها كالآتي...

$$97 + (8/5 + 8/3) + 4/6 + 2/1 = 100$$

- من عجائب الرقم 7

إذا ضربنا مضاعفات 7 في العدد 15873 فستنتج ستة أرقام مكررة

$$111111 = 15873×7$$
$$222222 = 15873×14$$
$$333333 = 15873×21$$
$$444444 = 15873×28$$
$$555555 = 15873×35$$
$$666666 = 15873×42$$

$$777777 = 15873 \times 49$$
$$888888 = 15873 \times 56$$
$$999999 = 15873 \times 63$$

• أو بصيغة أخرى

$$111111 = 15873 \times 7 \times 1$$
$$222222 = 15873 \times 7 \times 2$$
$$333333 = 15873 \times 7 \times 3$$
$$444444 = 15873 \times 7 \times 4$$
$$555555 = 15873 \times 7 \times 5$$
$$666666 = 15873 \times 7 \times 6$$
$$777777 = 15873 \times 7 \times 7$$
$$888888 = 15873 \times 7 \times 8$$
$$999999 = 15873 \times 7 \times 9$$

• من عجائب الرقم 8

$$9 = 1 + 8 \times 1$$
$$98 = 2 + 8 \times 12$$
$$987 = 3 + 8 \times 123$$
$$9876 = 4 + 8 \times 1234$$
$$98765 = 5 + 8 \times 12345$$
$$987654 = 6 + 8 \times 123456$$
$$9876543 = 7 + 8 \times 1234567$$
$$98765432 = 8 + 8 \times 12345678$$
$$987654321 = 9 + 9 \times 123456789$$

- من عجائب الرقم 8 و9

$8=8+9\times0$

$88=7+9\times9$

$888=6+9\times98$

$8888=5+9\times987$

$88888=4+9\times9876$

$888888=3+9\times98765$

$8888888=2+9\times98765\,4$

$88888888=1+9\times9876543$

$888888888=0+9\times98765432$

- من عجائب الرقم 9

$8888888889 = 9 \times 987654321$

$888888888 = 9 \times 98765432$

$88888887 = 9 \times 9876543$

$8888886 = 9 \times 987654$

$888885 = 9 \times 98765$

$88884 = 9 \times 9876$

$8883 = 9 \times 987$

$882 = 9 \times 98$

$81 = 9 \times 9$

- من عجائب الرقم 9

من عجائب الرقم 9 أيضاً ما نلاحظه هنا:

$1111111101 = 9 \times 123456789$

$111111102 = 9 \times 12345678$

$11111103 = 9 \times 1234567$

$$1111104 = 9 \times 123456$$
$$111105 = 9 \times 12345$$
$$11106 = 9 \times 1234$$
$$1107 = 9 \times 123$$
$$108 = 9 \times 12$$
$$09 = 9 \times 1$$

أيضًا: الرقم يضرب بـــ يضاف إليه يعادل

11 2 9 1
111 3 9 12
1111 4 9 123
11111 5 9 1234
111111 6 9 12345
1111111 7 9 123456
11111111 8 9 1234567
111111111 9 9 12345678

• من عجائب الرقم 9

$$1=1+0\times9$$
$$11=2+1\times9$$
$$111=3+12\times9$$
$$1111=4+123\times9$$
$$11111=5+1234\times9$$
$$111111=6+12345\times9$$
$$1111111=7+123456\times9$$
$$11111111=8+1234567\times9$$
$$111111111=9+12345678\times9$$

• من عجائب الرقم 37

من هذه العجائب أنك إذا ضربت العدد 37 في العدد 3 فإنك تحصل على عدد مكون من ثلاثة أرقام متشابهة، وهو العدد 111، وإذا ضربته بمضاعفات العدد ثلاثة فإنك تحصل على عدد أرقامه متشابهة أيضاً:

$$111 = 37 \times 3$$
$$222 = 37 \times 6$$
$$333 = 37 \times 9$$
$$444 = 37 \times 12$$
$$555 = 37 \times 15$$
$$666 = 37 \times 18$$
$$777 = 37 \times 21$$
$$888 = 37 \times 24$$
$$999 = 37 \times 27$$

أو بصيغة أخرى

$$111 = 37 \times 3 \times 1$$
$$222 = 37 \times 3 \times 2$$
$$333 = 37 \times 3 \times 3$$
$$444 = 37 \times 3 \times 4$$
$$555 = 37 \times 3 \times 5$$
$$666 = 37 \times 3 \times 6$$
$$777 = 37 \times 3 \times 7$$
$$888 = 37 \times 3 \times 8$$
$$999 = 37 \times 3 \times 9$$

• العدد 25 ، 30

- قسمهُ إلى جزئين: 25، 30

- أوجد مجموع الجزئين: 25 + 30 = 55
اضرب الناتج في نفسه: 55 × 55 = 3025
- نلاحظ أن الناتج هو العدد الأصلي

• العددين 8 و5

$$8 \times 5 = 40$$
$$88 \times 5 = 440$$
$$888 \times 5 = 4440$$
$$8888 \times 5 = 44440$$
$$88888 \times 5 = 444440$$
$$888888 \times 5 = 4444440$$

• العددين 99 و1

$$99 \times 1 = 99$$
$$99 \times 2 = 198$$
$$99 \times 3 = 297$$
$$99 \times 4 = 396$$
$$99 \times 5 = 495$$
$$99 \times 6 = 594$$
$$99 \times 7 = 693$$
$$99 \times 8 = 792$$
$$99 \times 9 = 891$$
$$99 \times 10 = 990$$

نلاحظ أن:
- الرقم الأوسط دائماً في ناتج الضرب = 9
- مجموع الرقمين الأول والثالث دائماً = 9
- ينقص رقم الآحاد كل مرة بمقدار 1 بينما يزداد رقم العشرات بمقدار 1

• هناك عدد يكون نصفه وثلثه وربعه وخمسه وسدسه وسبعه وثمنه وتسعه وعشره أعداد صحيحة! هل عرفت ذلك العدد؟

العدد هو: (2520)

تأمل: 2520 ÷ 2 = 1260

هل تعلم أن هذا العدد هو عبارة عن:

حاصل ضرب عدد أيام الأسبوع بعدد أيام الشهر بعدد أشهر السنة

انظر: 7 × 30 × 12 = 2520

• عجائب الرقم سبعة

إذا ضربنا مضاعفات 7 في العدد 15873 فستنتج ستة أرقام مكررة

111111=15873×7

222222=15873×14

333333=15873×21

444444=15873×28

555555=15873×35

666666 = 15873×42

777777 = 15873×49

888888 = 15873×56

999999 = 15873×63

أو بصيغة أخرى

111111=15873×7×1

222222=15873×7×2

333333=15873×7×3

444444=15873×7×4

555555=15873×7×5

666666=15873×7×6

777777=15873×7×7

888888=15873×7×8

999999=15873×7×9

• عجائب الرقم ثمانية

9=1+8×1

98=2+8×12

987=3+8×123

9876=4+8×1234

98765=5+8×12345

987654=6+8×123456

9876543=7+8×1234567

98765432=8+8×12345678

987654321=9+9×123456789

• عجائب الرقم تسعة

8=8+9×0

88=7+9×9

888=6+9×98

8888=5+9×987

88888=4+9×9876

888888=3+9×98765

8888888=2+9×98765 4

88888888=1+9×9876543

888888888=0+9×98765432

وأخرى

8888888889 = 9 × 987654321

$$888888888 = 9 \times 98765432$$
$$88888887 = 9 \times 9876543$$
$$8888886 = 9 \times 987654$$
$$888885 = 9 \times 98765$$
$$88884 = 9 \times 9876$$
$$8883 = 9 \times 987$$
$$882 = 9 \times 98$$
$$81 = 9 \times 9$$

• من عجائب الرقم 9 أيضاً ما نلاحظه هنا:

$$1111111101 = 9 \times 123456789$$
$$111111102 = 9 \times 12345678$$
$$11111103 = 9 \times 1234567$$
$$1111104 = 9 \times 123456$$
$$111105 = 9 \times 12345$$
$$11106 = 9 \times 1234$$
$$1107 = 9 \times 123$$
$$108 = 9 \times 12$$
$$09 = 9 \times 1$$

وأيضا

$$1 = 1$$
$$11 = 2 + 1 \times 9$$
$$111 = 3 + 12 \times 9$$
$$1111 = 4 + 123 \times 9$$
$$11111 = 5 + 1234 \times 9$$
$$111111 = 6 + 12345 \times 9$$

$$1111111 = 7 + 123456 \times 9$$
$$11111111 = 8 + 1234567 \times 9$$
$$111111111 = 9 + 12345678 \times 9$$

من هذه العجائب أنك إذا ضربت العدد 37 في العدد 3 فإنك تحصل على عدد مكون من ثلاثة أرقام متشابهة، وهو العدد 111، وإذا ضربته بمضاعفات العدد ثلاثة فإنك تحصل على عدد أرقامه متشابهة أيضاً:

$$111 = 37 \times 3$$
$$222 = 37 \times 6$$
$$333 = 37 \times 9$$
$$444 = 37 \times 12$$
$$555 = 37 \times 15$$
$$666 = 37 \times 18$$
$$777 = 37 \times 21$$
$$888 = 37 \times 24$$
$$999 = 37 \times 27$$

أو بصيغة أخرى

$$111 = 37 \times 3 \times 1$$
$$222 = 37 \times 3 \times 2$$
$$333 = 37 \times 3 \times 3$$
$$444 = 37 \times 3 \times 4$$
$$555 = 37 \times 3 \times 5$$
$$666 = 37 \times 3 \times 6$$
$$777 = 37 \times 3 \times 7$$
$$888 = 37 \times 3 \times 8$$
$$999 = 37 \times 3 \times 9$$

- عجائب الأرقام في جسم الإنسان

عدد الخلايا العصبية (14) مليار منها (9) مليارات في الدماغ تتوزع على 64 منطقة من مناطق الدماغ خلايا الجهاز العصبي لا تتكاثر ولا تتغير ولو تغيرت لا حتاج الإنسان لتعلم اللغة كُل 6 أشهر.

(25000) مليار كرية حمراء في دم الإنسان الواحد لو وضعت في خط لطوقت الأرض 6 - 7 مرات.

(70) ضربه للقلب في الدقيقة أي (100) ألف مرة يومياً و(40) مليون مرة سنوياً أو (2) مليار مرة في متوسط العمر بدون توقف. (فسبحان اللـه)

(3000) مليار مرة يزداد حجم الجنين من بداية تكوينه إلى ولادته.

(6500) لتراً من الدماء يضخها القلب يومياً.

(5) لترات من الدم يتم تنقيتها كُل دقيقة.

(20) ألف خطوة يمشيها الرجل العادي في اليوم الواحد أي في خلال (80) سنة يكون قد طاف العالم 6 مرات.

(23) ألف مرة يتنفس الإنسان في اليوم الواحد أي 204 مليون مرة في الحياة (12) متراً مكعباً من الهواء يتنفس الإنسان يومياً، منها 204 متراً مكعباً من الأكسجين.

(1.4 - 1.8) كجم من الطعام يأكلها الإنسان في 24 ساعة

(2.5) لتر من السوائل يشربها الإنسان يومياً.

يفرز (1.5) لتر من اللعاب ولتراً واحداً من العرق خلال 24 ساعة.

عند الضحك تتحرك (17) عضله من عضلات وجه الإنسان.

التكشير - أي الغضب - يحرك (43) عضله من عضلات وجهك التي سرعان ما تنتابها التجاعيد. طول الأمعاء الغليظة (1.5) متر.طول الأمعاء الدقيقة في جسم الإنسان ستة أمتار.

يتعلم الإنسان عن طريق الحواس بالنسب الآتية.. 75 % البصر - 13 % السمع - 6 % اللمس - 3 % الشم - 3 % الذوق.

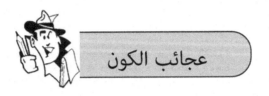

عجائب الكون

• المريخ... كوكب الغرائب:

استحوذ كوكب المريخ الأحمر على اهتمام الناس منذ زمن طويل بسبب تعرج مداره حول الشمس، وظهور ما يشبه القنوات على سطحه، ووجود كتل من الجليد عند قطبيه، وآثار من براكين هائلة وبحار جافة منخفضة ومرتفعات وأودية تمتد لآلاف الكيلومترات فوق سطحه، ولعل من أعجب الاكتشافات التي أدهشت العالم التعرف على قمري المريخ فوبوس وديموس، فنظراً لصغرهما الشديد لم يلفتا أنظار العلماء من قبل، وبسبب قوة انعكاس ضوء الشمس على المريخ يصعب في أغلب الأحيان رؤية هذين القمرين، ويدور هذان القمران حول المريخ بأسرع من معدل دوران المريخ حول نفسه في اتجاهين متضادين، كما أن الاكتشافات الحديثة قد أكدت وجود ما يشبه الكائنات الدقيقة المتحجرة في تربة المريخ، مما يدل على احتمالية كبيرة في وجود حياة بدائية على المريخ، وإن لم يتأكد الأمر حتى الوقت الحاضر.

• البقعة الحمراء فوق المشتري:

يعد كوكب المشتري من أكبر كواكب المجموعة الشمسية، يتكون أساساً من غازي الهيدروجين والهليوم، ويحتوي غلافه الجوي السميك على مزيج سام من غازي النشادر والميثان، كما تحيط به طبقة كثيفة من الغازات المتجمدة بسبب البرودة الشديدة على سطحه والتي تصل إلى 175 درجة تحت الصفر. ومن الظواهر الغريبة فوق المشتري وجود أحزمة مستعرضة وموازية لخط استوائه تتفاوت ألوانها ما بين الأصفر والأحمر والأزرق، وتكون أحياناً فاتحة اللون وأحيان أخرى غامقة اللون! كما توجد هناك أيضاً بقعة بيضاوية ذات لون وردي وبرتقالي بالقرب من خط استواء الكوكب يبلغ طولها نحو 50000 كيلومتر، يتغير لونها ومدى وضوحها من زمن لآخر، وقد ظنها العلماء بركاناً ثائراً لما تسببه من وهج أحمر للغيوم فوقها، ولكن الرأي الراجح في الوقت الحاضر أن البقعة الحمراء ناتجة من عواصف وأعاصير عبارة عن دوامات غازية هائلة ومنطقة ضغط

عال، وتدور هذه البقعة في عكس اتجاه دوران عقارب الساعة مرة واحدة كل ستة أيام أرضية.

• حلقات كوكب زحل:

يتميز زحل بوجود سبع حلقات كبيرة محيطة به، وهي منفصلة وتتكون من آلاف من الحلقات الصغيرة، وتكون هذه الحلقات في مجموعها هالة ذهبية شاحبة تلتف حول زحل، وتوجد داخل هذه الحلقات آلاف الملايين من الأجسام الفضائية الدقيقة المكونة أساساً من الثلج المائي أو الصخور، ويتراوح قطرها من سنتيمتر واحد إلى عشرة أمتار. بعض حلقات زحل لامعة ويمكن رؤيتها بالتلسكوب، كما تختلف ألوانها فمنها البرتقالي الذهبي والفيروزي والأزرق الداكن، واتضح وجود أقمار صغيرة يتراوح قطرها مابين واحد إلى خمسين كيلومتراً في معظم أنحاء الحلقات، ويعتقد العلماء أن هذه الحلقات ماهي إلا عبارة عن قمر تناثرت أجزاءه وهو في دور تكوينه عندما حاول أن يتخذ له مساراً بالقرب من كوكب زحل.

• السوبر نوفا:

هناك ظاهرة كونية مثيرة كانت تحير علماء الفلك حتى وقت قريب، إنها السوبر نوفا أو المستعر الأعظم، وتحدث هذه الظاهرة الغريبة عندما ينفجر النجم فجأة بشكل مروع لا يمكن لنا تصور مدى قوته، وتنشأ هذه الظاهرة نتيجة تقلص شديد لنجم ضخم (أكبر من شمسنا بعدة مرات) بسبب نفاذ وقوده من الأوكسجين، مما يؤدي إلى ارتفاع مفاجيء في درجة حرارة المركز لتصل إلى مئات الملايين من الدرجات المئوية، وينتج عن ذلك انطلاق طاقة جبارة على شكل انفجار مروع يمزق النجم في الفضاء، وأحدث سوبر نوفا هي التي شوهدت عام 1987 في مجرة ماجلان الكبرى التي تبعد عنا بنحو 163000 سنة ضوئية.

• السدائم :

عبارة عن أجرام سماوية هائلة سحابية الشكل يقدر عددها بالملايين، لكننا لا نرى إلا القليل منها بالعين المجردة، وذلك لأن بعضها معتم والبعض الآخر سابح في الفضاء

السحيق، والسدائم المضيئة تستمد نورها من إشعاعات النجوم التي تتخللها، فالذرات في السدائم تمتص الضوء ثم تعيد إشعاعه مرة أخرى. تدور السدائم بسرعة هائلة تصل إلى بضع مئات من الكيلومترات في الثانية في شبه حركة متماسكة، ومع ذلك فإن أي نقطة في السديم تحتاج إلى بضعة ملايين من السنين لتتم دورة كاملة حول مركزه، ويرجع ذلك إلى الحجم الهائل للسديم، والسدائم هي مكان ميلاد النجوم.

• مجرة المرأة المسلسلة:

يطلق على هذه المجرة Andromeda أو المرأة المسلسلة وهي من المجرات الهائلة التي يبلغ قطرها أكثر من مئتي ألف سنة ضوئية، وتحتوي على نحو ثلاثمائة ألف مليون نجم مثل شمسنا، أي أنها ضعف حجم مجرتنا. رصد هذه المجرة الفلكي المسلم الصوفي منذ أكثر من ألف عام، وحدد موقعها ووصفها بأنها بقعة غبشاء، ويمكن رؤية القسم المركزي من هذه المجرة بالعين المجردة على شكل ضبابية من الضوء الباهت الخفيف، وتحتوي هذه المجرة على حشود كروية كثيفة من النجوم، وكذلك أذرع حلزونية تلتف عدة مرات حول مركزها، كما تحتوي المجرة على نجوم شابة زرقاء اللون وسدم مضيئة عبارة عن حضانات تولد فيها النجوم، والغريب أن هذه المجرة لا تبتعد عن مجرتنا بل تقترب منها بسرعة تصل إلى ثلاثمائة كيلومتر في الثانية الواحدة. ويعتقد العلماء أن مجرة المرأة المسلسلة لها نواتان وليس نواة واحدة مثل باقي المجرات، إذ يبدو أنها ابتلعت مجرة أصغر منها.

• سديم رأس الحصان:

تمثل مجموعة الجبار حشداً هائلاً من النجوم تبدو واضحة في أعماق الفضاء، وتعد من أجمل وأبهى المجموعات في السماء على الاطلاق، ومن أشهر معالمها المثيرة ذلك السديم الغريب الذي أطلق عليه رأس الحصان، وهو عبارة عن بقعة كبيرة مميزة في الفضاء لونها أسود داكن على شكل رأس حصان، ويقع سديم رأس الحصان مباشرة تحت النجم نطاق الشديد اللمعان، ويتميز بظهور وهج أحمر متألق من خلفه تنتشر فيه النجوم، ويدل هذا الوهج الأحمر الغريب على وجود سديم آخر مضيء في المنطقة بعد أعماق الكون، يطلق عليها سديم الجبار الأعظم حيث تتولد فيه النجوم بشكل مستمر.

•واحدة من عجائب الكون.. قارة أنتاركتيكا:

أنتاركتيكا هي الأرض الوحيدة في العالم التي لا تملكها أي بلد، والثلوج بها تمثل 70% من الماء العذب في الكرة الأرضية 00 ومن الطريف أن تعلم أن أنتاركتيكا أصلا صحراء جرداء في الأصل، فهي أكثر الأماكن جفافا في العالم، على الرغم من أنها مغطاة تماما بالثلوج.. فالماء يجف بها خلال 20 ثانية من خروجه من الزجاجة... وأمامك صورة لجبل ثلجي موجود في هذه القارة القطبية، كم هو رائع وعجيب!!!

•جراد مكتوب على أجنحته لفظ الجلالة الله

هذه صور الجراد الذي وجدوه في مصر وعليه مكتوب لا إله إلا الله، وعلى جناح جرادة أخرى وجدوا كلمة الله.. لم يبق إلا أن نقول: سبحان الله، فهو الخالق والقادر..

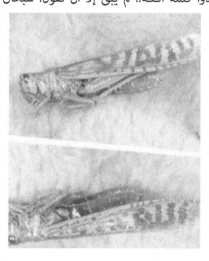

هذه الجرادات أمسك بها أحد الفلاحين، وقال أنه فوجئ عندما رأى على أجنحتها لا إله إلا الله وقام على الفور بتصويرها

• عجائب الكون: عدد النجوم يعادل حبات الرمل أو يفوقها

قال الحكيم في كتابه الكريم: (أفلم ينظروا إلى السماء فوقهم كيف بنيناها وزيناها ومالها من فروج)

الحمد لله الذي لا يبلغ مدحه القائلون، ولا يحصي نعماءه العادون، ولا يؤدي حقه المجتهدون، فطر الخلائق بقدرته، ونشر الرياح برحمته، ووتد بالصخور ميدان أرضه.

التطور العلمي وتقدمه في جميع المجالات كفيل بإخضاع الإنسان واستسلامه أمام قدرة الخالق عز وجل، فها هو يتحدى جميع العصور بكلماته المحكمات وإخباره بعجائب خلق الأرض والسموات، وينبّه الإنسان المغرور من غفلته، ويدعوه إلى التفكر في عظمة خلقه وجميل صنعه، إذ كلما تطور علم الإنسان تعاظم العالم العلوي ذو الأسرار العجيبة في نظره، فعلاً العلم يقود إلى الإيمان.

والذي اكتشفه العلم الحديث أن الكون في توسع هائل وسريع بحيث إذا أراد الإنسان أن يخترق مجرتنا (درب التبانة) يستغرق مدة (90) ألف سنة ضوئية، أما إذا أراد أن يخترق مجرتنا وينتقل إلى مجرات أخرى قريبة حيث توجد أقربها (المكونة من 20 مجرة) فإنها توجد من إطار يبعد حوالي (3) ملايين سنة ضوئية أي يستطيع أن يصلها بعد مرور (3) ملايين من السنين.

أما المجرات الأخرى البعيدة عنا والتي لا يحصي عددها ولا يعلمها إلا هو، فإن الإنسان يحتاج للوصول إليها

(400) مليون سنة أو إلى حدود (14) مليار سنة وهو آخر أبعاد الكون والذي يتوسع باضطراد مستمر، كما يقول تعالى: (والسماء بنيناها بأيدٍ وإنا لموسعون).

إن هذه المجرات التي استطاع العلم الحديث وباستخدام أحدث التلسكوبات الكونية (التي ترسل إلى الفضاء لمشاهدة النجوم خارج الغلاف الجوي) استطاعت أن تعد أكثر من ألف مليون مجرة لحد الآن، (إن مجرتنا وحدها بلغ عدد نجومها مائة ألف مليون نجمة وأحد هذه النجوم الشمس).

وأظهرت دراسة حديثة، نفذها علماء فلك استراليين، أن هناك أكثر من (70) ألف مليون مليون مليون نجم في المجرة أو سبعة (سكستيليون).

وقال الدكتور سيمون درايفر أنه توصل للرقم استناداً لدراسة مساحة طويلة من السماء، بدلاً من تعداد كل نجم منفرد، وأضاف أن عدد النجوم يمكن أن يكون غير محدود عددها يعادل حبات الرمل على الكرة الأرضية أو يفوقها.

وبحسب تقرير لمجلة (در شبيغل) الألمانية نقلاً عن رئيس فريق الباحثين الفلكي

(سيمون درايفر) فقد تمكن فريقه من خلال الرصد المتواصل طويل الأمد من إحصاء وتعداد النجوم بمختلف أحجامها وأن مجمل عددها التقريبي يزيد عن (70) تريليون مليار نجماً. وهذه المجرات بما فيها تسير بسرعة هائلة مبتعدة عن الأرض بسرعة تعادل (250) ألف كم بالثانية. فسبحانك رب العزة عما يصفون. شبكة النبأ المعلوماتية

• شجرة على هيئة راقصة..

شجرة على هيئة راقصة من عجائب هذا الكون المليء بعجائبه... وكأن الأرض بأشجارها تحذرنا من فتن كقطع الليل المظلم ... بالأمس القريب شجرة في وضع السجود واليوم شجرة في وضع الراقصة ... سبحان من خلق فأبدع فعلم

• • •

عجائب وغرائب الجنس الناعم

- على قدر حب المرأة يكون انتقامها وعلى قدر غباء المرأة يكون سقوطها!!

- أغبى امرأة تستطيع أن تخدع أذكى رجل وأذكى امرأة تنخدع بسهولة من أهبل رجل!!

- المرأة قد تصفح عن الخيانة ولكنها لا تنساها

- قلب المرأة لؤلؤة يحتاج إلى صياد ماهر

- يقول سقراط:

عبقرية المرأة تكمن في قلبها وقلبها هو نقطة ضعفها!!

- المرأة لم تخلق لتكون محط إعجاب الرجال جميعاً بل لتكون مصدراً لسعادة رجل واحد)!!...اتيان راي.

- عندما تبكي المرأة..تتحطم قوة الرجل... شكسبير

- الرجل لا ينسى أول امرأة أحبها، والمرأة لا تنسى أول رجل خانها... حكيم

- الشيطان أستاذ الرجل وتلميذ المرأة

- المرأة الفاضلة تلهمك، والذكية تثير اهتمامك، والجميلة تجذبك، والرقيقة تفوز بك لأن الفاضلة لا تأتي إلا بالخير.

ولأن الذكية تنقص أنوثتها.

ولأن الجميلة قطعة حلوى.

ولأن الرقيقة عملة نادرة!!

- (اهرب من المرأة تتبعك... اتبعها تهرب منك)... فيلسوف

- تظل المرأة في سن العشرين... حتى آخر لحظة من حياتها)

• تعلمت المرأة من الحية... الرقص، والغدر، وطول اللسان.

• تشعل المرأة النار بابتسامتها... وتحاول عبثاً أن تطفئها بدموعها.

• آخر ما يموت في الرجل قلبه، وفي المرأة لسانها.

• عفواً، آخر ما يموت في الرجل شموخه. وآخر ما يموت في المرأة ذاكرتها!!.

وكذلك...

1- بعض النساء مثل الزهور الصناعية يسرك مرآها من بعيد؛ وإذا اقتربت منها وشممتها؛ سقطت من عينيك.

2- بعض النساء لو وزنتها بدون المساحيق التي تضعها على وجهها لخُيل إليك أنها نقصت النص.

3- بعض النساء إن أرحتهن أتعبنك؛ وإن أتعبتهن أرحنك.

4- بعض النساء تموت في الثلاثين؛ وتُدفن في الستين.

5- بعض النساء لا تصلح آذانهن إلا لحمل الأقراط.

6- بعض النساء يستطعن تسلية أي شخص ما عدا أزواجهن.

7- بعض النساء يرغبن الرجال جالسين تحت أقدامهن يتعبدوا لحسنهن ويثنون على جمالهن؛ ويتفانوا في إرضائهن.

8- بعض النساء لو رعرعتها في مهد مفروش بالورود؛ وغذيتها بقطرات. الأمواج المتفجرة من جانب عرش اللـه؛ لظلت أفعى سامة تفسد الأرض بما تنفثه.

9- بعض النساء مولعات بالانفعال حتى إنهن يفضلن وقوع المصيبة على الحالة الساكنة المألوفة.

10- بعض النساء يعانين كثيراً من الآلام كي لا يرهقنك؛ ثم ينتبهن بأن يسيطرن على حياتك تماماً.

11- بعض النساء تكون قبلتهن لأزواجهن؛ مثل الطبخة البايتة.

12- بعض النساء قنوعات؛ لا يطلبن في الزوج المثالي غير صدر حنون وقلب طيب!!!!

13- بعض النساء ابتسامات مغتصبة، وبعضهن الآخر قهقهة مبتذلة.

14- بعض النساء شبيهات بالأرض الجافة التي لا تنبت إلا الشوك؛وبعضهن شبيهات بالأرض الندية حيث ترقد النباتات الندية.

15- بين ستين امرأة يمكن أن تجد امرأة واحدة تصلح لأن تكون زوجة.

16- بين شفتي المرأة، كل ما في الدنيا من سم وعسل!!!

17- بين النساء تنتهي الصداقة، عندما يبدأ التنافس!!!!

18- تأخذ المرأة من الرجل كل ما تريد، وتعطيه أقل ما يريد!

19- تبتلع المرأة الكذب جرعة واحدة ، إذا كان تملقاً وإطراءً؛ وتشربه نقطة نقطة إذا كان حقيقتها المرة!!!!

20- تسمع المرأة عبارات الغزل، فتغمض عينيها حتى تستمتع بمعاني الألفاظ؛ وتسمع النصائح؛ فتُغمض عينيها لكي تنام!!!!!!!!!

21- تتبرج المرأة كثيراً ، وهذا اعتراف صامت على وحاشتها.

22- تتسلى المرأة عن فشلها في الحب، بالأحلام العاطفية.

23- المرأة والسيجارة تتفقان في أن كلتاهما، يُتعب صدر الرجل . ويختلفان في أن الرجل يحرق السيجارة، بينما تحرقه المرأة.

24- تجد النساء صعوبة أكثر في مقاومة ميلهن الشديد إلى الدلال والتغنج؛؛؛؛ من مقاومة الحب.

25- تجد المرأة في أعمال المنزل الشاقة، هروباً من عقدة الأنوثة.

26- تجد المرأة في ثوبها متعتان، متعة اختياره، ومتعة تغييره!!!!

27- تتميز المرأة عن الرجل في قدرتها على التمثيل!!!!

28- لا سر يُحفظ إلا في قلب المرأة التي فقدت النطق والحركة.

29- تُخفي المرأة حبها عن زوجها ولا تستثير غيرته، لكي تؤجج نار حبه، من واقع أن الشك يُحيي الغرام.

30- تضع المرأة غطاءً على عيني الرجل، وبعد ذلك تلومه إذا تعثرت قدماه.

31- ترى المرأة أن لا أخطاء لها، حتى ولو كانت تُخطيء في تصرفاتها.

32- ترى المرأة أن الرجل لا إرادة له، إذا عمل بمشورة امرأة.

الصورة التي حيرت العالم!

أنظر جيدا

إنك على وشك أن ترى صورة من أغرب الـصور التي أودعها اللـه في الطبيعة أنظر إلى الصورة

بإمعان! ماذا ترى؟؟؟ هل لاحظت أي شيء؟؟؟

هذه الصورة تكونت بفعل عوامل التعرية التي هبت على صخرة ضخمة في بحيرة بيرمانين
(Birmanian Lake)

لا يمكن التقاط هذه الصورة من البحيرة بهذا الوضوح إلا في وقت محدد من السنة وذلك بسبب سقوط أشعة الشمس عليها بزاوية تجعل الصورة التي تكونت من الصخرة جليّةً واضحة الآن أنظر إلى الصورة مرة أخرى مع تحريك الرأس (ميل برأسك) إلى جهة اليسار لترى الإبداع الإلهي!!!!!!!! هذه هي الصورة التي سوف تظهر لك عندما تميل براسك

صدق أو لا تصدق في الصين قط بجناحين!!

كشفت امرأة صينية عن أن قطها الأليف أصبح له «جناحان» يبلغ طول الواحد منهما نحو 10 سنتيمترات.

والمرأة التي تدعى «فينغ» قالت أن الأمر بدأ بنتوءين صغيرين ظهرا على جانبي ظهر قطها الأليف قبل بضعة أشهر، إلا أنهما راحا يكبران ويتمددان إلى أن أصبحا كجناحين مكسوين بالفرو وأضافت «فينغ» قائلة إن جناحي» القط يحتويان في داخلهما على فقرات عظمية. وترى «فينغ» أن التفسير المنطقي لتلك الظاهرة هو أن «الجناحين» نبتا للقط كرد فعل إزاء تعرضه إلى التحرش المستمر من جانب عدد من إناث القطط التي دأبت منذ فترة طويلة على ملاطفته والتوسل إليه طمعاً في أن يتزاوج معهن».

إلا أن خبراء محليين قالوا إن التفسير الأرجح هو أن «الجناحين» نبتا للقط بسبب طفرة وراثية جينية، مؤكدين على أن تلك الطفرة لن تمنع ذلك القط من أن يعيش حياة طبيعية

عجائب الحشرات

• عجائب الحشرات: حقائق تدعو للإيمان.

عجائب كثيرة أودعها الله تعالى في عالم الحشرات الضعيف، لنأخذ العبرة ولو قارنا أنفسنا بأي حشرة نجد أن هذه الحشرة تتفوق على الإنسان من حيث القوة والقدرة على البقاء، فهل تتواضع أيها الإنسان قليلاً؟...

من عجائب النمل

إن الذي يتأمل هذا القرآن ويتأمل ما فيه من إحكام ومن آيات، يرى فيه حديثاً عن كل شيء، فكل المخلوقات التي نراها حدثنا عنها القرآن، ففي عالم الحشرات مثلاً حدثنا تبارك وتعالى عن النحل والنمل والذباب والعنكبوت وغير ذلك، وربما نذكر قصة سيدنا سليمان عليه السلام الذي علمه الله منطق الطير ومنطق الحشرات، وكانت هذه من معجزاته عليه السلام، وذكر الله وشكره على هذه النعم.

فعندما كان سيدنا سليمان يسير هو وجنوده أتوا على وادي النمل، وهنا عندما علمت إحدى النملات بقدوم هذا الجيش (جيش سيدنا سليمان) ماذا قالت؟ يقول الله تبارك وتعالى: ﴿حَتَّى إِذَا أَتَوْا عَلَى وَادِ النَّمْلِ قَالَتْ نَمْلَةٌ يَا أَيُّهَا النَّمْلُ ادْخُلُوا مَسَاكِنَكُمْ لَا يَحْطِمَنَّكُمْ سُلَيْمَانُ وَجُنُودُهُ وَهُمْ لَا يَشْعُرُونَ﴾ [النمل: 18]. في هذه الآية يصف الله تبارك وتعالى لنا لغة النمل والموقف الذي تحدثت فيه تلك النملة وحذرت صديقاتها من أن جنود سليمان سوف يحطمونهم بأقدامهم، لذلك قالت لهم: (ادخلوا مساكنكم).

عندما يتعمق الإنسان في عالم النمل يرى أن العلماء حديثاً اكتشفوا أن أنثى النمل هي التي تتولى مهمة التحذير عند اقتراب أي خطر. فالله تبارك وتعالى قال: (قَالَتْ نَمْلَةٌ)

بالمؤنث، وعندما بحث العلماء أكثر وجدوا أن عالم النمل له حياته الخاصة، وله مجتمعاته، وهو أمة قائمة بذاتها، مثل الأمم من البشر: (قَالَتْ نَمْلَةٌ يَا أَيُّهَا النَّمْلُ ادْخُلُوا مَسَاكِنَكُمْ) فالنمل يتكلم وهذا ما كشف عنه العلماء حديثاً.

في البداية قالوا: إنه يصدر روائح يتخاطب بها. وقالوا أيضاً: هناك موجات كهرو مغناطيسية يصدرها دماغ النملة وتتخاطب بها مع الآخرين على مسافات بعيدة طبعاً. ولكن الاكتشاف الجديد أن خلايا النمل تطلق ترددات صوتية في المجال الذي نسمعه، وجزيئات DNA داخل خلايا النمل أيضاً تصدر هذه الترددات الصوتية، ولذلك فإن الله تبارك وتعالى أعطى لسيدنا سليمان قدرة تضاهي قدرة الأجهزة الذرية التي يستخدمها العلماء اليوم لالتقاط هذه الإشارات وتكبيرها وتضخيمها والاستماع إليها.

وهنا نحن أمام معجزة قرآنية عندما حدثنا الله تبارك وتعالى عن قول النملة (قَالَتْ نَمْلَةٌ) إنما يحدثنا عن حقيقة اكتشفها العلماء حديثاً، وعندما يقول تبارك وتعالى: (قَالَتْ نَمْلَةٌ يَا أَيُّهَا النَّمْلُ ادْخُلُوا مَسَاكِنَكُمْ) فكلمة (مَسَاكِنَكُمْ) كلمة دقيقة علمياً، لأن عالم النمل يبني مسكناً بكل معنى الكلمة، حتى إن علماء الغرب اليوم، يقولون إن النمل مهندس بارع جداً في البناء، فعندما يبني مسكنه يبنيه في مكان مناسب جداً ويرفعه قليلاً ليتقي به شر الأمطار، ويصنع لهذا المسكن فتحات للتهوية.

وحتى عندما يعيش النمل داخل هذا المسكن، هيأ الله تبارك وتعالى له مواد معقمة يفرزها جسده، هذه المواد يعقم بها البيض، يأتي بالبيض ويضع عليه هذه المواد المعقمة ولولا ذلك لماتت هذه البيوض وانقرض النمل منذ ملايين السنين لم يستمر. ولكن الله تبارك وتعالى زوده بهذه المواد وهداه إلى أن يحافظ على حياته (يَا أَيُّهَا النَّمْلُ ادْخُلُوا مَسَاكِنَكُمْ) المسكن الذي يبنيه النمل يبنيه ويهيئه ليكون مكيفاً أي له فتحات للتهوية مناسبة تماماً للحفاظ على درجة حرارة منخفضة داخل هذا المسكن.

هنالك أيضاً احتياطات يتخذها النمل أثناء الشتاء وأثناء الصيف في مسكنه لكي يكون المسكن محصناً بشكل جيد، وهنا ندرك أن الله تبارك وتعالى عندما قال: (يَا أَيُّهَا النَّمْلُ ادْخُلُوا مَسَاكِنَكُمْ) لم يقل (أوكاركم) لم يقل مثلاً (كهوفكم) لم يقل كلمة أخرى..

بل قال (مَسَاكِنَكُمْ) لأنها مساكن بكل معنى الكلمة.

ويقول العلماء بالحرف الواحد:

«إن المهارات التي يتمتع بها النمل من حيث بناء وهندسة البيوت تجعله يتفوق على الإنسان، قياساً لحجم النملة، فإن النملة أقوى من الإنسان بمئة مرة على الأقل».

فمثلاً عندما قالت هذه النملة: ﴿لَا يَحْطِمَنَّكُمْ﴾ هذه الكلمة دقيقة علمياً، فقد اكتشف العلماء أن الغلاف الخارجي للنملة صلب جداً وهو يتكسر تماماً مثل الزجاج. هذا الغلاف الخارجي للنملة له صلابة كبيرة ولولا هذه الصلابة لم تستطع النملة أن تحمل أوزاناً أكثر من عشرين ضعف وزنها.

وإذا تأملنا عالم النمل نلاحظ أن هنالك الكثير من الأسرار ولذلك فإن سيدنا سليمان عليه السلام ماذا قال عندما رأى هذا الموقف؟ قال: ﴿فَتَبَسَّمَ ضَاحِكًا مِنْ قَوْلِهَا وَقَالَ رَبِّ أَوْزِعْنِي أَنْ أَشْكُرَ نِعْمَتَكَ الَّتِي أَنْعَمْتَ عَلَيَّ وَعَلَى وَالِدَيَّ وَأَنْ أَعْمَلَ صَالِحًا تَرْضَاهُ وَأَدْخِلْنِي بِرَحْمَتِكَ فِي عِبَادِكَ الصَّالِحِينَ﴾ [النمل: 19]. هكذا ينبغي على كل مؤمن عندما يرى آية من آيات الله، سيدنا سليمان رأى هذه الآية أمامه: ﴿فَتَبَسَّمَ ضَاحِكًا مِنْ قَوْلِهَا وَقَالَ رَبِّ أَوْزِعْنِي﴾ أي يا رب أعني وألهمني ﴿أَنْ أَشْكُرَ نِعْمَتَكَ﴾ أن أريتني هذه الآيات.

من عجائب النحل

لننتقل من عالم النمل إلى عالم النحل، لقد وجد العلماء أن النحلة لها لغة خاصة، ووجدوا في دماغها الذي لا يزيد على حجم رأس الدبوس (وهو أصغر من حجم رأس الدبوس بقليل)، يحوي هذا الدماغ آلاف الملايين من الخلايا.

وبعد أن درس العلماء هذا الدماغ وشرحوه ودرسوه جيداً وجدوا أنه يتفوق على أسرع كمبيوتر في العالم، في وكالة ناسا هناك أسرع كمبيوتر في العالم وهو السوبر كمبيوتر الذي يبلغ وزنه أكثر من مائة ألف كيلو غرام ويعالج المعلومات بسرعات فائقة

تريليونات العمليات في الثانية يقوم بها، ويشغل مبنى كاملاً تبلغ مساحته مساحة ملعبي للتنس (مئات الأمتار المربعة يشغلها هذا الجهاز الواحد السوبر كمبيوتر) وعلى الرغم من ذلك يقول العلماء إن هذا الدماغ الصغير للنحلة (أصغر من رأس الدبوس) يعمل بكفاءة أكثر من هذا الجهاز!!! وهنا لا بد أن نتأمل هذه الآيات، لا بد أن نعيش معها ونحمد الله تبارك وتعالى أنه يرينا هذه الآيات.

يعتبر عالم النحل معقداً لدرجة كبيرة، وفي بحث علمي جديد يؤكد العلماء أن النحلة أكثر قدرة من الإنسان على الرؤيا، فهي ترى وتحلل المعلومات بسرعة كبيرة أثناء طيرانها، وقياساً لحجمها الصغير فهي أقدر من الإنسان على القيام بكثير من المهام.

من عجائب النحل أيضا

في كل يوم يزداد إيماننا بكتاب ربنا، ويزداد حبُّنا لهذا الدين الحنيف، والسبب في ذلك هو كثرة الحقائق العلمية التي يزخر بها هذا القرآن، والتي يكتشفها العلماء في كل يوم، وهذا يجعلنا نفتخر بانتمائنا للإسلام - الرسالة الخاتمة.... ومن عجائب النحل ظاهرة يسميها العلماء ظاهرة السُّكر عند النحل، فبعض النحل يتناول أثناء رحلاته بعض المواد المخدرة مثل الإيثانول ethanol وهي مادة تنتج بعد تخمّر بعض الثمار الناضجة في الطبيعة، فتأتي النحلة لتتلعق بلسانها قسماً من هذه المواد فتصبح «سكرى» تماماً مثل البشر، ويمكن أن يستمر تأثير هذه المادة لمدة 48 ساعة.

إن الأعراض التي تحدث عند النحل بعد تعاطيه لهذه «المسكرات» تشبه الأعراض التي تحدث للإنسان بعد تعاطيه المسكرات، ويقول العلماء إن هذه النحلات السكرى تصبح عدوانية، ومؤذية لأنها تفسد العسل وتفرغ فيه هذه المواد المخدرة مما يؤدي إلى تسممه، ولكن الله تعالى يصف العسل بأنه (شفاء) في قوله تعالى: ﴿**يَخْرُجُ مِنْ بُطُونِهَا شَرَابٌ مُخْتَلِفٌ أَلْوَانُهُ فِيهِ شِفَاءٌ لِلنَّاسِ**﴾ [النحل: 69]. فماذا هيّأ الله لهذا العسل ليبقى سليماً ولا يتعرض لأي مواد سامة؟

طبعاً من رحمة الله تعالى بنا ولأنه جعل في العسل شفاء، فمن الطبيعي أن يهيئ الله وسائل للنحل للدفاع عن العسل وبقائه صالحاً للاستخدام. وهذا ما دفع العلماء لدراسة

هذه الظاهرة ومتابعتها خلال 30 عاماً، وكان لابد من مراقبة سلوك النحل... بعد المراقبة الطويلة لاحظوا أن في كل خلية نحل هناك نحلات زودها الـلـه بما يشبه «أجهزة الإنذار»، تستطيع تحسس رائحة النحل السكران وتقاتله وتبعده عن الخلية!! وتأملوا معي الحكمة التي يتمتع بها عالم النحل، حتى النحلة التي تسكر مرفوضة وتطرد بل و«تُجلد» من قبل بقية النحلات المدافعات، أليس النحل أعقل من بعض البشر؟!

لقد زود الـلـه تبارك وتعالى النحل «بتجهيزات» يعرف من خلالها تلك النحلة التي تعاطت مادة مسكرة (ثمار متخمرة) فتميزها على الفور وتطردها وتبعدها من الخلية لكي لا تُفسد العسل الذي تصنعه، وتضع هذه النحلات قوانين صارمة تعاقب بموجبها تلك النحلة التي تسكر (تشرب الخمر)، تبدأ هذه العقوبات من الطرد والإبعاد وتنتهي بكسر الأرجل، فسبحان الـلـه، حتى النحل يرفض الخمر!!! إن النحلات التي تتعاطى هذه المسكرات تصبح سيئة السمعة، ولكن إذا ما أفاقت هذه النحلة من سكرتها سُمح لها بالدخول إلى الخلية مباشرة وذلك بعد أن تتأكد النحلات أن التأثير السام لها قد زال نهائياً.

حتى إن النحلات تضع من أجل مراقبة هذه الظاهرة وتطهر الخلية من أمثال هؤلاء النحلات تضع ما يسمى «bee bouncers» وهي النحلات التي تقف مدافعة وحارسة للخلية، وهي تراقب جيداً النحلة التي تتعاطى المسكرات وتعمل على طردها، وإذا ما عاودت الكرة فإن «الحراس» سيكسرون أرجلها لكي يمنعوها من إعادة تعاطي المسكرات!!!

ويخطر ببالنا السؤال التقليدي الذي نطرحه عندما نرى مثل هذه الظاهرة: مَن الذي علَّم النحل هذا السلوك؟ ربما نجد إشارة قرآنية رائعة إلى أن الـلـه تعالى هو من أمر النحل بسلوك طريق محددة بل وذلَّل لها هذه الطرق، يقول تعالى مخاطباً النحل: ﴿**فَاسْلُكِي سُبُلَ رَبِّكِ ذُلُلًا**﴾ [النحل: 69]

وهنا يعجب الإنسان من هذا النظام الفائق الدقة! ربما نجد فيه إجابة لهؤلاء المعترضين على القوانين التي جاء بها الإسلام عندما حرَّم تعاطي المسكرات وأمر بجلد

شارب الخمر، فإذا كان النحل يطبق هذا النظام بكل دقة، أليس الأجدر بنا نحن البشر أن نقتدي بالنحل؟!

من عجائب الذباب

وعلى الرغم من هذه الآيات الواضحة نرى أن الملحدين يزدادون إلحاداً، بل ونرى بعضهم يستهزئ بالقرآن وبالإسلام، وبأحاديث النبي عليه الصلاة والسلام. فمثلاً عندما قال النبي عليه الصلاة والسلام في حديث رواه البخاري: (إذا وقع الذباب في إناء أحدكم فليغمسه ثم لينزعه فإن في أحد جناحيه داء وفي الآخر شفاء).

هذا الحديث استغرب منه هؤلاء الملحدون المشككون، وقالوا: كيف يمكن للذباب أن يكون على سطحه الخارجي شفاء وهو الذي يحمل الكثير من الأمراض؟ واستمرت هذه الاستهزاءات بأحاديث النبي عليه الصلاة والسلام ولا زالت طبعاً.. ولكن الله تبارك وتعالى القائل: ﴿**وَلَنْ يَجْعَلَ اللَّهُ لِلْكَافِرِينَ عَلَى الْمُؤْمِنِينَ سَبِيلًا**﴾ [النساء: 141]. لن تجد طريقاً وحجة لكافر على مؤمن، المؤمن هو الأعلى وهو المتفوق: ﴿**وَلَا تَهِنُوا وَلَا تَحْزَنُوا وَأَنْتُمُ الْأَعْلَوْنَ إِنْ كُنْتُمْ مُؤْمِنِينَ**﴾ [آل عمران: 139]، بشرط أن تكونوا مؤمنين.

لقد قام العلماء حديثاً بدراسة هذا الذباب وكان دافعهم لهذه الدراسة أنهم وجدوا أن الذباب يحمل على جسمه كميات ضخمة من الفيروسات والبكتيريا القاتلة، وعلى الرغم من ذلك لا يتأثر بها، فقالوا: كيف يمكن لهذا الذباب أن يحمل الأمراض الكثيرة والبكتريا والفيروسات على سطح جسده ولا يتأثر بها.

ولدى البحث والتدقيق وجدوا أن هنالك مناطق خاصة في سطح الذباب تحتوي على كميات من المضادات الحيوية يقولون إنها من أكفأ المضادات الحيوية. ولذلك فإن هنالك باحثة استرالية قامت بتجربة، وجاءت بالذباب وغمسته بسائل ووجدت بمجرد غمس هذا الذباب تتحرر منه المواد المضادة للبكتريا والفيروسات، مضادات حيوية تتحرر بمجرد غمس هذا الذباب في السائل، وقالت بالحرف الواحد:

«إننا نبحث عن مضادات حيوية في مكان لم يكن أحد يتوقعه من قبل وهو الذباب»!

ولكن النبي عليه الصلاة والسلام حدثنا عن هذا الأمر وفي ذلك الزمن لم يستغرب

أحد من المؤمنين لأنهم كانوا يؤمنون بكل ما جاء به هـذا النبـي الكـريم عليـه الـصلاة والـسلام، ﴿وَالرَّاسِخُونَ فِي الْعِلْمِ يَقُولُونَ آمَنَّا بِهِ كُلٌّ مِنْ عِنْدِ رَبِّنَا وَمَا يَذَّكَّرُ إِلَّا أُولُو الْأَلْبَابِ﴾ [آل عمران: 7]. هنالك باحث آخر أيضاً في جامعة طوكيو يقول هذا الباحث وهو البرفسور جون برافو:

«إن آخر شيء يتقبله الإنسان أن يرى الذباب في المشافي لعلاج الأمراض».

هذا قوله بالحرف الواحد، ويقول إنه سوف يصدر بحثاً عـن دواء جديـد وهـو فعـال لكثير مـن الأمراض مستخلص من السطح الخارجي للذباب مـن جـسده وجناحـه والغـلاف الخـارجي للـذباب. ويقول أيضاً علماء في جامعة ستانفورد:

«إنها المرة الأولى في العالم 2007 التي نكتشف فيها مادة في الذباب تقوي جهاز المناعة لدى الإنسان».

فتخيلوا معي: العلماء يبحثون عن الشفاء في جناح الذبابة، لأن هذه المواد التي وضعها اللـه في الذباب

(المضادات الحيوية) هي من أقوى المضادات على الإطلاق، لذلك فإن الذباب لا يتأثر بكل العوامل المرضية التي يحملها.

وهنا لو تأملنا هذا الحديث الشريف الـذي حـدثنا عنـه النبـي عليـه الـصلاة والـسلام: (إذا وقـع الذباب في إناء أحدكم فليغمسه ثم لينزعه) لماذا فليغمسه؟ لأن النبي عليـه الـصلاة والـسلام يعلـم أن هذه المضادات الحيوية، أو هذا الشفاء لا ينتزع من سطح الذبابة إلا إذا تم غمسه، ويفضل أن يكـون ثلاث مرات، (هنالك روايات تقول ثلاث مرات) نغمسه ثم ننزعه (فإن في أحد جناحيه داء، وفي جناحه الآخر شفاء) وهذا ما أثبته العلماء قالوا:

«إن هذه الذبابة محملة بالداء ومحملة أيضاً بالدواء أو بالشفاء».

وهنا نستخلص عبرة من حديث النبي عليه الصلاة والسلام عندما أكد لنا وقال بأن هـذا الـذباب فيه شفاء أن هذا الحديث يشهد على صدق النبي عليه الصلاة والسلام' ونستنبط أيضاً أننـا ينبغـي ألا نرفض أي حديث إذا خالف العقل أو المنطق. هنالك

أحاديث كثيرة للنبي عليه الصلاة والسلام لا نستطيع أن نستوعبها فيأتي بعض الناس ويقولون إن هذا الحديث غير صحيح لأنه يخالف المألوف، وهذا لا يجوز في حق النبي عليه الصلاة والسلام، ما دمنا تأكدنا أن هذا الحديث رواه إنسان موثوق عن إنسان موثوق وهكذا عن النبي ﷺ الذي لا ينطق عن الهوى، عندما نتأكد أن هذا الحديث صحيح، مهما خالف المنطق الخاص بنا، ينبغي ألا نرفضه أو نخطئه بل نقول: الله ورسوله أعلم، وننتظر حتى يكشف العلماء حقائق جديدة.

وما أكثر الآيات التي - أحياناً - لا تتفق مع عقل الإنسان، فعقل الإنسان محدود ومقيد بزمان ومكان معين، بينما كلام النبي عليه الصلاة والسلام وهو الذي أوحى الله إليه هذا الكلام لا ينطق عن الهوى، وكل كلمة قالها هي الحق وهي الصدق.

• من عجائب العنكبوت

هنالك أيضاً معجزة في آية العنكبوت، عندما شبه الله تبارك وتعالى هذا البيت الذي تبنيه العنكبوت شبهه بأعمال الكفار: ﴿**مَثَلُ الَّذِينَ اتَّخَذُوا مِنْ دُونِ اللهِ أَوْلِيَاءَ كَمَثَلِ الْعَنْكَبُوتِ اتَّخَذَتْ بَيْتًا وَإِنَّ أَوْهَنَ الْبُيُوتِ لَبَيْتُ الْعَنْكَبُوتِ لَوْ كَانُوا يَعْلَمُونَ**﴾ [العنكبوت: 41]. وهنا يخطر سؤال بالذهن: لماذا قال الله تبارك وتعالى هنا (أوهن البيوت)؟

ويأتي العلماء في القرن العشرين ليكتشفوا أن خيوط العنكبوت هي أقوى الخيوط على الإطلاق، فالخيوط التي يصنعها العنكبوت هي خيوط (مادة هذه الخيوط) قوية جداً وأقوى من الفولاذ بكثير، وهنا يأتي بعض ضعاف القلوب ليقولوا: هذا تناقض بين العلم والقرآن، القرآن يقول ﴿**وَإِنَّ أَوْهَنَ الْبُيُوتِ لَبَيْتُ الْعَنْكَبُوتِ**﴾ والعلم يقول: هذه الخيوط قوية جداً.

وإذا ما تأملنا هذه الآية ﴿**وَإِنَّ أَوْهَنَ الْبُيُوتِ لَبَيْتُ الْعَنْكَبُوتِ**﴾ ودرسنا هذا البيت هندسياً نلاحظ أنه لا يمكن بناء بيت من خيوط ويكون هذا البيت ضعيف جداً إلا إذا كانت الخيوط قوية جداً، تأملوا هذه العلاقة العكسية. أي أننا إذا جئنا بخيوط من الفولاذ مثلاً، وبنينا منها بيتاً لن يكون ضعيفاً. وإذا جئنا بخيوط من الحرير، وبنيناها منها بيتاً لن يكون ضعيفاً.

إلا خيوط العنكبوت ينبغي أن تكون مادتها صلبة جداً وقوية لأنها رفيعة، يعني خيط العنكبوت رفيع جداً لدرجة كبيرة، ومع ذلك تجده لا ينقطع يستطيع أن يبني هذا العنكبوت بيته بهذه الخيوط الرفيعة جداً ولا ينهار هذا البيت، مع أنه سهل الانهيار. لذلك قال تعالى: ﴿**مَثَلُ الَّذِينَ اتَّخَذُوا مِنْ دُونِ اللَّهِ أَوْلِيَاءَ كَمَثَلِ الْعَنْكَبُوتِ اتَّخَذَتْ بَيْتًا وَإِنَّ أَوْهَنَ الْبُيُوتِ لَبَيْتُ الْعَنْكَبُوتِ لَوْ كَانُوا يَعْلَمُونَ**﴾.

الذي يتعمق ويتفكر في هذه الآية يدرك أن الآية تشير إلى أن خيوط العنكبوت قوية، لأننا من الناحية الهندسية عندما نريد تصميم شبكة أو هيكل معدني فنطلب من مهندس أن يصمم لنا أضعف شبكة ممكنة هل تعلمون ماذا عليه أن يستخدم؟ من الناحية الهندسية يجب أن يستخدم خيوطاً رقيقة جداً وصلبة جداً، لأن هذه الخيوط هي التي تحقق لنا أضعف شبكة ممكنة. لأنه إذا استخدم خيوطاً ضعيفة وغير صلبة فلن يتمكن من بناء بيت ضعيف.

لنتأكد من هذه الحقيقة رياضياً: إن قوة الشبكة المعدنية تتعلق بعدة عوامل لنأخذ فقط سماكة هذه الخيوط، ويمكننا أن نقول:

كلما كانت سماكة الخيط أكبر كانت الشبكة أقوى.

الآن لنعكس هذه المعادلة فتصبح على الشكل الآتي:

كلما كانت سماكة الخيط أصغر كانت الشبكة أضعف.

ومن أجل الحصول على أضعف شبكة ممكنة يجب أن تكون سماكة الخيوط أصغر ما يمكن، وفي هندسة المواد نجد أننا حتى نحصل على أقل سماكة ممكنة من الخيط المعدني يجب أن تكون مادته صلبة جداً، وكلما كانت مادة الخيوط أصلب كلما تمكنًا من صنع خيوط أدق. إذاً عندما حدثنا الله تعالى عن أوهن البيوت إنما يشير إلى أصلب أنواع الخيوط. و الله اعلم.

هنالك شيء آخر أيضاً هو أن أنثى العنكبوت هي التي تقوم ببناء البيت وهذه معجزة ثانية أيضاً في الآية. ولو أننا نجد بعض الملحدين ممن انتقدوا هذه الآية بحجة أن العرب تؤنث كلمة (العنكبوت) فهذه الكلمة مؤنثة في اللغة، ولذلك قال (اتخذت) وهذا أمر

طبيعي ليس فيه إعجاز. ونقول لماذا دائماً يأتي القرآن بالكلمة الصحيحة، لو كان من تأليف محمد ﷺ أليس ممكناً أن يخطئ ولو مرة على الأقل!!

وعلى سبيل المثال عندما رأى سيدنا إبراهيم قومه يعبدون الشمس، حاول أن يعطيهم درساً تعليمياً، يقول تعالى: ﴿**فَلَمَّا رَأَى الشَّمْسَ بَازِغَةً قَالَ هَذَا رَبِّي هَذَا أَكْبَرُ فَلَمَّا أَفَلَتْ قَالَ يَا قَوْمِ إِنِّي بَرِيءٌ مِمَّا تُشْرِكُونَ**﴾ [الأنعام: 78]. تأملوا معي قول سيدنا إبراهيم (هَذَا رَبِّي) لم يقل (هذه ربي)، مع العلم أن الشمس مؤنثة!! هل تعلمون لماذا؟

لأننا لو تأملنا تاريخ الأساطير وتاريخ الآلهة التي كانت تُعبد من دون الله نلاحظ أن الناس كانوا يعتبرون الإله ذكراً، واستمر ذلك آلاف السنين، ثم بعد ذلك وفقط قبل خمسة آلاف سنة بدأ الناس يعبدون الآلهة المؤنثة. وفي زمن سيدنا إبراهيم كان الإله ذكراً لذلك كانوا في لغتهم يعتبرون أن الشمس مذكرة وليست مؤنثة لأنها إله، وبالتالي قال إبراهيم مخاطباً قومه بلغتهم (هَذَا رَبِّي)، وهنا نود أن نقول لأولئك الملحدين: لماذا جاء القرآن في هذا الموضع بالكلمة الصحيحة؟؟ لو كان القرآن يتبع لغة العرب لكان الأولى أن يقول (هذه آلهتي) مثلاً!

وهكذا أيها الأحبة إذا تأملنا آيات القرآن وكلمات القرآن نلاحظ أن الله تبارك وتعالى قد وضع كل كلمة في مكانها الدقيق وفي إحكام مذهل ولو تأملنا كل كلمة نرى فيها معجزة تشهد على صدق هذا الكتاب العظيم. وعندما نرى هذه الآيات تتجلى في عالم الحشرات ينبغي أن نحمد الله كما علّمنا: ﴿**وَقُلِ الْحَمْدُ لِلَّهِ سَيُرِيكُمْ آيَاتِهِ فَتَعْرِفُونَهَا وَمَا رَبُّكَ بِغَافِلٍ عَمَّا تَعْمَلُونَ**﴾ [النمل: 93].

ملاحظة: إن العنكبوت له أربعة أرجل بعكس بقية الحشرات التي تمتلك ستة أرجل، ولذلك نعتبره حشرة مجازاً.

فوائد قرصة النملة للبنات

قرصة النملة تؤدي إلى تنشيط الدورة الدموية وزيادة عدد كريات الدم الحمراء مما ينعكس على نشاط الجسم وحيويته

قرصة النملة تقوم بتنشيط الخلايا العصبية الموجودة في الدماغ وذلك من خلال

إشارات حسية تنتقل من مكان القرصة إلى الخلايا الحسيه الموجودة أسفل الدماغ

إذا تعرض الجسم إلى أكثر من قرصه في الوقت ذاته، فان ذلك من شأنه أن يؤدي إلى تليف الجلد وذلك في حالة كون جميع القرصات في مكان واحد، إما إذا كانت في عدة أماكن فان ذلك سوف يؤدي إلى تخثر الدم

المقصود بتليف الجلد هو أن الجلد يصبح أكثر مقاومةً للبكتريا وأكثر تحملاً لدرجات الحرارة المرتفعة

المقصود بتخثر الدم هو تكون طبقه من الدم تكون أقسى نوعا ما من الدم العادي مما يمنح الأوعية الدموية قدره أكثر على مقاومة السموم.. وبالتالي مساعدة الكبد وتخفيف العبء عنها

قرصة النملة كأفضل وسيله للرجيم عندما تقوم النملة (الأنثى) بتوجيه قرصتها للهدف المقصود فإنها تفرز كمية من اللعاب الأيوني.. والغريب أن هذا اللعاب يقوم بحرق جميع الدهنيات الموجودة في العضو المقروص، مثلا، لو أن العضو المقروص هو الذراع فان اللعاب الموجود في مكان القرصه سوف ينتشر تدريجيا في كافة الذراع وبتالي سوف يقوم بحرق مانسبته 99% من الدهنيات التي توجد في هذا الذراع

عجائب البعوض

قال تعالى:

﴿إِنَّ اللـهَ لاَ يَسْتَحْيِي أَن يَضْرِبَ مَثَلاً مَّا بَعُوضَةً فَمَا فَوْقَهَا فَأَمَّا الَّذِينَ آمَنُواْ فَيَعْلَمُونَ أَنَّهُ الْحَقُّ مِن رَّبِّهِمْ وَأَمَّا الَّذِينَ كَفَرُواْ فَيَقُولُونَ مَاذَا أَرَادَ اللـهُ بِهَذَا مَثَلاً يُضِلُّ بِهِ كَثِيراً وَيَهْدِي بِهِ كَثِيراً وَمَا يُضِلُّ بِهِ إِلاَّ الْفَاسِقِينَ﴾ [البقرة: 26].

البعوضة هذا المخلوق الضعيف العجيب..

إليكم هذه المعلومات عنها:

هي أنثى

لها مائة عين في رأسها

لها في فمها 48 سن

لها ثلاث قلوب في جوفها بكل أقسامها

لها ستة سكاكين في خرطومها ولكل واحدة وظيفتها

لها ثلاث أجنحة في كل طرف

مزودة بجهاز حراري يعمل مثل نظام الأشعة تحت الحمراء

وظيفته: يعكس لها لون الجلد البشري في الظلمة إلى لون بنفسجي حتى تراه.

مزودة بجهاز تخدير موضعي يساعدها على غرز إبرتها دون أن يحس الإنسان وما يحس به كالقرصة هو نتيجة مص الدم..

مزودة بجهاز تحليل دم فهي لا تستسيغ كل الدماء.

مزودة بجهاز لتجميع الدم حتى يسري في خرطومها الدقيق جدا.

مزودة بجهاز للشم تستطيع من خلاله شم رائحة عرق الإنسان من مسافة تصل إلى (60) كم.

واغرب ما في هذا كله أن العلم الحديث اكتشف أن فوق ظهر البعوضة تعيش حشرة صغيرة جداً لا تُرى إلا بالعين المجهرية

وهذا مصداقا لقوله تعالى: (إِنَّ اللـهَ لاَ يَسْتَحْيِي أَن يَضْرِبَ مَثَلاً مَّا بَعُوضَةً فَمَا فَوْقَهَا). صدق اللـه العظيم

• المصدر: الموسوعة الحرة.

•••••

من عجائب الحيوانات

• أول حديقة حيوان:

يعود تاريخ حدائق الحيوان إلى القرن الثاني عشر قبل الميلاد، فقد قام الملك وين.. أول ملوك أسرة صو - فى الصين بإنشاء أول حديقة حيوان جاء ذكرها في التاريخ.

أما فى مصر فقد كانت الإمبراطورة (ها تاسي) من ملوك الأسرة الثامنة عشرة قامت بإرسال بعثة صيد إلى أرض (بنط) وهى مكان الصومال حالياً لإحضار مجموعة من الحيوانات من بينها الزراف والقردة والزواحف وعندما عادت البعثة بهذه الحيوانات تم وضعها في حديقة عامة حيث أقبل الجمهور على مشاهدتها.. ولا يقتصر الأمر على ذلك بل أن الملك سليمان كان يحتفظ بمجموعة كبيرة من القردة والطواويس..

وكان نبوخذ نصر الثاني ملك بابل يحتفظ بعدد من الأسود وبطليموس الثاني احتفظ بمجموعة كبيرة من الحيوانات المختلفة بالإسكندرية.

وأُنشئت أول حديقة حيوانات في إنجلترا في عهد الملك هنري الأول (1100 - 1135) فئ المكان الذي يوجد فيه الآن برج لندن الشهير وبعد ذلك انتشرت حدائق الحيوان في العالم كله.. وخاصة في البلدان التي لا توجد فيها غابات تمتلئ بالحيوانات والزواحف وتحتفظ أغلب حدائق الحيوان في العالم بالحيوانات خلف أسوار وأقفاص مغلقة ولكن توجد بعض الحدائق التي تعيش فيها الحيوانات في قطعان أشبه بالجو الطبيعي التي كانت تعيش فيه قبل وضعها في حدائق الحيوان من أشهرها ويبسنيد في بريطانيا وتبلغ مساحتها 665 فداناً.

• الضفادع تشرب بجلدها:

تستطيع الضفادع أن تمتص الماء بجلدها.. وتستطيع أن تمتص الماء من ورقة منديل مبللة بالماء.

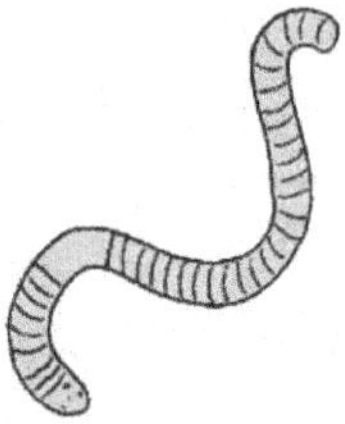

• الدودة:

لديدان الأرض مقدرة على تجديد أجزائها المفقودة.. فإذا قُسمت الدودة إلى قسمين أو أكثر أثناء مشيها يستطيع كل جزء أن يعيش مستقلاً.. بل وينمو ويعوض الجزء الذي فُقد منه.

• شهادة ميلاد لكل بقرة:

لكل بقرة في سويسرا شهادة ميلاد وتُسجل في دفاتر الحكومة كما يُسجل الناس، وإذا حدث لها حادث تتولى الحكومة التحقيق فيه بالضبط كما يحدث في حالات الأفراد العاديين.

- لماذا تضرب الغوريلا صدورها؟

يعتمد هذا على الحال التي تكون فيها الغوريلا.. وقد لا تكون هذه الحركة المثيرة والمخيفة غير ما نفهمها أي التحذير بوجوب ابتعاد الآخرين عنها.. وعندما يغتاظ قائد المجموعة فإنه يقوم بالضرب على صدره براحتيه شبه المغلقتين ثم يهجم..

ويكون ضرب الصدر أحياناً دليل ارتياح لزوال خطر ما أو وسيلة للاتصال بأفراد المجموعة أو تحذير للمجموعات الأخرى بالابتعاد عن موارد رزقها.

وتضرب بعض الغوريلا صدورها تعبيراً عن فرحها ونشوتها وفي حديقة الحيوان يمكننا مشاهدة غوريلا صغيرة تميل برأسها إلى الوراء وتضرب صدرها بابتهاج ونشوة غامرين عندما تفوز على أحد منافسيها أمام أنثاها.

• ضابط القرود:

ليس بين القرود فئة أسعد حظاً من قرود جبل طارق التي تعنى بها الحكومة البريطانية لدرجة أنها خصصت لها ضابطاً يشرف على إطعامها وصحتها وراحتها والسر في ذلك أن هناك أسطورة بين الأهالي فحواها أن انقراض القرود من جبل طارق بشير بجلاء الإنجليز عنها.

• شخص يعض حية سامة:

عضت حية سامة شخصاً من أهالي جنوب البرازيل فما كان منه إلا أن رد لها العضة بعضة أشد منها فماتت الحية.. ونجا هو من سمها.

لماذا تأكل التماسيح أولادها؟

الحقيقة أنها لا تفعل ذلك.. فالأم تأخذ صغارها بين أسنانها وتبدو كأنها تلتهمها إلا أنها تكون في الواقع تنقلها إلى الشاطئ.. وعلى أثر الجماع تنتقل أنثى تمساح النيل إلى الشاطئ حيث تحفر إلى عمق 20 - 30 سنتيمتراً وتضع بيضها في الحفرة وتغطيها بالتراب الذي تربته بجسدها وذيلها ثم تحرس العش ولا تفارقه إلا نادراً..

وتبلغ مدة الحضن هذه 12 أسبوعاً..

وعندما تفقس التماسيح الصغيرة وتجد أن لا منقذ أمامها للخلاص تُحدث مهرجاناً من الصياح والنقيق فتفتح الأم العش وتأخذ صغارها بين فكيها.. وبعد أن تضع الأم كل صغارها بين فكيها تزحف حيث الأمان في المياه وتفتح فمها وتطلق أولادها.

• تعاون

هناك نوع من التعاون الوثيق بين التمساح في النهر وطائر صغير يسمى (الصرو) يتطفل على طعام التمساح إذ يستغرق التمساح في نوم هادئ على شط النهر ويقف ذلك الطائر الصغير على رأسه ليقوم بدور الرقيب حتى إذا لمح فريسة تقترب من المكان أخرج صفيراً خاصاً من حلقه يتنبه على إثره التمساح ويلطم الفريسة بذيله القوى ويأخذ في التهامها.

وهذه الخدمة يؤديها الصغير للتمساح مقابل أن يلتهم بقايا اللحم التي تتخلف بين أسنان التمساح بعد أن ينتهي من التهام فريسته.

- أكبر كائن حي:

هو الحوت الأزرق ويصل وزنه إلى 150 طن ووزن لسانه فقط حوالي 2.5 طن - ووزن قلبه وكبده كل منهما 2/1 طن، وقد يصل طوله في بعض الأحيان إلى 33.57 متر.

- أكبر الحيوانات المنقرضة:

اشتغل العلماء في السنين الأخيرة بالبحث عن الحيوانات المنقرضة واهتدوا إلى بقاياها المتحجرة وقد ركبوا هذه البقايا وعرفوا هياكل هذه الحيوانات وأقاموها في المتاحف.. ومن هذه الحيوانات واحد من نوع الزحافات يُدعى بلاسيوسورس وهو أكبر حيوان عُرف حتى الآن يصح أن نطلق عليه مارد الحيوان إذ لا يُعد الفيل إلى جانبه إلا قزماً صغيراً، وقد وُجدت بقايا هذا الحيوان من فصيلة الثدييات (الديناصورات) في جنوب أفريقيا وعند تركيب هيكله وُجد أن طوله كان حوالي 33 متراً وارتفاعه حوالي 14 متراً وكان يتغذى على الأعشاب والنباتات كما دلت على ذلك أسنانه وخلو أقدامه من المخالب وكان يعيش على الأرض بعد العصر النجمى.

- أثقل ضفدع:

أثقل الضفادع وزناً يوجد في غرب أفريقيا ويزن الواحد منها حوالي 10 أرطال والأهالي في هذه المنطقة يأكلونها بشراهة لأن لحمها لذيذ.. وأخف الضفادع وزناً يوجد أيضاً في الغرب الأفريقي ويزن الـ 150ضفدع منها حوالي أوقية واحدة.

- لماذا تعوى الذئاب؟

إن للذئاب نظام اتصال معُقد للغاية.. والعواء هو أكثر ما عُرف عن الذئاب في أصواتها وصيحاتها وحركاتها الجسدية.. فحين تعلن جماعة من الذئاب سيطرتها على منطقة متسعة الأرجاء يعوى أفرادها للإبقاء على الاتصال في ما بينها خصوصاً في رحلات الصيد الليلية.. ويعمل العواء على إبقاء الجماعات متباعدة وتزود الذئاب عن أراضيها بحمية وشراسة.. إلا أنها تحتاج إلى كامل قوتها في صراعها من أجل البقاء لذا يؤثر العواء على القتال.. وهذه النزعة إلى التباعد بين أفراد الفصيلة الواحدة من الحيوانات

هي التي تجعل الأسود تزأر والقردة على أنواعها تصيح أو تعوى.. ولا تعوى الذئاب حين يطلع القمر بل تميل إلى العواء عند أفوله.

- حذار من العقرب:

العقرب لا يعض عكس الشائع ولكن يلدغ.. وهو يلدغ الحشرات والعناكب ليشل حركتها قبل التهامها.. والعقارب ليست من فصيلة الحشرات فالحشرات من ذوات الأرجل الست فقط أما العقارب فلها ثماني أرجل... سم العقرب عادة لا يقتل الإنسان وإنما يسبب آلاماً شديدة وإذا تعرض الإنسان للدغة العقرب أكثر من مرة فإن إحساسه بالألم يخف نوعاً ما عن ذي قبل، لاتعرف العقارب الحياة الاجتماعية على عكس النمل والنحل.. بل تعيش كل منها منفردة وفى عزلة وإذا التقت اثنتان من أنثى العقرب تقاتلت حتى تقتل إحداهما الأخرى.. وتتم عملية التلقيح خلال 4 أشهر تبدأ من مايو حيث تخرج الذكور والإناث من أماكنها للتلاقي وبعدها تتحول العقرب إلى زوجها المنهك الضعيف لتلتهمه.. ثم تحمل أنثى العقرب بيضها فوق ظهرها حتى إذا خرجت الصغار بقيت فوق ظهر أمها لمدة أسبوعين وبعد ذلك يبدأ الصغار التهام أمهم أيضاً.

- أعظم كنوز البحر..

هي تلك التي تطرحها الأمواج على الشاطئ وهو العنبر..

إن العنبر هو نتاج حيوان اسمه الفنطيس يكثر من أكل الحيوان الآخر واسمه الجيارة وللأخير أظافر لا يستطيع الفنطيس هضمها فتخرج معدته وتتقيح وينمو حول الجروح أنسجة وورم.. ولهذا الورم ذو رائحة حسنة هي رائحة العنبر.

- عجائب الحيوان

- تستطيع الببغاء تحريك منقاريها لأعلى ولأسفل أما بقية الطيور فإنها لا تحرك غير منقار واحد.

- ليس للحصان حاجب فوق عينيه.

- لا تقوى الضفادع على التنفس وفمها مفتوح ولهذا فإنك إذا فتحت فمها بالقوة ماتت مختنقة.

- لا تقوى الخنازير على العوم، لأن أيديها الأمامية تقع متقاربة تحت أجسادها وإذا وقعت في الماء انتحرت.. انتحرت بقطع رقبتها بحوافرها المدببة.

- لا تغمض عين الأرنب على الإطلاق.. وليس لعينه جفن وله بدله غشاء لحمى رقيق - يحجب العين عند نومه.

- في جسم الغزال أمكنه أخرى للتنفس غير المنخارين وقد أمدها الله بهذه الأمكنة حتى لا تجهد تنفسه إذا اضطر للفرار من مطارديه.

- تبتلع الأسماك طعامها بسرعة وبغير مضغ لأنها تفتح فمها وتغلقه باستمرار للتنفس، فإذا احتفظت بالطعام في فمها ماتت مختنقة.

- يتكون سنام الجمل والهجين من أنواع مختلفة من المواد الدهنية وهى للجمل بمثابة (الكرار) يختزن فيه طعامه ليتغذى به إذا أعوزه الغذاء.. ويستطيع الجمل أن يعيش على سنامه زمناً طويلاً بغير حاجة إلى أي غذاء آخر.

- لا تتحرك عين البومة على الإطلاق، فإنها ثابتة في محاجرها بعضلات قوية، لكنها تعوض هذا النقص بتحريك رأسها في كل ناحية وبوسعها أن ترسم بها في الهواء دائرة كاملة من غير أن يتحرك جسدها.

- للبط خزانات طبيعية بالقرب من أذنابها تحوى زيتاً خاصاً ينتشر على أجسادها فلا تتأثر بالماء.

- يوجد الزيت في عظام الحوت بنسبة كبيرة جداً. لدرجة أنك إذا ألقيت بعظمة من عظامه على الأرض لقفزت في الهواء كما تقفز قطعة المطاط! ويستخرج من الحوت الواحد كمية من الزيت قيمتها نحو 3000 جنيهاً وقد كان سعر الطن منه حوالي 16 جنيهاً في الثلاثينات وارتفع إلى حوالي مئات الآلاف من الجنيهات في الوقت الحاضر.

• نمر في الثلج!!

- يعيش نمر سيبريا وسط الثلوج وليس في الغابات الحارة كسائر أنواع النمور

- تستطيع الحرباء أن تدير عينيها في أي اتجاه دون أن تحرك رأسها وهى تستطيع أن

ترى في اتجاهين في وقت واحد.

- القطط المدللة:

ينصح الأطباء البيطريون أصحاب القطط المدللة بأن يعطوها من حين لآخر بعض الخضر وأن يمتنعوا عن إعطائها اللحوم النيئة لأنها تصيبها بالإسهال وتُعرضها للسُعار ويقولون أنها معتادة تنظيف نفسها بلسانها، فإن أهملت هذه العادة.. دل ذلك على اعتلال صحتها ومن ثم يجب عرضها على الطبيب.

- الحيوانات والجو

تستطيع الحيوانات التكهن بالأحوال الجوية، وكان الألمان يحتفظون بالضفادع باعتبارها بارومترات حية لأنها تطلق نقيقها حين يهبط الضغط الجوى وينتقل النمل إلى أرض أكثر ارتفاعا قبل عاصفة المطر ولا يعود صوف الخراف مجعداً

- الخيول واقفة

يستطيع الخيل أن يظل أشهراً واقفاً على قدميه، كما أنه ينام فى هذا الوضع، إذ حبته الطبيعة بجهاز عضلي خاص يسمح لأرجله بأن تظل مشدودة على الدوام لتحمل جسمه الثقيل دون عناء كبير.

- النحل

تقطع النحلة ما يزيد عن مليون و400 ألف كيلو متر لجمع ما يكفى لتكوين كيلو جرام واحد من العسل من رحيق الأزهار.. ومتوسط سرعة النحل أثناء جمعه الرحيق تبلغ 11 كيلومتر فى الساعة.

- مهن غريبة

يحتاج طلاب الجامعات والمدارس الثانوية إلى دروس في الأحياء على بعض الحشرات لإجراء تجارب عملية عليها.. وقد عرف عرب الصحراء هذا فاستغلوا أوقات فراغهم لاصطياد الضفادع، والفئران، والخنافس، من البرك والمستنقعات وتوريدها إلى مستودعات التربية نظير أجر سنوي وإذا ما توافرت عندهم بعض الضفادع أو الحشرات الزائدة عن حاجتهم فإنهم يبيعونها لإدارة حدائق الحيوان لتُطعم بها الثعابين والزواحف.

• متعهدة القمل

منذ سنوات مضت تفشى وباء التيفوس فى أحد المناطق ولم تكن لدى المسئولين الكميات اللازمة من المصل المضاد للتيفوس، لحقن السكان به ولم يكن المصل متوفر للاستيراد فتقدمت عجوز ذكية تتعهد بتوريد القمل اللازم لعمل الأمصال، وتم الاتفاق على جعل سعر القملة الواحدة قرشاً واحداً.. وظلت متعهدة توريد القمل مدة طويلة تنعم بدخل عظيم من هذه المهنة العجيبة المُرعبة.

• عقارب للبيع

فى بعض المناطق يشتغل بعض الغلمان والأطفال بالتقاط العقارب والثعابين من الجبل ليبيعوها إلى المسئولين بسعر يتراوح بين مائة قرش للعقرب الواحد وتحول هذه العقارب إلى المعامل لإستخراج الأمصال المضادة لسمومها.

• دود الصحة

يوجد نوع من الدود يُعرف في الدوائر الطبية باسم (الدود الرومي العَلِق) يستخدم في امتصاص الدم الفاسد من الجسم وهناك أشخاص يعيشون من اصطياد هذا الدود وبيعه لبعض معامل الصحة والحلاقين وطريقة صيده أن يقف الرجل في إحدى البرك المنتشرة في بعض المناطق الزراعية ثم يكشف ساقيه فيطلع عليها الدود ويجتمع فوقهما، ويخرج الرجل من الماء لينشر على ساقيه بعض الملح فيتخلى عنهما الدود ثم يجمعه لبيعه، وكثيراً ما كنا نشاهد هذا الدود في أوعية بلورية معلقة في صالونات الحلاقين مكتوب عليها (دود الصحة).

• مسرح البراغيث

افتتح أحد الأمريكيين مرة في نيويورك مسرحاً عجيباً سماه (مسرح البراغيث) ليعرض فيه دولاباً مربعاً شفافاً سُلطت عليه الأنوار وأُطلقت فيه طائفة من البراغيث وأمامها بالونات صغيرة في حجم الليمونة فتأخذ البراغيث في اللعب بهذه البالونات وتتقاذفها وتجرى بها بحركات بهلوانية تُثير ضحك المتفرجين وإعجابهم.. ويقوم بتوريد هذه البراغيث لصاحب المسرح أشخاص تخصصوا في هذه المهن العجيبة

عجائب القصص

1- ولادة عجيبة جدا جدا..!!!!!!!!

جاء رجل إلى أمير المؤمنين عمر بن الخطاب رضي اللـه عنه، وكان معه أبنه وكان شديد الشبه بأبيه، فتعجب عمر وقال: و اللـه ما رأيت مثل هذا اليوم عجبا و اللـه ما رأيت شبهاً بينك وبين ابنك إلا كما أشبه الغـــراب الغراب، والعرب تضرب مثلاً بالغراب لشدة شبهه بقرينه، فقال الرجل: يا أمير المؤمنين كيف ولو علمت أن أمه ولدته وهي ميتة، فغير عمر من جلسته وبدل من حالته،وكان ﷺ يحب غرائب الأخبار، قال أخبرني:

قال يا أمير المؤمنين: كانت زوجتي أم هذا الغلام حاملاً به، فعزمت على السفر فمنعتني، فلما وصلت إلى الباب ألحت علي ألا أذهب، قالت: كيف تتركني وأنا حامل، فوضعت يدي على بطنها وقلت: اللهم إني أستودعك غلامي هذا ومضيت وقضيت في سفري ما شاء اللـه لي أن أقضي فيه، ثم عدت فإذا بباب البيت مقفل وإذا بأبناء عمومتي يحيطون بي ويخبرونني بأن زوجتي قد ماتت.

فقلت: إنا لله وإنا إليه راجعون. فأخذوني ليطعموني عشاءً أعدوه لي، فبينما أنا على العشاء إذ بدخان يخرج من المقابر، فقلت ما هذا الدخان، قالوا: هذا الدخان يخرج من مقبرة زوجتك كل يوم منذ أن دفناها فقلت: و اللـه إني لأعلم الناس بها كانت صوامة قوامة عفيفة، لا تقر منكراً ولا تترك معروفاً إلا أمرت به، ولا يخزيها اللـه أبدا، فقمت إلى المقبرة وتبعني أبناء عمومتي، فلما وصلت إليها يا أمير المؤمنين، أخذت أحفر حتى وصلت إليها فإذا هي ميتة جالسة وابنها هذا الذي معي حي عند قدميها، وإذا بمناد ينادي (يا من استودعـت اللـه وديـعة خذ وديعتك)

قال العلماء: ولو أنه استودع اللـه الأم لوجدها كما استودعها، لكن ليمضي قدر اللـه، لم يجر اللـه على لسانه أن يودع الأم.. اللهم إنا نستودعك ديننا يا رب العالمين..وكم نغفل عن هذه الكلمة عند مغادرتنا لبيوتنا أو أهلينا أو سياراتنا.

أو أي شيء من ممتلكاتنا و اللـه الذي لا إله غيره لو قلناها لوجدناها كما هي...

2- جنازة ذبابة..!!!!!!!!!!!!!!!

الشاعر الروماني الشهير فيرجيل قام بإعداد جنازة باذخة من أجل ذبابة توفيت في بيته وادعى بأنها ترتبط بصداقة معه لأنها أليفة.

جرت مراسم التشييع في بيت فيرجيل الفخم الذي فوق هضبة (إسكولبين) في روما.

فكانت في البيت فرقة موسيقية كاملة تعزف الألحان الجنائزية من أجل تهدئة المواسين والمعزين، وحضر مراسم التشييع شخصيات رومانية كبيرة الشأن مثل ماسيناس (أستاذ الشاعر فيرجيل) الذي ألقى مرثية مثيرة للجنون وطويلة من أجل الذبابة.

ومن أجل تغطية المراسم الجنائزية قام (فيرجيل) بإعداد عدة قصائد شعرية وألقاها أمام الحضور، دفنت بعد ذلك الذبابة في «ضريح خاص».

كلفت مراسم دفن وتشييع هذه الذبابة أكثر من (8000000) سيسترسيس - أي ما يعادل ألف دولار أمريكي!!!!!

3- جهنم 300 كم !!!!!!!!!!

كنا مجموعة من الشباب..ذاهبين إلى الدمام.. من الرياض..

ومررنا بأحد اللوحات على الطريق..فقرأها زملائي (الدمام 300 كيلو) فقلت لهم أنا أرى (جهنم 300 كيلو). فجلسوا يضحكون من هذه النكتة..فقلت لهم و الله العظيم إني لا أرى مكتوبا أمامي إلا (جهنم 300 كيلو)..فتركوني وهم مكذبيني.. وراح الوقت..في ضحك..وأنا باق محتار من اللوحة التي قرأتها..قال زملائي هذي لوحة ثانية..حسنا قربنا.. (الدمام 200 كيلو).. قلت: (جهنم 200 كيلو)..فضحكوا وقالوا يامجنون..قلت: و الله الذي لا اله إلا هو إنني أراها (جهنم 200 كيلو)..فضحكوا مثل المرة الأولى..وقالوا قد أزعجتنا..فسكتُّ..وأنا مقهور..وجالس أفكر.. مع الضحك جاءت اللوحة قال الشباب: ما عاد إلا قليل.. (الدمام 100 كيلو).. قلت و الله العظيم إني أراها (جهنم 100 كيلو).. قالوا: خل عنك الخراط..آذيتنا من أول السفرة..قلت:

أنزلوني... سوف أرجع من حيث أتيت إلى الرياض!!!! قالوا: مجنون أنت..قلت: نزلوني أرجع.. و الـلـه ما عاد بوسعي أن أكمل معكم الطريق.. فأنزلوني.. ورحت على الشارع الثاني.. وجلست أشير عسى أن يوقف لي أحد..انتظرت كثيرا ولم يقف أحد إلا بعد فترة وقف لي راعي تريلة.. فركبت معه.. وكان ساكتا حزينا.. ولا كلمة.. قلت له: يا أخي سلامات.. ماودك نسولف.. عسى ماعليك خلاف.. قال لا و الـلـه فقط مررت قبل قليل بحادث.. و الـلـه مارأيت أبشع منه في حياتي.. قلت: عائلة أم شباب..قال:لا شباب.. سيارتهم (وذكر سيارة مثل سيارة زملائه).. فانفجعت..قلت: أسالك بالله..قال: و الـلـه العظيم.. هذا ما رأيته بأم عيني.. فعلمت أن الـلـه أخذ أرواح إخواني بعد ما نزلت من السيارة وأكملوا طريقهم..

يقول: وحمدت الـلـه أن انقدني من بينهم..ولا أدري هل هم إلى جهنم..كما كنت أقرأ في اللوحات..لا أتمنى ذلك ولكنهم زملائي وأعرف كيف كانت معاصيهم..اللهم لك الحمد.. فوالله الذي لا اله إلا هو لقد خرجت من الرياض..ومافي بالي أن اعمل لله طاعة.. يقول الشيخ: وهو الآن رجل خير عليه سيمى الصلاح بعد أن فقد زملاءه بهذه القصة..ثم تاب بعدها..

اللهم لا تجعلنا عبرة للناس..واجعلنا نعتبر بما يحدث لهم..وبما يدور حولنا

الشيخ / سليمان الشهري مغسل الأموات..بالرياض

4- السمك مشوي..!!!!!!

جلست الزوجة تحدث زوجها عن زيارتها لصديقتها وأنها قدمت لها طبقاً من السمك المشوي لم تذق مثله من قبل، فطلب الزوج من زوجته أن تأخذ الطريقة ليذوق هذا الطبق الذي لا يقاوم. اتصلت الزوجة وبدأت تكتب الطريقة وصديقتها تحدثها فتقول «نظفي السمكة ثم اغسليها، ضعي البهار ثم اقطعي الرأس والذيل ثم أحضري المقلاة..» هنا قاطعتها الزوجة: ولماذا قطعتي الرأس والذيل؟ فكرت الصديقة قليلا ثم أجابت: لقد رأيت والدتي تعمل ذلك! ولكن دعيني أسألها. اتصلت الصديقة بوالدتها وبعد السلام سألتها: عندما كنت تقدمين لنا السمك المشوي اللذيذ لماذا كنت تقطعين رأس السمكة وذيلها؟ أجابت الوالدة: لقد رأيت جدتك تفعل ذلك! ولكن دعيني

أسألها. اتصلت الوالدة بالجدة وبعد الترحيب سألتها: أتذكرين طبق السمك المشوي الذي كان يحبه أبي ويثني عليك عندما تحضرينه؟ فأجابت الجدة: بالطبع، فبادرتها بالسؤال قائلة: ولكن ما السر وراء قطع رأس السمكة وذيلها؟ فأجابت الجدة بكل بساطة وهدوء: كانت حياتنا بسيطة وقدراتنا متواضعة ولم يكن لدي سوى مقلاة صغيره لا تتسع لسمكه كاملة!!

5- أفكار صغيرة

واجه رواد الفضاء الأمريكان صعوبة في الكتابة نظراً لانعدام الجاذبية وعدم نزول الحبر إلى رأس القلم! وللتغلب على هذه المشكلة أنفقت وكالة الفضاء الأمريكية ملايين الدولارات على بحوث استغرقت عدة سنوات ولكنها في النهاية أنتجت قلما يكتب في الفضاء والماء وعلى أرق الأسطح وأصلبها وفي أي اتجاه. وفي المقابل تمكن رواد الفضاء الروس من التغلب على المشكلة بلا نفقات ولا تأخير وذلك باستخدام قلم رصاص! وحينما تلقى مصنع صابون ياباني شكوى من عملائه أن بعض العبوات خاليه اقترح مهندسو المصنع تصميم جهاز يعمل بأشعة الليزر لاكتشاف العبوات الخالية خلال مرورها على سير التعبئة ثم سحبها آلياً من سير التعبئة، ومع أن الحل مناسب إلا أنه مكلف ومعقد وفي المقابل ابتكر أحد عمال التغليف فكرة بسيطة وغير مكلفه وذلك بأن توضع مروحة كبيره بدلًا من جهاز الليزر بحيث يوجه هوائها إلى السير فتقوم بإسقاط العبوات الفارغة قبل وصولها إلى التخزين!

6- بوظة بالفراولة!!!!!!!!!!!

أتى زبون إلى وكالة سيارته يشكو من أنه حين يذهب لشراء البوظة من المتجر المجاور لبيته فإن سيارته لا تعمل إذا اشترى بوظة بالفراولة! أما إذا اشترى بوظة بالشوكولاتة أو الفانيلا فإنها تعمل! ظن موظف الاستقبال أن الرجل يمزح أو أنه غير عاقل! ولكن الزبون أصر فأرسلت الوكالة مهندساً فوجد أن المشكلة حقيقية وأحتار في تفسيرها! واستمرت المشكلة والوكالة تهملها لأنها لا تعرف كيف تفسرها، حتى بحث مهندس «غير تقليدي» المشكلة وكشف اللغز! فقد كانت عبوات بوظة الفراولة تباع

جاهزة في مدخل المحل لذا لا يستغرق شراؤها سوى دقيقتين بينما يحتاج شراء بوظة الشوكولاتة والفانيلا إلى خمس دقائق وكان نظام تشغيل السيارة يسخن بسرعة بحيث لا يعمل مره أخرى عندما تطفئ السيارة إلا بعد أن يبرد قليلا وذلك بعد 4 دقائق تقريباً!

• • •

7- رجل في زمن العولمة..!!!!!

طفلي الصغير منذ مساء أمس وصحته ليست على ما يرام... وعندما عدت مساء هذا اليوم من عملي قررت الذهاب به إلى المستشفى... رغم التعب والإرهاق إلا أن التعب لأجله راحة. حملته وذهبت.. لقد كان المنتظرون كثيرين.. ربما نتأخر أكثر من ساعة أخذت رقماً للدخول على الطبيب وتوجهت للجلوس في غرفة الانتظار. وجوه كثيرة مختلفة.. فيهم الصغير وفيهم الكبير.. الصمت يخيم على الجميع.. يوجد عدد من الكتيبات الصغيرة استأثر بها بعض الأخوة. جلت بطرفي في الحاضرين.. البعض مغمض العينين لا تعرف فيم يفكر..

وآخر يتابع نظرات الجميع.. والكثير تحس على وجوههم القلق والملل من الانتظار.. يقطع السكون الطويل.. صوت المُنادي.. برقم كذا.. الفرحة على وجه المُنادى عليه.. يسير بخطوات سريعة.. ثم يعود الصمت للجميع.. لفت نظري شاب في مقتبل العمر.. لا يعنيه أي شيء حوله.. لقد كان معه مصحف جيب صغير.. يقرأ فيه.. لايرفع طرفه.. نظرت إليه ولم أفكر في حالة كثيراً.. لكنني عندما طال انتظاري عن ساعة كاملة تحول مجرد نظري إليه إلى تفكير عميق في أسلوب حياته ومحافظته على الوقت.

ساعة كاملة من عمري ماذا استفدت منها وأنا فارغ بلا عمل ولا شغل. بل انتظار ممل أذن المؤذن لصلاة المغرب.. ذهبنا للصلاة.

في مصلى المستشفى.. حاولت أن أكون بجوار صاحب المصحف.. وبعد أن أتممنا الصلاة سرت معه وأخبرته مباشرة بإعجابي به لمحافظته على وقته.

وكان حديثه يتركز على كثرة الأوقات التي لا نستفيد منها إطلاقاً وهي أيام وليالٍ

تنقضي من أعمارنا دون أن نحس أوونندم.

قال إنه أخذ مصحف الجيب هذا منذ سنة واحدة فقط عندما حثه صديق له بالمحافظة على الوقت.

وأخبرني أنه يقرأ في الأوقات التي لا يستفاد منها كثيراً أضعاف ما يقرأ في المسجد أو في المنزل..

بل إن قراءته في المصحف زيادة على الأجر والمثوبة إن شاء اللـه تقطع عليه الملل والتوتر.... وأضاف محدثي قائلاً: إنه الآن في مكان الانتظار منذ ما يزيد على الساعة والنصف. وسألني... متى ستجد ساعة ونصف لتقرأ فيها القرآن؟ تأملت.. كم من الأوقات تذهب سدى؟! وكم لحظة في حياتك تمر ولا تحسب لها حسابا؟! بل كم من شهر يمر عليك ولا تقرأ القرآن؟!

جلت بناظري.. وجدت أني محاسب والزمن ليس بيدي.. فماذا أنتظر؟ قطع تفكيري صوت المنُادي.. ذهبت إلى الطبيب..بعد أن خرجت من المستشفى.. أسرعتُ إلى المكتبة.. اشتريتُ مصحفاً صغيراً.. قررتُ أن أحافظ على وقتي..

فكرت وأنا أضع المصحف في جيبي أو في سيارتي لأقتنيه عند نزولي للأماكن التي قد أنتظر فيها فهي كثر.... كم من شخص سيفعل ذلك.. وكم من الأجر العظيم يكون للدال على ذلك..

* * *

8- قصة عجيبة في الثبات

سافرت إلى مدينة جدة في مهمة رسمية.. وفي الطريق فوجئت بحادث سيارة.. ويبدو أنه حدث لتوه.. كنت أول من وصل إليه.. أوقفت سيارتي واندفعت مسرعاً إلى السيارة المصطدمة.. تحسستها في حذر.. نظرت إلى داخلها.. أحدقتُ النظر.. خفقات قلبي تنبض بشدة.. ارتعشت يداي.. تسمَّرت قدماي.. خنقتني العبرة .. ترقرقت عيناي بالدموع.. ثم أجهشت بالبكاء.. منظر عجيب.. وصورة تبعث الشجن.. كان قائد

السيارة ملقى على مقودها.. جثة هامدة.. وقد شخص بصره إلى السماء.. رافعاً سبابته.. وقد أفتر ثغره عن ابتسامة جميلة.. ووجهه محيط به لحية كثيفة.. كأنه الشمس في ضحاها.. والبدر في سناه... العجيب أن طفلته الصغيرة كانت ملقاة على ظهره.. محيطة بيديها على عنقه.. لافظة أنفاسها مودعة الحياة.. لا إله إلا الله.. لم أر ميتة كمثل هذه الميتة.. طهر وسكينة ووقار.. صورته وقد أشرقت شمس الاستقامة على محياه.. منظر سبابته التي ماتت توحّد الله.. جمال ابتسامته التي فارق بها الحياة.. حلّقت بي بعيداً بعيداً.. تفكرت في هذه الخاتمة الحسنة.. ازدحمت الأفكار في رأسي.. سؤال يتردد صداه في أعماقي.. يطرق بشدة.. كيف سيكون رحيلي!!.. وعلى أي حال ستكون خاتمتي!!..

يطرق بشدة.. يمزّق حجب الغفلة.. تنهمر دموع الخشية.. ويعلو صوت النحيب.. من رآني هناك ضن أني أعرف الرجل.. أو أن لي به قرابة.. كنت أبكي بكاء الثكلى.. لم أكن أشعر بمن حولي!!..

ازداد عجبي.. حين انساب صوتها يحمل برودة اليقين.. لامس سمعي وردَّني إلى شعوري.. «يا أخي لا تبكي عليه إنه رجل صالح.. هيا هيا.. أخرجنا من هنا وجزاك الله خيرا» التفت إليها فإذا امرأة تجلس في الخلف من السيارة.. تضم إلى صدرها طفلين صغيرين لم يُمسا بسوء.. ولم يصابا بأى أذى..

كانت شامخة في حجابها شموخ الجبال.. هادئة في مصابها منذ أن حدث لهم الحدث!!.. لا بكاء ولا صياح وعويل.. أخرجناهم جميعاً من السيارة.. من رآني ورآها ضن أني صاحب المصيبة دونها.. قالت لنا وهي تتفقد حجابها وتستكمل حشمتها.. في ثباتٍ راضٍ بقضاء الله وقدره.. «لو سمحتم أحضروا زوجي وطفلتي إلى أقرب مستشفى.. وسارعوا في إجراءات الغسل والدفن.. واحملوني وطفليَّ إلى منزلنا جزاكم الله خير الجزاء».. بادر بعض المحسنين إلى حمل الرجل وطفلته إلى أقرب مستشفى.. ومن ثم إلى أقرب مقبرة بعد إخبار ذويهم.. وأما هي فلقد عرضنا عليها أن تركب مع أحدنا إلى منزلها.. فردّت في حياء وثبات «لا و الله.. لا أركب إلا في سيارة فيها نساء».. ثم انزوت عنا جانباً.. وقد أمسكت بطفليها الصغيرين.. ريثما نجلب بغيتها.. وتتحقق أمنيتها..

استجبنا لرغبتها.. وأكبرنا موقفها.. مرَّ الوقت طويلاً.. ونحن ننتظر على تلك الحال العصيبة.. في تلك الأرض الخلاء.. وهي ثابتة ثبات الجبال.. ساعتان كاملتان.. حتى مرّت بنا سيارة فيها الرجل وأسرته.. أوقفناهم.. أخبرناه خبر هذه المرأة.. وسألناه أن يحملها إلى منزلها.. فلم يمانع.. عدت إلى سيارتي.. وأنا أعجبُ من هذا الثبات العظيم.. ثبات الرجل على دينه واستقامته في آخر لحظات الحياة.. وأول طريق الآخرة.. وثبات المرأة على حجابها وعفافها في أصعب المواقف.. وأحلك الظروف.. ثم صبرها صبر الجبال.. إنه الإيمان.. إنه الإيمان.. ﴿يُثَبِّتُ اللـهُ الَّذِينَ آمَنُوا بِالْقَوْلِ الثَّابِتِ فِي الْحَيَاةِ الدُّنْيَا وَفِي الْآخِرَةِ وَيُضِلُّ اللـهُ الظَّالِمِينَ وَيَفْعَلُ اللـهُ مَا يَشَاءُ﴾.. و اللـه لقد جمعت هذه المرأة المجد من أطرافه.. إنه موقف يعجز عنه أشداء الرجال.. ولكنه نور الإيمان واليقين.. أي ثبات.. وأي صبر.. وأي يقين أعظم من هذا!!!! وإني لأرجو أن يتحقق فيها قوله تعالى ﴿**وَبَشِّرِ الصَّابِرِينَ * الَّذِينَ إِذَا أَصَابَتْهُم مُّصِيبَةٌ قَالُوا إِنَّا للهِ وَإِنَّا إِلَيْهِ رَاجِعُونَ * أُولَئِكَ عَلَيْهِمْ صَلَوَاتٌ مِّن رَّبِّهِمْ وَرَحْمَةٌ وَأُولَئِكَ هُمُ الْمُهْتَدُونَ**﴾ [البقرة:155 - 157].

9- المليونير العجيب

يروى هذه القصة شاب كويتي عاشها لحظة بلحظة فقد سافر هذا الصديق، والذي يدعى (فهد) مع صديق له يدعى (خالد) إلى دولة البحرين في عام 2001 م، وذلك لأن خالدًا كان يشتكي آلاماً في ظهره، فوصف له بعض الأصدقاء طبيباً مختصا بارعا وحذقا في آلام العظام بشكل عام. وبعد وصولهما للبحرين، أقاما في أحد الفنادق هناك، وبينما كان خالد قد استسلم للنوم من أثر التعب والإجهاد، خرج فهد وحده للسوق مشياً على الأقدام، باحثاً عن مطعمٍ ينحر بهِ جوعه!!

يقول خالد: وبينما أنا أسير في منتصف السوق تقريباً... إذ لفت انتباهي مطعم فخم صغير ومزدحم كثيراً، فقلت في نفسي، لو لم يكن هذا المطعم متميزا لما كان عليهِ هذا الإقبال الشديد والازدحام... رغم ضيق مساحته. فاتجهت إلى المطعم ودفعت بابه لكي أدخل، فأخذت أنظر يميناً وشمالاً في صالة المطعم لعلي أجد مكاناً خالياً أجلس بهِ، ولكن للأسف لم أجد! وفجأة وإلا بمدير المطعم يبتسم بوجهي ويرحب بي، وقال: هل أجعل

لك طاولة خاصة أمام واجهة المطعم؟ فقلت وبلا تردد: نعم.. لو سمحت.

فجلست وحيداً أنتظر العشاء.. وفي هذهِ اللحظات إذ توقفت أمام المطعم سيارة فارهة جداً، ترجل منها صاحبها الذي بانت عليه آيات الثراء، فهرع له عدد من موظفي المطعم ليستقبلوه ويرحبوا به، فلما وقعت عيناه على عيني، أخذ لي لحظات يرمقني من بعيد، إلى أن أقبل على.. ثم استأذنني بالجلوس، فأذنت له وعندما جلس أمامي على طاولة واحدة، أخذت تفوح من فمهِ رائحة كريهة ونتنه جداً!!

حتى أنني رجعت بالكرسي للخلف.. محاولاً الابتعاد عنه، ولكن لا فائدة وبعد صمت دام لمدة، بدد الرجل غيوم الصمت.. فقال: يا شيخ، أشعر بأنك متضايق من رائحة فمي المزعجة.. هل هذا صحيح؟

فقلت له بكل لطف: نعم صدقت.

فقال: يا شيخ.. أنا مبتلى بشرب الخمر منذ إثنى عشر عاماً!! ولا أستطيع مفارقتها، وكيف أستطيع التخلي عنها وهي الآن تسرى في شراييني؟!! قلت له: لا حول ولا قوة إلا بالله... و الـلـه إنه أمر عظيم جداً فسكتنا نحن الاثنين.. وبعد لحظات أخذ الرجل يتأفف ويتنهد بنفس طويل فقلت له: استغفر الـلـه يا أخي... ولا تتأفف وتنفُخ، بل اذكر الـلـه وادعوه أن يُفرج همك ويشرح صدرك ويعينك على بلواك فقال: يا شيخ أنا عندي ملايين كثيرة، ومتزوج ولدي خمسة أولاد... لا يزوروني ولا يسألون عني مطلقاً ولو عن طريق الهاتف!! وأخذ يشتكي لي ويفضفض... إلى أن قال: لعن الـلـه المخدرات، لعن الـلـه المخدرات فقاطعته وقلت: وما دخل المخدرات في الأمر؟!!

فقال الرجل: أنا من تجار المخدرات يا شيخ!!

فأسقط ما في يدي.. واندهشت من أمره كثيراً فقال لي: يا شيخ.. إن أردت أن أذهب وأتركك.. سأذهب بسرعة ولن أغضب منك فقلت بعد لحظات من الصمت الممزوج بالحيرة قلت: لا... اجلس ولا تذهب حتى نتعشى وما هي إلا لحظات حتى جاء العشاء، وأكلنا حتى شبعنا، فأتى (الجرسون) بمحفظة وضع بها الفاتورة، فوضع المحفظة بيننا ثم انصرف، فأدخل الرجل المليونير يديه في جيوبه، فأخرج منها رُزمًا من الأوراق المالية،

فوضعها أمامي على الطاولة... وقال: أنظر يا شيخ إنها 32 ألف دولار، كلها من الحرام، فبالله عليك أن تدفع أنت حساب الفاتورة، حتى ينفعني الـلـه بما أكلت من مالك الطيب الحلال فسددت الفاتورة وخرجنا، فقال لي الرجل المليونير: يا شيخ أنا محتاج لك جداً جدا، أرجوك ثم أرجوك لا تتركني للحيرة والعذاب فقلت له: أنا حاضر بالذي أقدر عليه بإذن الـلـه، ولا يكلف الـلـه نفساً إلا وسعها قال: يا شيخ.. أنا ارتحت لك كثيراً، وقد انشرح صدري لجلوسي معك... هيا لنجلس معًا في أي مكان أنت تختاره فقلت له: أما الآن فلا أستطيع، ولكن أعدك بإذن الـلـه أن ألتقي بك غدًا صباحًا حيث أنني متعب من السفر، ثم إن صاحبي (خالدًا) تركته وحيداً في الفندق نائمًا.. وربما قد يكون الآن مشغول الذهن علي فقضب وجهه واعتراه الأسى.. فقال: حسناً حسنا، إليك (كارتي) فيهِ أرقام هواتفي فأخذت منه (الكارت) واتجهت للفندق وما هي إلا لحظات حتى مر بي الرجل نفسه، يقود سيارته الفخمة، فوقف بجانبي وأنزل زجاج السيارة وقال: يا شيخ أعذرني.. أقسم بالله العظيم أنني أتشرف بركوبك بجانبي، ولكن هذهِ السيارة جلبتها بالمال الحرام، وكلها حرام في حرام، ولا أريد أن أجلسك على مقعد حرام فتركني وذهب لحال سبيله.. وعند وصولي للفندق وجدت صديقي خالدًا، قد استيقظ فأخبرته بالذي جرى بيني وبين ذلك الرجل المليونير فتعجب خالد جداً من أمر ذلك الرجل، وعزمنا أن ندعوه على الفطور وأن نحاول أن نسحب رجليه إلى عالم الخير والهداية والصلاح وفي الساعة التاسعة صباحاً.. اتصلت بالرجل المليونير ودعوته على الفطور في الفندق الذي نحن مقيمين فيهِ، فحضر وجلسنا معه، وأخذ صديقي خالد يعظه وينصحه بكلام جميل وطيب، يؤثر في الصخر... حتى تأثر ذلك الرجل تأثراً بالغاً قد بان عليه، وقد رأيت دموعاً صادقة تلألأت في عينيه، ثم انحدرت على خديه، فرفع الرجل المليونير كفيه للسماء وأخذ يقول: اللهم إني أستغفرك.. اللهم اغفر لي.. اللهم اغفر لي فعرضت عليه أن نزور بيت الـلـه الحرام للعمرة، وأخذت أحدثه عن فضل العُمرة وما لها من أثر نفسي وراحة للمعتمر

فقال الرجل: أعطوني فرصة للتفكير، وسوف أقوم بالاتصال بكم قبل الساعة الواحدة ظهراً ثم انفض مجلسنا، وفي تمام الساعة الثانية عشرة أخذ هاتف الغرفة يرن،

فرفعة خالد.. وكنت حينها أقف أمامه، فأشار لي أن هذا المتصل هو صاحبنا الذي ننتظر رده فأخذ يتكلم معه حول العُمرة، وسمعت خالد يشترط على الرجل أن لا يأخذ معه للعُمرة ولا درهماً واحداً وفي الساعة التاسعة والنصف مساءًا، وبعد أن أنهينا جميع أعمالنا في البحرين، انطلقنا نحن الثلاثة أنا وخالد والرجل نحو مكة المكرمة، وهناك عند الميقات تجرد الرجل من ثيابه ولبس إحراماً اشتريناه له، فأخذ كل ملابسه التي كان يرتديها.. ورمى بها في حاوية النفايات، وقال: لا بد أن تفارق هذهِ الملابس الحرام جسدي وبعد أن انتهينا من تأدية مناسك العُمرة.. قررنا أن نخرج من الحرم لكي نتحلل من الإحرام ونبحث عن سكن لنا فقال الرجل المليونير بصوت حزين: اتركوني أجلس هنا.. أرجوكم، واذهبا أنتما فقلنا له حسناً.. ووصيناه أن لا يغادر مكانه..فلما عدنا لصاحبنا بعد أكثر من ساعة... وجدناه في مكانه نائماً وقد نزل منه عرق بغزارة فأيقظناه من النوم وذهبنا بهِ لبئر زمزم، فلما شرب منه طلب منا أن نفيض عليه من ماء زمزم، فأخذنا نصب عليه الماء حتى بللنا جسده بالكامل!! فلما ذهبنا للسكن لكي نرتاح وبعد لحظات... طلب منا أن نسمح له بالرجوع للحرم المكي فسمحنا له، فخرج للحرم بعدما ارتدى ثوب بسيط بعشرة ريالات، وانتعل حذاءا بخمسة ريالات... بعدما كان يرتدي ما يزيد سعره عن 500 ريال دفعة واحدة وبعد صلاة الفجر.. التقينا بهِ بعد صلاة الفجر بالحرم، فسلمنا عليه وإذ بالنور يشع من وجههِ والابتسامة السمحاء طغت على ثغرهِ فطلب منا أن نوصله بأحد أئمة الحرم المكي لأمر ضروري خاص بهِ... وبعد جهد جهيد استطعنا تحديد موعد مع أحد أئمة الحرم القدماء، بعد صلاة العشاء في مكتبه الخاص الكائن بالحرم فلما أتى الموعد ودخلنا سوياً على إمام الحرم الذي كان ينتظرنا.. فسلمنا عليه، فاقترب منه صاحبنا وقال له: يا شيخنا الكريم، إني أملك ثلاثين مليون دولار كلها من مكسب حرام، واليوم أنا تبت لله توبة صادقة، وأنبت إليه، فما أفعل بها؟ قال الشيخ الإمام بكل هدوء ووقار: تبرع بها على الفقراء والمحتاجين فقال الرجل المليونير: يا شيخ إن المبلغ كبير، وأنا لا أعرف كيف أصرفها... فهلا ساعدتني على ذلك؟

فقال الشيخ الإمام: سوف أدلك على بعض أهل الخير ليساعدوك على توزيع المال فعدنا في نفس اليوم إلى البحرين... وقمنا بإجراءات تحويل المبلغ إلى أحد البنوك في

السعودية، وبعد يومين رجعنا إلى مكة، ومكثنا فيها ثلاثة أيام، ثم ودعنا صاحبنا وأخبرناه بأن علينا العودة للكويت، ووعدناه أن نرجع له بعد بضعة أيام، وعند وصولنا للكويت قضينا فيها أربعة أيام، ثم رجعنا إلى مكة المكرمة، وهناك في الحرم وبعد البحث الطويل... وجدنا صاحبنا الذي كان مليونيراً واقفا عند أحد ممرات الحرم، مرتديا لباس عمال النظافة الخاصين بالحرم، ممسكاً بيده مكنسة... يكنس الممر بها فلما اقتربنا منه وسلمنا عليه... عانقنا عناقاً حاراً، وهو يرحب بنا ويقول: باركا لي.. باركا لي فلما سألناه عن ماذا نبارك لك؟ قال: لقد توظفت هنا بالحرم (عامل نظافة) وأجري الشهر 600ريال، كما أن السكن عليهم وهي غرفة صغيرة يشاركني بها اثنان من الأخوة الأفارقة + المواصلات فباركنا له وهنأناه على هذهِ الوظيفة الشريفة التي تجر المكسب الطيب الحلال.واليوم وبعد مرور عام كامل... لا يزال هذا الرجل عامل نظافة في الحرم المكي الشريف وهو الآن يحفظ كتاب الله العزيز، وصحيح البخاري ومسلم وجميع أئمة الحرم يعرفونه ويجالسونه.. بل إنه أكل معهم في صحنٍ واحد......

قال تعالى: **﴿إِنَّ الَّذِينَ قَالُوا رَبُّنَا اللهُ ثُمَّ اسْتَقَامُوا تَتَنَزَّلُ عَلَيْهِمُ الْمَلَائِكَةُ أَلَّا تَخَافُوا وَلَا تَحْزَنُوا وَأَبْشِرُوا بِالْجَنَّةِ الَّتِي كُنْتُمْ تُوعَدُونَ﴾** [فصلت:30].

10- قرية الحزن العجيبة

في إحدى القرى الشيشانية دخلت القوات الروسية بعنجهيتها الشرسة وجبروتها الحاقد وصبت جام غضبها على أهل القرية حيث جمعوا ما استطاعوا جمعه من النساء والشيوخ والأطفال والشبان في مكان واحد ثم قاموا بتفجيرهم بروح إجرامية حاقدة..فتناثرت الجثث في كل مكان وتطايرت الأشلاء في الأجواء..ثم غادر الروس القرية ليبقى الأهالي يتجرعون الحسرة والأسى، ويذوقون الموت الزؤآم وبعد خروج الروس جاء من سلم من أهل القرية لمكان الجريمة لتتعرف الأم على أطفالها وليتعرف الأبناء على أمهاتهم وأهليهم في منظر امتلأ حزناً وهماً وغماً لا يوصف.. وبدأ الناس يجمعون ما تناثر من الأشلاء وقطع اللحم المتناثرة حتى إنهم يجمعونها من الجدران والتراب غير فتات العظام والأجسام المحروقة التي لم يبق منها إلا الآثار.. واختلطت هناك الدماء بالدموع، والآهات والأنين بالبكاء والعويل فيا لله كم من أمٍ رجعت لبيتها

وهي تحمل ما تبقى من لحم ولدها وفتات عظامه..وكم من طفلٍ واقف حائر يبكي وهو ينظر إلى رأس أمه قد انفصل عن جسدها الذي تمزق..وكم من شيخ عجوز ينتحب عند جنائز أهل بيته وهم قد سجوا بالأكفان بعد أن جمعت أشلاؤهم قطعةً قطعةً!!

فسبحان من يمهل للظالم ولا يهمله... وسبحان من يحلم على من عصاه.. وسبحان من لا يضيع حق المظلوم... **﴿وَلَوْ يَشَاءُ اللَّهُ لَانْتَصَرَ مِنْهُمْ وَلَكِن لِّيَبْلُوَ بَعْضَكُمْ بِبَعْضٍ وَالَّذِينَ قُتِلُوا فِي سَبِيلِ اللَّهِ فَلَن يُضِلَّ أَعْمَالَهُمْ * سَيَهْدِيهِمْ وَيُصْلِحُ بَالَهُمْ * وَيُدْخِلُهُمُ الْجَنَّةَ عَرَّفَهَا لَهُمْ﴾[محمد: 4-6].**

قرية الحزن السليبة بات يعلوها المصيبة
وبكـــاء ونحيبٌ وأحاديـــث عصيبة
فانصروهم بالعطاء
خيـم الحزن عليها والأسى ماضٍ إليها
فانصروهم بالدعاء

موقع وا إسلاماه

11- قصة عجيبة في أحد الامتحانات:

قصة طريفة حدثت أثناء فترة الامتحانات لأحد معلمي اللغة العربية واسمه بشير فبعد انتهاء مادة البلاغة قام الأستاذ بشير بتصحيح أوراق الإجابة وكعادته ما أن يمسك الورقة حتى يبدأ بتصحيح إجابة السؤال الأول ومن ثم السؤال الثاني وهكذا..

وفي بعض الأحيان يلاحظ أن بعض الطلاب يترك سؤالاً أو سؤالين بدون إجابة وهو أمر معتاد إلا أن ما أثار استغرابه ودهشته ورقة إجابة أحد الطلاب تركها خالية...!؟

لم يجب فيها على أي سؤال ووضع بدل الإجابة القصيدة التالية التي نظمها خلال فترة الامتحان:

أبـشـير قل لي ما العمـــــل واليأس قد غلـب الأملْ
قـيـل امـتـحان بلاغـــــة فحسبته حـــان الأجلْ
وفزعت من صوت المراقب إن تنحنـــــح أو سعلْ

و يجـــــــول بين صفوفنـا ويصول صـولات البطلْ
أبشـــير مـهـلاً يـا أخـي مــــــا كل مسـألة تحلْ
فـمـن الـبـــــلاغـة نـافـع ومن البـــــلاغة ما قتلْ
قـد كـنـت أبـلـد طـالب وأنــــــا وربـــي لم أزلْ
فـإذا أتـتـــك إجـابتي فيها الســؤال بدون حلْ
دعها وصحح غيرهـــا والصفر ضعه على عجلْ

فما كان من الأستاذ بشير سوى إعطائه درجة النجاح في مادة البلاغة لأن الهدف الذي يسعى لتحقيقه من خلال تدريسه لمادة البلاغة متوفر في هذا الطالب الذي استطاع نظم هذه القصيدة الطريفة والبديعة.

12- سر الصندوق العجيب

ظلا متزوجين ستين سنة كانا خلالها يتصارحان حول كل شيء، ويسعدان بقضاء كل الوقت في الكلام أو خدمة أحدهما الآخر، ولم تكن بينهما أسرار، ولكن الزوجة العجوز كانت تحتفظ بصندوق فوق أحد الأرفف، وحذرت زوجها مرارا من فتحه أو سؤالها عن محتواه، ولأن الزوج كان يحترم رغبات زوجته فإنه لم يأبه بأمر الصندوق، إلى أن كان يوم أنهك فيه المرض الزوجة وقال الطبيب إن أيامها باتت معدودة، وبدأ الزوج الحزين يتأهب لمرحلة الترمل، ويضع حاجيات زوجته في حقائب ليحتفظ بها كذكريات.

ثم وقعت عينه على الصندوق فحمله وتوجه به إلى السرير حيث ترقد زوجته المريضة، التي ما إن رأت الصندوق حتى ابتسمت في حنو وقالت له: لا بأس.. بإمكانك فتح الصندوق.. فتح الرجل الصندوق ووجد بداخله دميتين من القماش وإبر النسج المعروفة بالكروشيه، وتحت كل ذلك مبلغ 25 ألف دولار، فسألها عن تلك الأشياء فقالت العجوز هامسة: عندما تزوجتك أبلغتني جدتي إن سر الزواج الناجح يكمن في تفادي الجدل والناقر ونقير.. ونصحتني بأنه كلما غضبت منك، أكتم غضبي وأقوم بصنع دمية من القماش مستخدمة الإبر.. هنا كاد الرجل أنَّ يشرق بدموعه: دميتان فقط؟ يعني

لم تغضب مني طوال ستين سنة سوى مرتين؟ ورغم حزنه على كون زوجته في فراش الموت فقد أحس بالسعادة لأنه فهم أنه لم يغضبها سوى مرتين... ثم سألها: حسنا، عرفنا سر الدميتين ولكن ماذا عن الخمسة والعشرين ألف دولار؟ أجابته زوجته: هذا هو المبلغ الذي جمعته من بيع الدمى..

13- أمنية عجيبة

مرّ لحجّاج بن يوسف الثقفي على لبان يبيع اللبن وهو يقول متمنيا أنا أبيع هذا اللبن بكذا وكذا ثم أشتري به كذا ثم أبيعه واكسب فيه كذا فيكثر مالي ويحسن حالي فأخطب بنت الحجاج فأتزوجها فتلد لي ولدا فأدخل عليها يوما فتخاصمني فأضربها برجلي هكذا فمد رجله على الجرة فكسرها ثم طرق الحجاج الباب فلما فتحه ضربه بالسوط خمسين ضربة وقال أما لو ضربتها لأفجعتني بها.

http://www.gesah.net/mag/section.php?id=36

14- بعض الظن غباء أيضا !!!!!!

... قبل بضعة أعوام قررت السفر إلى إيطاليا ومشاهدة أعظم آثار روما والبندقية. وكعادتي - قبل كل رحلة - قرأت أدلة وكتبا سياحية كثيرة عن هاتين المدينتين بالذات.. ولفت انتباهي حينها كثرة التحذير من التجول في الشوارع المحيطة بمحطة القطار الرئيسية في روما (وتدعى تيرميني). وذات يوم كان علي الذهاب لتلك المحطة بالذات لتصديق تذكرة القطار الأوروبي. وفور نزولي من التاكسي فوجئت بشاب غريب الهيئة ينادي علي بلغة لا أفهمها. غير أنني تجاهلته وأسرعت الخطى نحو المحطة ولكنه استمر في السير خلفي والصراخ عليّ بصوت مرتفع.. فما كان مني إلا أن هرولت - ثم جريت - فجرى خلفي مناديا بحدة حتى اضطررت للتوقف ومعرفة ماذا يريد... وحين وقف أمامي مباشرة أخذ يتحدث بعصبية وصوت غاضب - وكأنه يلومني على تجاهله - في حين كان يريد إعطائي محفظتي التي سقطت فور نزولي من التاكسي.

هذا الموقف - الذي أخجلني بالفعل - يثبت أن بعض الظن إثم وأن تبني الآراء المسبقة يحد من تفكيرنا ويحصره في اتجاه ضيق ووحيد..

وكنت قد مررت بموقف مشابه قبل عشرين عاماً في جامعة منسوتا حين كنت أتناول طعامي بشكل يومي في «بوفية» الطلاب.. فخلف صواني الطعام كان يقف «الطباخ» وبعض العاملين في البوفيه لمساعدة الطلاب على «الغَرف» واختيار الأطباق.. ولفت انتباهي حينها عاملة يهودية متزمتة تعمل في المطعم (وأقول متزمتة بناء على لبسها المحتشم وطرحتها السوداء ونجمة داوود حول رقبتها). وأذكر أنني كرهتها من أول نظرة - وأفترض أنها فعلت ذلك أيضا - وكنا دائما نتبادل نظرات المقت والاشمئزاز بصمت.. وذات يوم رمقتها بنظرة حادة فما كان منها إلا أن اقتربت مني وأمسكتني من ياقة قميصي وهمست في أذني «هل أنت مسلم؟» قلت «نعم» فقالت «إذا احذر؛ ما تحمله في صحنك لحم خنزير وليس لحم بقر كما هو مكتوب»!!

... وكنت قد قرأت - في مجلة الريدر دايجست - قصة طريفة عن دبلوماسي أمريكي تلقى دعوة لحضور مؤتمر دولي في موسكو (في وقت كانت فيه حرب الجواسيس على أشدها). وقبل مغادرته مطار نيويورك حذرته وزارة الخارجية بأن الروس سيتجسسون عليه وسيضعونه في فندق خاص بالأجانب يمتلئ بأجهزة التنصت.. وهكذا ما أن دخل غرفته في الفندق حتى بدأ يبحث عن أجهزة التنصت المزعومة - والميكروفونات المدسوسة - خلف اللوحات وفوق اللمبات وداخل الكراسي بل وحتى داخل التليفون نفسه.. وحين كاد ييأس نظر تحت السرير فلاحظ وجود سلكين معدنيين (مجدولين حول بعضهما البعض) يبرزان من أرضية الغرفة الخشبة فأيقن أنه عثر على ضالته. فما كان منه ألا أن أحضر كماشة قوية وبدأ بفك الأسلاك عن بعضها البعض ثم قطعها نهائيا - قبل أن يصعد على سريره لينام. غير أنه سرعان ما سمع صفارة الإسعاف وأصوات استنجاد وصراخ من الطابق السفلي فرفع السماعة ليسأل عما حدث فأجابه الموظف في مكتب الاستقبال: «لا تقلق يا سيدي؛ سقطت النجفة المعلقة أسفل غرفتك على رأس المندوب البلجيكي»!! مرة أخرى أيها السادة... بعض الظن ليس إثما فقط؛ بل ويحصر تفكيرنا في اتجاه ضيق ووحيد!!

• فهد عامر الأحمدي /جريدة الرياض الأربعاء 25 ربيع الأول 1429هـ - 2 أبريل 2008م - العدد 14527

15- طلاق ليلة الدخلة

تعددت الأسباب والطلاق واحد..

س: تحكي قصة طلاقها ليلة دخلتها فتقول: كنت أحلم بليلة الزفاف كأي فتاة، ليلة العمر التي تبدأ معها حياتي الحقيقية بتكوين أسرة أنا سيدتها وراعيتها ومديرة شئونها جنباً على جنب مع من اختارني واخترته شريكاً لحياتي.. وبتأثر ظاهر تتابع وهي تزداد عبرتها، لم أكن أتوقع أن تبدأ حياتي الجديدة «بالطلاق».. فقد تقدم لي صديق أخي فقبلته رغم معارضة أهلي، وما أشيع عن سوء أخلاقه، ورغم ضعف إمكاناته المادية.. وفي ليلة الدخلة حدث خلاف بينه وبين والدي فغادر الحفل هو وأسرته، لم يقدر تضحيتي وباعني في لحظة غضب وتركني مطلقة.

16- زواج نت..

م. س تقول: كانت طريقة تعارفي بطليقي خطأ من الأول، فقد تم التعارف بيننا عن طريق غرفة الدردشة (عبر الإنترنت) وعندما تقدم للزواج مني وافقت على الفور، وحددنا موعد الزفاف، كل شيء تم بسرعة عجيبة، لأفاجأ ليلة الزفاف بأن رجلي (عنين) بسبب حادث تعرض له، ولم أتقبل خداعه لي وعدم مصارحته، خصوصاً وأننا تحدثنا عن كل شيء، ولم أجد مبرراً للاستمرار معه وتم طلاقي خلال أيام العرس.

17- مدمن وحَبَّاب.. لماذا صدقته...؟

م تقول: تقدم لي أحد أقاربي، والذي كان مثالاً للشاب الذي تتمناه أي فتاة، ووافق أهلي رغم أن ابن عمي هو الوحيد الذي كان معارضاً هذا الزواج، وقد اعتبر أهلي تصرفه هذا مجرد غيرة، وكان أخي يمازحه قائلاً:ترى البنت لابن عمها، فإن كنت تبغاها قول، وكان يرد عليه و الـلـه بنت عمي (ونعم) ولكنني مرتبط وسوف أتزوج قريبا... أري أن هذا الرجال «ليس كفؤا» ولم يستمع لكلام ابن عمي أحد، وتم الزواج، وفي ليلة الزفاف بدأ يتصرف تصرفات غير لائقة ويتفوه بألفاظ لا تصدر من شخص ذو تربية، واتضح لنا أنه تعاطى شيء، واكتشف أهلي أنه (حبّاب) يتعاطى حبوب مخدرة، وبعد ليلة الزفاف أجبره والدي على تطليقي.

18- الهروب إلى الخلف

الزواج عند البعض بداية للتوازن والاستقرار، وعند البعض الآخر يعتبر فترة انعدام التوازن، وهو من المقادير التي لا نملك مفاتيحها وبعض التجارب تؤكد لنا ذلك.

م. تقول: إن ما حصل لأخي غريب، وهو ما لمن نكن نتمناه لأخي الذي انتظرنا كثيراً لنفرح بزواجه، فبعد أيام العرس ذهب أخي مع عروسه إلى بيت أهلها حتى ينتهي من فرش شقته،و عند أهل عروسه مرض فجأة وأصبح خلال أيام طريح الفراش، ولم يُعرف نوع مرضه واحتار الأطباء في معرفة ما به، كان يشتكي من بطنه وكليته ثم تحول مرضه إلى آلام حادة ثم بواسير، كلما يعالج من مرض يظهر له مرض آخر وهزل جسمه وقد قرأ عليه الكثير من المشايخ الرقية الشرعية ولكن دون جدوى وأصبح خلال أيام أشبه بالهيكل العظمي حتى شارف على الموت، والكل محتار مما ألّم به، وأخيراً أحضر له أحد أقاربنا شيخ قرأ عليه واتضح حسب كلام ذلك الشيخ أن أخي مسحور، وما أكد لنا ذلك أن الأطباء يقولون أنه ليس به أي أمراض عضوية، ثم أصبح لا يطيق رؤية عروسه ويقول إنه يحس بأن سقف الغرفة يكاد ينطبق عليهما إذا هي دخلت إلى عنده فيطلب منها الخروج من الغرفة، وأخيراً وحينما طلب منها الذهاب إلى بيت أهلها بدأ يتحسن،وظل أحد القراء ملازماً له يقرأ عليه كل يوم وبدأ يتعافى والحمد لله، والغريب أن أهل عروسه حين رد إليهم بنتهم لم يحاولوا أن يسألوا عنه طوال فترة مرضه التي قضاها بين النوم في المستشفيات وبين المعالجين بالرقى الشرعية الذين أكدوا أن للعروسة (قرين) وهو يهدده إن لم يطلقها سوف يقوم بقتله، والآن قرر أخي طلاق عروسه التي لم يمكث معها سوى أيام هي عمر زواجه الذي كاد أن يكون سببا في القضاء عليه.

19- ضربني وبكى.. وسبقني واشتكى..

(س. س. م) تحكي قصتها مع طلاق ليلة الدخلة فتقول: بعد ما كنت مقتنعة منذ صغري بأنني لن أتزوج سوى ابن خالتي التي خطبتني له وأنا طفلة.. جاءنا خالي ذات يوم بعريس (لقطة) كما يقولون، شباب وعز ومال وعائلة معروفة، يعني عريس لا يمكن رفضه مع كل هذه المغريات، وتم زواجي دون تردد، وسافرت معه لقضاء شهر العسل

الذي شمل عدة دول سياحية وحقيقةً تمتعت كثيراً من ناحية الفسح والتجوال والمشتريات والهدايا الثمينة، ولكنه كان كلما نعود إلى الفندق يخلد إلى النوم مستأذناً ويتركني أواصل سهرتي مع التلفزيون، إلى أن انقضى شهر العسل وعدنا إلى الديار، وصارحت أمي بغرابة تصرفه، فنصحتني بالتريث وطلبت مني سؤاله لعل به علة أو شيء يمكن علاجه وحينما سألته عن سبب ذلك انقلب من ذاك الملاك المطيع الظريف إلى وحش كاسر واتهمني بعدم الأمانة وفوجئت في اليوم التالي بأنه أخبر خالي بأنه وجدني (غير عذراء) وأظلمت الدنيا في وجهي ولم أصدق، وأخضعني أهلي للكشف الذي ولله الحمد أظهر أنني أتمتع بعذريتي، وحينما حاول أهلي مجابهته، كان قد حزم حقائبه وترك البلد، وبعدها بأيام أرسل ورقة طلاقي.. فقد كان يظن أنني سأرضى بهداياه وعطاياه وتكون ثمناً لسكوتي على وضعه، خصوصاً وأنه كان ابن رجل ثري وقادر على العطاء بلا حدود.

- طلاق ليلة الدخلة والاختصاصين النفسيين..

تقول نوف العتيبي الأخصائية النفسية عن طلاق ليلة الدخلة: إن الشرع يسر وسهل لنا أموراً عديدة، أباح النظرة الشرعية قبل الزواج وأباح السؤال في الخطبة وقبلها وبعدها، حتى أنه يسر الطلاق مع أنه أبغض الحلال، وقد لوحظ في الآونة الأخيرة ما يسمى (بطلاق ليلة الدخلة) وما يترتب عليه من آثار نفسية واجتماعية، فهل يعقل أن تطلق المرأة لأسباب تافهة، كمن أجل الصورة الجماعية أو بسبب تزمّت والدة العروس أو للاختلاف على موعد الزّفة!! أن تصبح العقول بهذه التفاهة وعدم المنطقية فهذا من أعظم الابتلاء، ناهيك عن الموقف النفسي للزوجين وكذلك نظرة المجتمع المحبطة لكليهما، فمأساة الطلاق يترتب عليها ملازمة الزوجين أو أحدهما للعلاج النفسي لوقت طويل أحياناً وقد تظل آثار هذه المأساة النفسية طوال العمر وسبب ذلك لحظة عابرة يكون الشيطان ونقص العقل فيها هما سيدا الموقف.

20- زواج والسبب كيس زبالة

هذه البنت عندها أخوات أكبر منها وأصغر منها وهي من وقت قريب حصلت على

الشهادة الثانوية ... ليس عندهم بالبيت خادمة.... كل يوم تبحث عن واحدة من البنات تطبخ وترمي الزبالة عند الباب المهم جاء دور هذه البنت التي أتكلم عنها... كانت سهرانة مع أخواتها إلي الساعة (2)الصبح أخواتها طلعوا يناموا فوق.. وهي قعدت تنظف المطبخ وتشطب عليه..

وقامت وأخرجت الزبالة عند الباب..المهم البنت قالت لماذا أضعها عند الباب لابد أن أتشجع وأرميها بالزبالة أحسن..... وطلعت بره بالشارع وكان الشارع فاضي تماما وكانت الساعة حوالي 3 وهى في طريقها لرمى الزبالة أوصد باب المنزل تماما وقعدت المسكينة بالشارع... فكرت ترن الجرس خافت أبوها يضربها (لأن أبوها شديد)... وهي بالشارع ماعليها إلا قميصها الذي ترتديه بالبيت.. سمعت صوتا يقترب منها.. صوت سيارة!! قامت مسكت الزبالة وقلبتها ودخلت داخلها.. كان الذي بالسيارة ابن الجيران.. عاد للتو من استراحته..المهـم جاء ولد الجيران وأوقف السيارة وأخرج المفتاح لكي يدخل إلى البيت وفجأة يسمع صوتا يتحرك بالزبالة!!

أستغرب انتابته الدهشة... الزبالة مقلوبة... رويدا رويدا اقترب منها... وما أن رفع الزبالة إلا وصرخت في وجهه قائلة: لالالالا.

قال: بسم الـلـه الرحمن الرحيم..أنت إنس ولا جن

قالت: إنس

قال أنت من الذي جاء بك إلى هنا؟؟

قالت له القصة وهي مغطاة بالزبالة وطلبت من ولد الجيران أن يساعدها... قال لها لا تخافي وقرب سيارته من باب البيت وركب فوق السيارة وقفز وفتح للبنت الباب.. وقال لها:ادخلي بسرعة قبل أن يراك أحد... قامت مسرعة ورمت الزبالة.. دخلت وقفلت الباب غير مصدقة ما حدث...وابن الجيران واقف لم يتحرك وهو ينظر إليها باهتمام... مامر على هذه الحكاية يومين إلا وجاء وخطبها من أبيها وتزوجها 0

21- الزوج.....كلـــــــــب!!!!!!!!!

... ترفض الزواج من الرجال لتتزوج من كـــلــبها!!! قصه غريبة حدثت لإحدى

المواطنات الأمريكيات التي تدعى ليندا حيث قررت ليندا الزواج من كـلـبها ماكس بعد أن فشلت في أربع محاولات زواج. وقد أقيم حفل زواجها من الكـلـب ماكس وسط تجمعات الأصدقاء.... والغريب في الموضوع أن أحد رؤساء الكنائس (القسيس) حضر هذا الزواج ويقول بكل برود أتمنى حياة زوجيه سعيدة لكل من الزوجين؟؟ من هم الزوجين؟ العريس الكـلـب ماكس، والعروس ليندا!!0

وفي ليله الزواج لبست ليندا كامل حليتها وزينت كـلـبها ماكس وألبسته بذلة العرس وعندما سئلت ليندا عن سبب تركها للرجال وزواجها من الكـلـب أجابت بأن الكـلـب سيكون معها أوفى من كل أزواجها السابقون، ولن يقيم علاقات محرمة مع غيرها كما قام أزواجها السابقون بذلك؟!؟ الحمد لله على نعمة الإسلام الذي أنعم الـله بها علينا.

22- الآذان في بيت يهودي.....!!!!!!!!!

كانت المفاجأة كبيرة حين اكتشفت إحدى العائلات اليهودية المتدينة التي تسكن مدينة عسقلان بأن الببغاء الذي اشترته يتحدث العربية ويصر على أن يفتتح يومه بالصدح بعبارة «الله اكبر».

وأضافت صحيفة «معاريف» التي أوردت النبأ أن «تسيون ميمن» صاحب إحدى محال بيع الحيوانات الأليفة تفاجأ بطلب العائلة التخلص من الببغاء الثمين من نوع «جوكي» الذي اشترته من قرية كفر قاسم قبل أيام معدودة بحجة أنه يتكلم العربية ويصلي صلاة المسلمين ويفتتح يومه كل صباح بـ «الله اكبر».

وكان العائلة المتدينة قد سافرت قبل أيام إلى قرية كفر قاسم العربية لشراء الببغاء الثمين طمعا بالحصول على سعر مخفض حيث يمكن شراء مثل هذا الطير بنصف الثمن المتعارف عليه في الأسواق الإسرائيلية لكن العائلة السعيدة بحصولها على الببغاء نسيت أن تفحص أمرا مهما وهو اللغة التي يتحدثها طائرها العزيز وحين أنهى رب العائلة اليهودي صلاة الفجر صبيحة اليوم الثاني لشرائه الطائر سمع لغة غير مفهومة بالنسبة له عندما سمع طائره يصدح لدقائق عديدة بـ «الله اكبر.. الله اكبر».

23- إعلان بيع للبيع

أراد رجل أن يبيع بيته لينتقل إلي بيت أفضل..فذهب إلي أحد أصدقائه وهو رجل أعمال وخبير في أعمال التسويق...وطلب منه أن يساعده في كتابه إعلان لبيع البيت وكان الخبير يعرف البيت جيداً فكتب وصفاً مفصلاً له أشاد فيه بالموقع الجميل والمساحة الكبيرة ووصف التصميم الهندسي الرائع ثم تحدث عن الحديقة وحمام السباحة.......إلخ. وقرأ كلمات الإعلان علي صاحب المنزل الذي أصغى إليه في اهتمام شديد وقال...«أرجوك أعد قراءه الإعلان»....وحين أعاد الكاتب القراءة صاح الرجل يا من له بيت رائع..لقد ظللت طول عمري أحلم باقتناء مثل هذا البيت ولم أكن أعلم أنني أعيش فيه إلي أن سمعتك تصفه.

ثم ابتسم قائلاً من فضلك لا تنشر الإعلان فبيتي غير معروض للبيع!!!

هناك مقولة قديمة تقول: اكتب الإيجابيات التي لديك واحدة واحدة وستجد نفسك أكثر سعادة مما قبل.. إننا ننسى أن نتأمل في البركات ولا نحسب مالدينا...ولأننا نرى المتاعب فنتذمر ولا نرى البركات قال أحدهم: إننا نشكو لأن اللـه جعل تحت الورود أشواك...وكان الأجدر بنا أن نشكره لأنه جعل ورداً فوق الشوك. ويقول آخر: تألمت كثيراً عندما وجدت نفسي حافي القدمين...ولكنني شكرت اللـه بالأكثر حينما وجدت آخر ليس له قدمين.

24- عجوز في الثمانين يعود للحياة أثناء مراسم جنازته!

أثارت جثة مسن في شيلي (81 عاما) حالة من الفزع بين أقاربه وأصدقائه الذين جاءوا لإلقاء نظرة الوداع الأخيرة علي الرجل الذي اعتقدوا أنه فارق الحياة. وفوجئ أقارب الرجل الذي كان راقدا داخل تابوته ذي الغطاء الزجاجي بالمتوفى وهو يفتح عينيه.

وذكرت صحيفة (أولتيماس نوتيسياس) أن الرجل الذي يعيش في مدينة أنجول الصغيرة التي تقع علي مسافة نحو 650 كيلومترا جنوبي العاصمة سانتياجو فتح عينيه الواحدة تلو الأخرى ثم بدأ بتحريك شفتيه.

وكانت جارة الرجل هي التي أعلنت وفاة جارها الأعزب الذي يعيش وحيدا دون أن تلجأ للطبيب.

ودافعت الجارة 83 عاما عن تشخيصها وقالت للصحيفة: (كيف يمكن للمرء أن ينام بهذا العمق؟ لقد كان الرجل باردا جدا وجسده متصلبا).

وأخرج أقارب المتوفي العائد للحياة الرجل من التابوت وأعادوه إلي منزله ووضعوه في سريره. ولم يتذكر الرجل أي شيء من تفاصيل ما مر به ولم يطلب سوي كوب من الماء.

مجلة القناة2008/3/12

25- طلق خمس نسوة:

قال الأصمعي: قلت للرشيد يوماً بلغني يا أمير المؤمنين أن رجلاً من العرب طلَّق خمس نِسوة، قال الرشيد: إنما يجوز ملك رجل على أربع نسوة فكيف طلَّق خمساً،قلت: كان لرجلٍ أربع نسوةٍ، فدخل عليهن يوماً فوجدهن متلاحيات متنازعات ـ وكان الرجل سيء الخلق - فقال: إلى متى هذا التنازع؟ ما إخال هذا الأمر إلا من قبلك - يقول ذلك لإمرأة منهن اذهبي فأنت طالق! فقالت له صاحبتها: عجّلت عليها بالطلاق، ولو أدّبتها بغير ذلك لكنت حقيقاً، فقال لها: وأنتِ أيضاً طالق! فقالت له الثالثة: قبّحك الـلـه! فو الـلـه لقد كانتا إليك مُحسنتين، وعليك مفضلتين! فقال وأنتِ أيتها المعدِّدة أيادِيهما طالقٌ أيضاً. فقالت له الرابعة ـ وكانت هِلالية فيها أناةٌ شديدة – ضاق صدرك عن أن تؤدب نساءك إلا بالطلاق! فقال لها: وأنت طالقٌ أيضاً! وكان ذلك بسمع جارة له، فأشرفت عليه وقد سمعت كلامه، فقالت:و الـلـه ما شهدت العرب وعلى قومك بالضعف إلا لما بلوه منكم ووجدوه منكم، أبيت إلا طلاق نسائك في ساعة واحدة! قال: وأنتِ أيتها المؤنِّبةُ المكلَّفة طالق، إن أجاز زوجك! فأجابه من داخل بيته: قد أجزت! قد أجزتُ.

26 - الملك والوزير:

عنده وزير.. وهذا الوزير كان يتوكل على الـلـه في جميع أموره. الشاهد: الملك في يوم من الأيام انقطع له أحد أصابع يده وخرج دم، وعندما رآه الوزير قال خيرا خيرا إن شاء الـلـه، وعند ذلك غضب الملك على الوزير وقال أين الخير والدم يجري من إصبعي..

وبعدها أمر الملك بسجن الوزير: وما كان من الوزير إلا أن قال كعادته خيرا خيرا إن شاء الـلـه وذهب السجن. في العادة: الملك في كل يوم جمعة يذهب إلى النزهة.. وفي آخر نزهه، حط رحله قريبا من غابة كبيرة. وبعد استراحة قصيرة دخل الملك الغابة، وكانت المـُفاجأة أن الغابة بها ناس يعبدون لهم صنم.. وكان ذلك اليوم هو يوم عيد الصنم، وكانوا يبحثون عن قربان يقدمونه للصنم.. وصادف أنهم وجدوا الملك وألقوا القبض عليه لكي يقدمونه قربانا إلى آلهتهم.. وقد رأوا إصبعه مقطوعا وقالوا هذا فيه عيبا ولا يستحسن أن نقدمه قربانا وأطلقوا سراحه. حينها تذكر الملك قول الوزير عند قطع إصبعه (خيرا خيرا إن شاءالله). بعد ذلك رجع الملك من الرحلة وأطلق سراح الوزير من السجن وأخبره بالقصة التي جرت عليه في الغابة.. وقال له فعلا كان قطع الإصبع فيها خيرا لي.. ولكن أسألك سؤال: وأنت ذاهب إلى السجن سمعتك تقول خيرًا خيرًا إن شاء الـلـه.. وأين الخير وأنت ذاهب السجن؟. قال الوزير: أنا وزيرك ودائما معك ولو لم أدخل السجن لكنت معك في الغابة وبالتالي قبضوا علي عبدة الصنم وقدموني قربانا لآلهتهم وأنا لا يوجد بي عيب.. ولذلك دخولي السجن كان خيرا لي.

27- قصة القاضي والمرأة:

كان مجموعة من الأصدقاء يجتمعون في إحدى الديوانيات كل يوم.. وكان أحد رواد هذه الديوانية القاضي «الرشيد».. (وكان هذا القاضي على كثرة علمه وورعه.. إلا أن وجهه لم يكن جميلاً) .

فتأخر يوماً عنهم على غير عادته.. فلما حضر لهم، سألوه عن سبب تأخره ... فتبسم القاضي، وقال: لا تسألوا عما جرى؟ فقالوا له: لا بد أن تخبرنا. فقال: مررت اليوم بالموضع الفلاني، وإذا بامرأة شابة قد نظرت إلي، وأشارت إلي بطرفها، فتبعتها وهي تدخل في سكة وتخرج من أخرى، حتى دخلت بيتاً وأشارت إلي فدخلت.. ثم صفقت بيدها منادية: يا بنت البيت، فنزلت إليها طفلة كأنها فلقة قمر، فقالت لها: إن رجعت تبولين في الفراش، تركت سيدنا القاضي يأكلك.. ثم التفتت إلي، وقالت: لا أعدمني الـلـه تفضلك يا سيدنا القاضي.. فخرجت وأنا حزين خجل لا أهتدي إلى طريق. فضحك الأصدقاء ...

28- دهاء امرأة:

قصة شاب محزنة جاءت امرأة إلى مجلس لتجمع التجار الذين يأتون من كل مكان لوضع وتسويق بضائعهم وهي استراحة لهم. فأشارت بيدها فقام أحدهم إليها ولما قرب منها قال: خيرا إن شاء الـلـه.

قالت: أريد خدمة والذي يخدمني سأعطيه عشرين دينار. قال: ماهي نوع الخدمة؟ قالت: زوجي ذهب إلى الجهاد منذ عشر سنوات ولم يرجع ولم يأتي خبر عنه. قال: الـلـه يرجعه بالسلامة إن شاء الـلـه. قالت: أريد أحد يذهب إلى القاضي ويقول أنا زوجها ثم يطلقني فإنني أريد أن أعيش مثل النساء الأخريات. قال: سأذهب معك. ولما ذهبوا إلى القاضي ووقفوا أمامه. قالت المرأة: ياحضرة القاضي هذا زوجي الغائب عني منذ عشر سنوات والآن يريد أن يطلقني. فقال القاضي: هل أنت زوجها؟ قال الرجل: نعم. القاضي: أتريد أن تطلقها؟ الرجل: نعم. القاضي للمرأة: وهل أنتي راضية بالطلاق؟ المرأة: نعم ياحضرة القاضي. القاضي للرجل: إذن طلقها. الرجل: هي طالق. المرأة: ياحضرة القاضي رجل غاب عني عشر سنوات ولم ينفق علي ولم يهتم بي؛ أريد نفقة عشر سنوات ونفقة الطلاق. القاضي للرجل: لماذا تركتها ولم تنفق عليها؟ الرجل: يحدث نفسه لقد أوقعتني بمشكلة؛ ثم قال للقاضي: كنت مشغولا ولا أستطيع الوصول إليها. القاضي: ادفع لها ألفين دينار نفقة. الرجل: يحدث نفسه لو أنكرت لجلدوني وسجنوني ولكن أمري لله؛ سأدفع ياحضرة القاضي. ثم انصرفوا وأخذت المرأة الألفين دينار وأعطته 20 دينار الرجل أراد فعل يظنه خيرا ولكنه وقع في مشكلة لا يستطيع أن يبوح بشيء وإلا السياط نزلن بظهره وسمعته بين التجار أيضا تسقط.

29- من الغنى ومن الفقير

حكي أن رجلا جلس يأكل هو وزوجته دجاجة مشوية فوقف سائل ببابه فخرج إليه وانتهره وطرده. ودارت الأيام وافتقر هذا الرجل وزالت نعمته حتى أنه طلق زوجته، وتزوجت من بعده برجل آخر جلس يأكل معها في بعض الأيام دجاجة مشوية وإذا بسائل يطرق الباب فقال الرجل لزوجته: ادفعي إليه هذه الدجاجة، فخرجت بها فإذا به

زوجها الأول فأعطته الدجاجة ورجعت وهى تبكى إلى زوجها فسألها عن سبب بكائها فأخبرته أن السائل كان زوجها الأول وذكرت له القصة مع ذلك السائل الذي انتهره زوجها الأول وطرده، فقال لها زوجها: ومما تعجبين وأنا و اللـه السائل الأول...... (هذه القصة التي توضح أن دوام الحال من المحال وأن بعدم الشكر لله لا تدوم النعم....)

30- الثعبان المسكين

حدثني بها أحد الشباب الذين جرى معهم هذا الموقف العجيب يقول محدثي: كنا جالسين في البر في إحدى الرحلات فإذا بنا نسمع صوت عصفور يستغيث فـتبعنا:

الصوت فإذا بنا نجد ثعباناً قد ابتلع هذا العصفور في الحال وفوراًًَ قمنا بقتل الثعبان واستخرجنا العصفور في الحال فإذا هو على قيد الحياة فنظفناه وأطعمناه وبعد فترة استعاد العصفور صحته وقوته بإذن اللـه وساعدناه على الطيران ففعل ثم طار..... (لم تنته القصة بعد..) وبعد ما حلق فوقـنا أتى أحد الطيور الجارحة فصاده في الحال وأكله...فسبحان مقسم الأرزاق....(وفي السماء رزقكم وما توعدون)...

31- قدم المسلم ووجه الكافر أيهما أنظف؟!!!!!!

في إحدى البلاد الغربية جاء وقت الصلاة، فدخل أحد المسلمين حمام أحد المراكز، وبدأ في الوضوء، وكان هناك أجنبي كافر ينظر إليه باندهاش، وعندما وصل أخونا المسلم إلى غسل القدمين، رفع رجله ووضعها على ما يسمى بالمغسلة، وهنا صاح الأجنبي بصاحبنا المسلم: ماذا تفعل؟؟؟

أجابه المسلم بابتسامة قائلاً: أتوضأ.

قال الأجنبي: أنتم المسلمون لستم نظيفون، دائماً توسخون الأماكن العامة، والآن أنت تدعي بأنك تنظف نفسك بينما أنت توسخ (المغسلة) بوضع قدمك الوسخة فيها، هذه المغسلة لغسل اليدين والوجه، ويجب أن تكون نظيفة فلا توسخها!!

قال المسلم: هل لي أن أسألك سؤالاً وتجيبني بكل صراحة؟

قال الكافر: تفضل.

قال المسلم: كم مرة في اليوم تغسل وجهك؟

قال الكافر: مرة واحدة، عندما استيقظ من النوم، وربما مرة أخرى إذا أحسست بتعب أو إرهاق. فأجابه المسلم مبتسماً: بالنسبة لي فأنا أغسل رجلي في اليوم 5 مرات، فقل لي ما الأنظف، قدمي أم وجهك؟ سكت الكافر وانسحب من المكان!!

32- صنائع المعروف تقي مصارع السوء

في ذات ليله شديدة البرد خرج والدي مسافراً بسيارته من الرياض إلي الدمام وقبل خروجه ودع جدتي وكانت بيدها بطانية (غطاء صوفي) مصرة علي أبي أن يأخذها معه فاعتذر أبي بأنه يلبس ملابس تقيه البرد وبأن السيارة بها مكيف ساخن يعمل جيداً

ولكنها أصرت فأخذها والدي وقبل يد جدتي وكانت الساعة تشير إلي الواحدة بعد منتصف الليل وفي وسط الطريق رأي أبي سيارة متوقفة وبها شخصين لوحا لأبي بأيديهم فتوقف فإذا هما رجلين من الوافدين علي هذه المملكة الحبيبة وقد تعطلت سيارتهم وبدا عليهما أثر الشعور بالبرد والجوع فأعطاهما الطعام والغطاء الذي أصرت عليه جدتي أن يأخذه وقال لهما أدعو لأمي التي أصرت علي أخذها فدعوا لأبي ولجدتي وتم سحب سيارتهم إلي أقرب مكان لإصلاح المركبات وأكمل والدي سفره بعد أن اطمئن عليهما........ وبعد خمس سنوات وفي نفس الطريق تعطلت سيارتنا ونحن مع أبي خمس من البنات وأمي في نفس الطريق وفجأة وقفت بجانبنا سيارة تريد المساعدة فقبل أبي المساعدة فإذا به وجها لوجه مع نفس الوافدين الذي ساعدهم أبي وقد عرفا سيارته برقم اللوحة وساعداه ولم يتركونا حتى اطمئنوا علينا فسألت عنهما أبي فسرد القصة كاملة»

33- موقف عجيب حصل معي هذا العام في الحرم المكي

في عمرة هذا العام، دعيتُ إلى عشاء عند بعض الإخوة، وبينما كنتُ أهمُّ بالخروج من الحرم إلى الدعوة، إذ بي أُخبَر أن ولديَّ قد وصلا للتو إلى مكة المكرمة.

فأخَّرتُ ذهابي للدعوة حتى آخذهما معي أو أطمئن عليهما – على الأقل، لكن الصعود إلى سطح الحرم – حيث علمت أنهما هناك – كان صعباً للغاية بسبب نزول الآلاف على السلم الكهربائي.

فانتقلتُ إلى سلَّم آخر – ولعلي آتيه لأول مرة – وإذ الأمر نفسه، فالناس في نزول منه وأنا أريد الصعود به!

فلم يكن لي من بد إلا الانتظار حتى ينتهي الناس من النزول فيُفتح طريق الصعود.

وفي هذه الأثناء كنتُ على باب الحرم أتأمل وجوه بعض النازلين لعل فيهم من أعرفه فأسلم عليه، ولعل فيهم من يذكرني فيسلم عليَّ هو.

وكان من ضمن النازلين «أخ» أول ما وقعت عليه عيناي وقع في قلبي شعور عجيب وميل له غريب، فأنا لا أعرفه ولم يخطر ببالي أنه يعرفني، لكن تمنيتُ أن الأمر عكس ذلك، وتمنيت لو أصافحه أو أعانقه، وصرت أتأمله وهو نازل على السلم حتى مرَّ بجانبي، فلم أكتف بذلك بل نظرت إليه من خلفي فنظر هو كذلك وتبسمنا.

فقلت في نفسي: سبحان اللـه وددت أنه من إخواني أو توقف لأتعرف عليه، لكنه ذهب وقد يكون إلى غير رجعة.

وفي هذه الأثناء – أي: وأنا أخاطب نفسي – إذ برجل من خلفي يسلِّم عليَّ، فالتفت فإذا هو هو! ففرحت فرحاً شديداً، لكنني صدمت عندما قال لي:

أنت إحسان العتيبي؟؟!!

ضحكت من قلبي وقلت: نعم!

فلم يصدِّق، فقال:

أبو طارق؟؟

قلت: نعم

فالتزمي وعانقني، وفرحت لهذا فرحاً عظيماً

فقال لي:

أنا المبتهل!!!

فعجبت جدا وعانقته ثانية!

أنت المبتهل؟؟؟

قال: نعم

قلتُ: سبحان الذي جمعنا هنا، كيف عرفتني؟ هل عندك وصفي؟ هل أخبرك أحد بوجودي هنا - مع أنك أخبرتني أنك لن تعتمر هذا العام ؟

قال: لا

قلت له: كيف عرفتني إذن؟

قال:

لما كنتُ نازلا على السلم وقعت عيناي عليك، فوقع في قلبي أنك ((إحسان العتيبي))!!! فذهبت ومررت بجانبك، وقلت: لعله ليس هو، وما أدراني أنه هو وليس عندي أوصافه! فذهبتُ - والكلام له - للدخول للحرم فإذا به باب خاص بالنساء! فمنعني الحرس من الدخول، فهممت بالدخول من باب آخر، فقلت: لن أخسر شيئاً، لم لا أسأل الأخ هل أنت إحسان أم لا؟؟؟

فجئت فسألتك، فتبين أنك هو!!! انتهى

فلم أملك نفسي من شدة تعجبها، وبقيت مذهولا من هذا الموقف لعدة أيام بل إلى الآن!!

فقلت له: ما أجرأك على السؤال! إن احتمال أن أكون أنا من ظننت لا يتجاوز نصف بالمليون فكيف تجرأت على السؤال؟؟

والحقيقة:

أن هذا من أعجب المواقف في حياتي، ومن عظيم قدر الله، والأعجب أنني أخبرته بمكاننا في الحرم فضيعنا على مدى يومين!! ثم لقينا في الثالث!

فالحمد لله الذي جعل القلوب شواهد، والأرواح جنود مجندة

والحمد لله رب العالمين على الأخوَّة والمحبة التي رزقنا إياها

وفرحتنا بلقاء الإخوة وتعرفنا عليهم من أعظم ما حصل لنا ووفقنا الله له هذا العام

ونسأل الله تعالى أن يديم هذه النعمة وينصر الإسلام والمسلمين ونكون مع الذين أنعم الله عليهم من النبيين والصدِّيقين والشهداء والصالحين.

كتبه: إحسان بن محمد بن عايش العتيبي

34- الخشبة العجيبة

كان هناك رجلاً أراد أن يقترض من رجل آخر ألف دينار، لمدة شهر ليتجر فيها

فقال المقرض: ائتني بكفيل.

قال: كفى بالله كفيلاً،فرضي وقال صدقت.. كفى بالله كفيلاً.. ودفع إليه الألف دينار.

خرج الرجل بتجارته، فركب في البحر، وباع فربح أضعافاً،لما حل الأجل صرَّ ألف دينار، وجاء ليركب في البحر ليوفي القرض، فلم يجد سفينة..انتظر أياماً فلم تأت سفينة!

حزن لذلك كثيراً.. وجاء بخشبة فنقرها، وفرَّغ داخلها، ووضع فيه الألف دينار ومعها ورقة كتب عليها:(اللهم إنك تعلم أني اقترضت من فلان ألف دينار لشهر وقد حل الأجل، ولم أجد سفينة،وأنه كان قد طلب مني كفيلاً، فقلت: كفى بالله كفيلاً، فرضي بك كفيلاً، فأوصلها إليه بلطفك يارب) وسدَّ عليها بالزفت ثم رماها في البحر.

تقاذفتها الأمواج حتى أوصلتها إلى بلد المقرض، وكان قد خرج إلى الساحل ينتظر مجيء الرجل لوفاء دينه، فرأى هذه الخشبة، فقال في نفسه: آخذها حطباً للبيت ننتفع به، فلما كسرها وجد فيها الألف دينار!

ثم إن الرجل المقترض وجد السفينة، فركبها ومعه ألف دينار يظن أن الخشبة قد ضاعت، فلما وصل قدَّم إلى صاحبه القرض، واعتذرعن تأخيره بعدم تيسر سفينة تحمله حتى هذا اليوم.

قال المقرض: قد قضى الـلـه عنك. وقص عليه قصة الخشبة التي، أخذها حطباً لبيته، فلما كسرها وجد الدنانير ومعها البطاقة.

هكذا من أخذ أموال الناس يريد أداءها، يسر الـلـه له وأدَّاها عنه، ومن أخذ يريد إتلافها، أتلفه الـلـه عز وجل.

• • •

35- قصه عجيبة تعبر عن معنى الحب الحقيقي!!

ذات صباح مشحون بالعمل

وفي حوالي الساعة الثامنة والنصف

دخل عجوز يناهز الثمانين من العمر لإزالة بعض الغرز له من إبهامه

وذكر أنه في عجلة من أمره لأنه لديه موعد في التاسعة.

قدمت له كرسيا

وتحدثت قليلا وأنا أزيل الغرز وأهتم بجرحه..

سألته: إذا كان موعده هذا الصباح مع طبيب ولذلك هو في عجلة!

أجاب: لا لكني أذهب لدار الرعاية لتناول الإفطار مع زوجتي

فسألته: عن سبب دخول زوجته لدار الرعاية؟

فأجابني: بأنها هناك منذ فترة لأنها مصابة بمرض الزهايمر (ضعف الذاكرة)

بينما كنا نتحدث انتهيت من التغيير على جرحه

وسألته: وهل ستقلق زوجتك لو تأخرت عن الميعاد قليلا؟

فأجاب: «أنها لم تعد تعرف من أنا إنها لا تستطيع التعرف علي منذ خمس سنوات مضت»

قلت مندهشاً: ولازلت تذهب لتناول الإفطار معها كل صباح.

على الرغم من أنها لا تعرف من أنت؟!!!!!!!

ابتسم الرجل وهو يضغط على يدي وقال: هي لا تعرف من أنا، ولكني أعرف من هي

اضطررت إخفاء دموعي.

حتى رحيله وقلت لنفسي: هذا هو نوع الحب.

الذي نريده في حياتنا

• • •

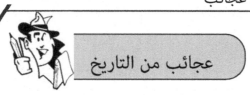

عجائب من التاريخ

عجائب ومواقف

• كان الحجاج بن يوسف الثقفي يستحم بالخليج فأشرف على الغرق فأنقذه أحد المسلمين وعندما حمله إلى البر قال له الحجاج: أطلب ما تشاء فطلبك مجاب

فقال الرجل: ومن أنت حتى تجيب لي أي طلب؟

قال: أنا الحجاج الثقفي

قال له: طلبي الوحيد أنني سألتك بالله أن لا تخبر أحداً أنني أنقذتك

• دخل عمران بن حطان يوماً على امرأته، وكان عمران قبيح الشكل ذميماً قصيراً وكانت امرأته حسناء... فلما نظر إليها ازدادت في عينه جمالاً وحسناً فلم يتمالك أن يديم النظر إليها فقالت: ما شأنك؟

قال: الحمد لله لقد أصبحت و الله جميلة

فقالت: أبشر فإني وإياك في الجنة!!!

قال: ومن أين علمت ذلك؟؟

قالت: لأنك أُعطيت مثلي فشكرت، وأنا أُبتليت بمثلك فصبرت.. والصابر والشاكر في الجنة

• كان رجل في دار بأجرة وكان خشب السقف قديماً بالياً فكان يفرقع كثيراً فلما جاء صاحب الدار يطالبه الأجرة قال له: أصلح هذا السقف فإنه يفرقع قال لا تخاف ولا بأس عليك فإنه يسبح الله فقال له: أخشى أن تدركه الخشية فيسجد

• قيل لحكيم: أي الأشياء خير للمرء؟

قال: عقل يعيش به

قيل: فإن لم يكن

قال: فإخوان يسترون عليه

قيل: فإن لم يكن

قال: فمال يتحبب به إلى الناس

قيل: فإن لم يكن

قال: فأدب يتحلى به

قيل: فإن لم يكن

قال: فصمت يسلم به

قيل: فإن لم يكن

قال: فموت يريح منه العباد والبلاد

• سأل مسكين أعرابيا أن يعطيه حاجة فقال: ليس عندي ما أعطيه للغير فالذي عندي أنا أحق الناس به فقال السائل: أين الذين يؤثرون على أنفسهم؟

فقال الأعرابي: ذهبوا مع الذين لا يسألون الناس إلحافاً

• دخل أحد النحويين السوق ليشتري حمارا فقال للبائع:

أريد حماراً لا بالصغير المحتقر ولا بالكبير المشتهر،إن أقللت علفه صبر، وإن أكثرت علفه شكر، لا يدخل تحت البواري ولا يزاحم بي السواري، إذا خلا في الطريق تدفق، وإذا أكثر الزحام ترفق فقال له البائع: دعني إذا مسخ اللـه القاضي حماراً بعته لك

عجائب الأرقام والحقائق المشتركة بين لينكولن وكنيدي...

هناك بعض الجوانب المثيرة المشتركة بين الرئيسين الأمريكيين السابقين ابراهام لينكولن وجون كنيدي.

• فقد تم انتخاب ابراهام لنكولن للكنغرس عام 1846فيما انتخب جون كنيدي للكنغرس 1946. (بينهم 100 سنة بالضبط)

• وانتخب لنكولن رئيساً للولايات المتحدة عام 1860فيما شهد عام

1960انتخاب كنيدي رئيسا لأمريكا. (بينهم 100 سنة بالضبط)

• ويتكون اسم كل من الرئيسين من سبعة أحرف لاتينية (انجليزية).

• اهتم كلاهما بالحقوق المدنية.

• فقدت زوجتاهما أطفالهما أثناء سكنهما بالبيت الأبيض.

• شهد يوم الجمعة إطلاق الرصاص على الرئيسين فضلا عن إطلاق الرصاص على رأس كل منهما.

• كان سكرتير لنكولن يسمى كنيدي فيما كان سكرتير كنيدي يحمل اسم لنكولن.

تم اغتيال الرئيسين من قبل أشخاص من الجنوب الأمريكي.

• كما كان يحمل كل من خليفتيهما في الرئاسة اسم جونسون.

• كان اندريو جونسون الذي خلف لنكولن قد ولد عام 1808بينما ولد خليفة كنيدي عام 1908. (بينهم 100 سنة بالضبط)

• أما جون ويلكس بوث الذي اغتال لنكلون فقد ولد عام 1839فيما شهد عام 1939ميلاد لي هارفي اوزوالد الذي اغتال كنيدي. (بينهم 100 سنة بالضبط)

• كان القاتلان كلاهما يعرفان باسميهما الثلاثي حيث يتكون اسم كل منهما من 15حرفا.

• هرب بوث من المسرح وتم إلقاء القبض عليه في مستودع فيما هرب اوزوالد من مستودع وألقى القبض عليه في المسرح.

• تم اغتيال كلا القاتلين قبل محاكمتهما.

• تم إطلاق الرصاص على لنكولن في مسرح يسمى «كنيدي» فيما أطلق الرصاص على كنيدي داخل سيارة تسمى «لنكولن».

• من المثير أن الرئيس لينكولن كان في منطقة مورني بولاية ميرلاند قبل اغتياله بأسبوع واحد أما كنيدي فقد كان قبل أسبوع من اغتياله مع مارلين مونرو.

- عجائب نسائية سجلها التاريخ

• أم في التسعين من العمر:

وضعت الفرنسية بولا فيشي البالغة التسعين من العمر طفلا في الأول كانون الأول سنة 1742.

• وأم الـ101 من عمرها:

في عام 1935 ميلادية تزوجت فرودو آكدانا من مدينة تونجا بكولومبيا وكانت قد أتمت في حينه المائة عام من عمرها وكان عمر زوجها الثانية والثلاثين.وبعد سنة من هذا الزواج رزقت طفلا ذكرا طبيعيا وكانت تكبر طفلها بمائة سنة وسنة.

• امرأة تضع 11والدا في 16 شهرا:

كان ذلك في بروسيا عام 1860 ميلادية حيث وضعت المدعوة صوني بونن توائمها على دفعتها الأولى ستة توائم والثانية خمسة توائم والثانية خمسة توائم وكان بين الولادة الأولى والثانية 15 شهرا.

• أكثر النساء إنجابا:

السيدة فاسيلت التي أنجبت 69طفلا في 27 عملية ولادة منها 4ولادات بأربعة توائم وسبعة ولادات بثلاثة و16ولادة بتوأمين.

• أم لـ 28 ولدا من زوج واحد:

أنجبت زوجة أحد المزارعين اليوغوسلافيين ولدا كل عام لمدة 26 عاما متتاليا وقد ولد كل أولادها أحياء وبصحة جيدة.

• عاشت 107 أعوام بعد موتها:

هبت الطفلة ماري باين البالغة من العمر 3 سنوات من التابوت وأخذت في الصراخ بينما كان المشيعون يسيرون بجنازتها.قد عاشت بعد هذه الحادثة حتى بلغت عند وفاتها الحقيقية الـ110سنوات من العمر.

• الزوجة رقم 21 للزوج رقم 21:

من غرائب الصدف ما حصل لكل من هيرد نجمس من روما وزوجته الأخيرة التي

كانت قد تزوجت عشرين مرة قبل زواجها منه الذي حمل الرقم 21.وكان هو أيضا قد تزوج قبلها نفس عدد المرات فكان الزوج رقم 21لها كما كانت هي الزوجة رقم 21 له.

عجائب نسائية مضحكة ومبكية في آن واحد

أسرار النساء علي مر التاريخ حقيقة لا خيال

• الملكة فاندين: أمرت بسجن حلاقها الخاص مدة 3 أعوام حتى لا يعلم أحد أن الشيب قد ملأ شعرها.

• الملكة فيكتوريا: أمرت برش شوارع مدينة كوبنرج الإنجليزية بماء الكولونيا احتفالاً بزيارتها هي والبرنس ألبرت لها عام 1845

• الملكة العذراء:

الملكة إليزابيث الأولى ملكة بريطانيا جلست على العرش وهى عذراء في الخامسة والعشرين من عمرها.. وبقيت ملكة لمدة 45 عاماً أعطت فيها كل حبها لبلادها.. حتى الزواج كانت تنفر منه وكانت دائماً تقول..إنني أفضل أن أتسول بلا زواج على أن أكون ملكة متزوجة

• آن برلين:

زوجة الملك هنري الثامن كانت تلبس القفاز بصفة مستمرة صيفاً وشتاء وذلك لتخفى إصبعاً سادساً من يديها

• كليوباترا:

ملكة مصر كانت إذا أرادت أن تفتح شهيتها تأكل قطعة من الشمام مُتبلة بالثوم

• كاترين العظمى:

كانت إذا أرادت أن تدخل البهجة على نفسها أمرت أن تُدغدغ في أقدامها.. وكانت تشرب في إفطارها خمسة أكواب من القهوة

• مارى تريزا:

إمبراطورة النمسا وكانت من أسعد الأمهات إذ كانت أماً لستة عشر ولداً وبنتاً وكان

من بينهم إمبراطوران و3 ملكات

• لوليا بولينا:

زوجة قيصر كاليجولا، كانت ترتدي أثواباً لا يقل ثمن الثوب الواحد عن 200000 دولار إضافة إلى عقد اللؤلؤ الذي كان يبلغ ثمنه 3.500.000 دولار

• اينزى كاستور:

زوجة بيدرا الأول ملكة البرتغال، اغتالها أحد الأفراد فلما أصبح زوجها ملكاً أخرج جثتها من القبر ونصبها على العرش وقال لشعبه أنها ملكة البرتغال فأصبحت أول ملكة تحكم شعبها بعد موتها

• الملكة مارجريت:

ملكة النمسا زوجة فيليب الثالث، رفضت أن تستلم هدية قدمها لها أصحاب الجوارب الحريرية،ووبختهم بشدة على هديتهم.. وقد زال غضبهم وحدتهم بعد أن عرفوا أن ملكة أسبانيا تكره ساقيها النحيفتين

• ولهلمينا ماريا:

أميرة أورانج دناسو أصبحت فيما بعد ملكة هولندا وحين تنازلت عن العرش عام 1948 قدرت ثروتها بـ 500.000.000

• كليوباترا:

عندما ارتقت عرش مصر بعد وفاة والدها بطليموس الحادي عشر تزوجت أخاها الأصغر بطليموس الثالث عشر بناء على وصية والدها.. ثم تزوجت رجلين من أشهر زعماء أوروبا.. الأول يوليوس قيصر عام 47 ق.م والثاني مارك أنطونيو 41 ق. م.

• موتشيه ثيان: كانت خادمة في القصر الإمبراطوري في الصين، وأصبحت بعد فترة إمبراطورة الصين بعد أن قتلت أختها وأخاها وأمها والإمبراطور

• الإمبراطورة أوجيني: زوجة نابليون الثالث: كانت لا تلبس حذاء مهما غلا ثمنه أكثر من مرة واحدة

• إليزابيث ملكة النمسا:

كانت لا تنام إلا بعد أن تلف وسطها بمنديل مبلل بالماء لاعتقادها أن هذا المنديل يحفظ لخصرها الرشاقة والنحافة

• أما قيصرة روسيا:

حكمت مرة على أحد الأمراء الذي تآمر عليها بأن يصبح كالدجاجة لذا أحضرت قفصاً ووضعته داخل مجموعة من البيض وأرغمته على دخول القفص والجلوس فوق البيض وأن يصيح كما يصيح الدجاج

• كريستيان ايرهاردن ملكة بولندا: ظلت ملكة لمدة ثلاثين عاماً، منذ عام 1697 - 1727 علماً أنها لم تطأ قدماها بولندا أبداً

• ديزي كلاري ابنة أحد تجار مارسيليا:

خُطبت لثلاثة جنود، صار كل منهم فيما بعد ملكاً..الجندي الأول نابليون بونابرت والثاني جوزيف برنادوت، لكنها تزوجت برنادوت الذى تولى عرش السويد

• الملكة سميراميس:

وهى ملكة آشورية أصلها من دمشق.. أحبها القائد الآشوري جنزو وخطفها وأسرها عام ثمانمائة قبل الميلاد.. بالصدفة التقى بها الملك الأشوري نينوى وكان شاباً ذكياً وسيماً أحبها وتزوجها..وشجعته على توسيع ملكه حتى بسط سلطانه على أراض شاسعة وشعوب عديدة.. ذات ليلة تسلل جنزو إلى الجناح الملكي وأحس به نينوى فقاما وتقاتلا فقتل نينوى جنزو - لكن الظلام كان دامسًا فلم تميز سميراميس من المنتصر وحسبت أن جنزو قتل زوجها ولما أقبل عليها قتلته لتكتشف أنها قتلت زوجها وحبيبها

• الدوقة الألمانية مارى أوجست:

كانت تستقبل ضيوفها الرسميين وهى جالسة في حوض الاستحمام

• • •

عجائب وعجائب

محاكاة الحيوانات

😊 أغلق ناسك هندي على نفسه داخل صندوق عام 1835 ثم دُفن تحت الأرض وقد حفرت الأرض بعد مضي أربعين يوماً واستخرج الصندوق ليجدوه الناس لايزال حياً وبحالة جيدة ويبدو أن سر بقاء الناسك على قيد الحياة تخفيض عدد ضربات قلبه ومعدل تنفسه للمحافظة على مخزون الطاقة في جسمه وهذا ما تفعله الحيوانات بالضبط أثناء سباتها في فصل الشتاء.

مخاطرة للتسلية

😊 يقوم أعضاء نادي رياضة المخاطر في أوكسفورد في انجلترا بمجازفات خطيرة لمجرد التسلية. ففي عام 1982 قام أحدهم برمي نفسه من جسر جورج الملكي في «كولورادو» بالولايات المتحدة الأمريكية البالغ ارتفاعه 320 متراً الذي يقع فوق نهر «أركنساس» وهو أعلى ارتفاعاً من برج إيفل في باريس وقد نجا مع أنه كان مربوطاً فقط بحبل مطاطي من كاحله وقد ربط طرفه الآخر في الجسر.

جنــــون

😊 بدأ «التشيكوسلوفاكي» (جاروميرواغنز) عام 1980 رحلة من اسكتلندا عبر المحيط الأطلسي ولم يكن راكباً داخل طائرة بل قضى مدة سفره كلها وهو يقف على قمة الأجنحة.

حظ سـيـئ

😊 في عام 1975 بدأ 75 مسجوناً مكسيكياً حفر نفق يمتد بهم إلى خارج السجن وقد أنهوا مهمتهم بعد مضي ستة أشهر ولكن حظهم العاثر أوصلهم النفق المحفور إلى غرفة من غرف المحكمة ليجدوا أمامهم القاضي الذي قام بإعادتهم إلى السجن مباشرة فور رؤيته إياهم خارجين من النفق المحفور.

تحدي الموت

☹ لدى رجال جزيرة «بيونتيكوست» في جنوب المحيط الهادي طريقة لتحدي الموت لإثبات شجاعتهم إذ يقومون بالهبوط فيرمون أنفسهم من برج من الخيزران على ارتفاع 27.5م وتشبه هذه العملية هبوطاً من أعلى سبعة طوابق وهم يربطون حبالاً نباتية حول كواحلهم لتتيح لهم التأرجح فوق الأرض تماماً، ولو حدث أن انقطع الحبل فجأة فسيلقى الشخص حتفه حتماً بارتطامه بالأرض.

تهمة التسلق

☹ في عام 1920 صعد الأمريكي جورج جيبسون بولي نصف البناء الضخم «دلورف» الشهير في نيويورك دون أن يربط نفسه بحبل. وعندما وصل إلى الطابق الثلاثين من البرج الذي يبلغ ارتفاعه 241 مترا اعتقل بتهمة التسلق دون الحصول على إذن مسبق

تشبتوا يا رجـال!

☹ تسلق القس الايرلندي ويليان غرين عام 1882 مع مرشدين إلى ارتفاع 60 متراً من قمة ماونت كوك في نيوزيلاند ولسوء حظهم فقد واجهتهم الأحوال الجوية العصيبة والكتل الصخرية التي تساقطت عليهم مما اضطروا إلى العودة، وقبل وصولهم أسفل الجبل خيم الظلام عليهم ولفهم بسربال فلم يتمكنوا من متابعة النزول فقضوا ليلتهم جثما على حافة ضيقة لا يزيد عرضها على 60سم ومما يدعو للعجب غناءهم أثناء مكثهم على الحافة تفاديا للنوم والنعاس خشية سقوطهم عن الحافة.

عمل بطولي

☹ من بين الجبال كلها في العالم هناك 14 جبلاً فقط يبلغ ارتفاع كل منها أكثر من 8000 متر ومما يدعو للدهشة أن المتسلق الايطالي «رينهولدميسنر» تسلقها جميعها من عام 1970 إلى 1986 وبذلك يكون أول شخص يمثل هذا العمل البطولي.

السير على النار

☹ يعد السير على النار طقساً من الطقوس الدينية في أنحاء عديدة من العالم. ففي

«فيجي» يسير القسيسون بأقدام عادية في حفرة عميقة مملوءة بالأحجار الحمراء المتأججة ومما يثير دهشتك في ذلك كله عدم احتراق أقدامهم وكذلك فمن عادة بعض قبائل السكان الأصليين في استراليا إجبارهم الصبية على السير خلال النار المشتعلة لاجتثاث الخوف والهلع - على حد اعتقادهم - من قلوبهم.

وليمة على الجبل

☹ في عام 1989 تسلق تسعة متسلقين استراليين على قمة جبل «هوسكاران» في البيرو لتناول طعام الغداء ولهذا الأمر قاموا بحمل المائدة والكراسي والشراب مع وجبة متكونة من ثلاثة ألوان من الطعام من القمة التي يبلغ ارتفاعها 6768 متراً. وهناك قاموا بتغيير ملابسهم وارتداء بدلاتهم المناسبة للوليمة وارتداء الأثواب الخاصة بحفل الرقص وتحلقوا حول المائدة لتناول الطعام بعد أن كان الشراب قد تجمد في الزجاجات لسوء الحظ من شدة البرد.

رحلة جليدية

☹ قام «أرماندو سوكاراس رامريز» برحلة مروعة عام 1969 قطع خلالها مسافة 9010كم. فقد طار من كوبا إلى اسبانيا وهو يركب مقصورة أسفل دولاب الطائرة وهكذا وصل سالماً بعد طيران دام ثماني ساعات متواصلة. إذ بلغت درجة الحرارة (40) درجة مئوية. كما وصل ارتفاع الطائرة إلى علو قدره 8800 متر.

أجنحة الموت

☹حاول الإنسان محاكاة الطيور في طيرانها منذ قرون عديدة. فقد قفز الأمريكي «كليم سون» عام 1931 من طائرة على ارتفاع يصل حتى 3000 متر عن الأرض وهو يرتدي لباساً خاصاً مكوناً من أجنحة قماشية تمتد ما بين ذراعيه وساقيه وجسمه هذا وقد حلق نحو الأسفل على ارتفاع 300 متر قبل أن يلقى حتفه.

• • •

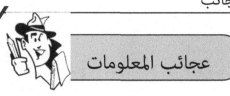

عجائب المعلومات

• الرقم 13 يعتبر رقما سعيدا ويجلب الحظ في إطاليا وتتزين الفتيات بطلاسم تبرز هذا الرقم للحماية من الشر وطرده

• يروى أن ديكاً باض بيضة سنة 1474م في مدينة بال السويسرية،وصارت البيضة حديث الناس، وُنظرت مسألة الديك وبيضته أمام المحكمة..التي أصدرت حكمها بإعدام الديك حرقاً،لأنه جاء بعمل مناف للطبيعة،ومضاد لها..وطبعاً أحرقت البيضة كذالك

• عندما تشرق الشمس فوق القطب الشمالي لكوكب أورانوس، يستمر ضوء النهار طيلة 42 عاماً.. وعندما تغيب، يحل الظلام طوال 42 عاماً أخرى

• في عام1705 وصل قرد على متن زورق صغير إلى شاطئ وست هارتبول بانجلترا.. فقضت محكمة عسكرية بإعدامه شنقاً، بتهمة التجسس لحساب فرنسا

• تستهلك البقره75 كيلوجراماً من العلف والماء كي تنتج مايوازي 454 جراماً من الزبدة

• لو أحصينا عدد الدجاج على الأرض، لتبين أن هناك دجاجتين لكل فرد من سكان الأرض

• لو أن الالكترونات المنسابة عبر مجفف الشعر الكهربائي في ثانية واحده تحولت إلى حبات رمل، فسيكون هناك مايكفي من الرمل لتكوين شاطئ بعرض 20 قدماً، يمتد من الأرض إلى الشمس

• السم المميت الذي يفرزه أخطر أنواع قنديل البحر، الذي يعيش قرب سواحل استراليا، يقتل رجلا خلال مدة لا تتجاوز أربع دقائق.. ومع ذلك فهذا الحيوان الرخوي البحري تلتهمه السلاحف البحرية التي يشبه فمها المنقار، دون أن يلحق بها أي أذى

• تستطيع البومة أن تدير رأسها في الاتجاهين بزاوية 270 درجة

• أبرز معالم كوكب المشتري العملاق، بقعة حمراء عرضها25ألف و800 ميل.. وهي عبارة عن إعصار هائل يعصف بتلك المنطقة من الكوكب منذ أكثر من سبعمائة عام

• ملك ايطاليا فيكتور ايمانويل الثاني أهدى صديقاً له في إحدى المناسبات أحد أظافر قدمه، داخل إطار من الذهب، ومرصعاً بالماس

• منارة أو مئذنة الكُتُبيه التي أقيمت في مدينة مراكش الغربية منذ ثمانية قرون، مُزج في مواد بنائها 900 كيس من المسك، بحيث تظل عابقة دائماً بعطره

• يوجد في نيوزيلندة قانون يُلزم أصحاب الكلاب باصطحابها في نزهة مرة واحدة على الأقل كل 24 ساعة

• صمم العلماء الروس وبنوا خلا عام 1994م طبقاً فضائياً طائراً يتسع لأربعمائة راكب، وينطلق بسرعة400 ميل في الساعة.. ويستطيع الإقلاع والهبوط في أي مكان.. حتى فوق سطح الماء

• سرطان الرمل الأسترالي يتنفس من خلال أرجله عندما ينتقل على أرض جافه

• يوجد في مدينة كليفلاند بولاية أوهايو الأمريكية قانون يمنع صيد الفئران بدون إذن أو رخصة صيد رسمية

• تضع أنثى الإخطبوط 60 ألف بيضة.. ثم تلزم مخبأها ولا تغادره حتى تموت جوعاً

• يمكن لقطعة عظم بشرية بحجم علبة الكبريت أن تتحمل وزن 9 أطنان.. أي أربعة أضعاف قوة تحمل كتلة خرسانية

• تعرضت جزيرة إيشيجاكي اليابانية عام 1971م لموجة مد عملاقة، ارتفاعها 278 قدما حملت معها كتلة من الصخور المرجانية تزن 850 طنا على مسافة 3ر1 ميل داخل اليابسة

• كان الإغريق يختارون شخصاً له رأس ضخم، ويحلقون شعر رأسه، ويكتبون على رأسه، ثم يترك إلى أن يطول شعره، ويرسل إلى المكان المنشود.. فإذا وصل، يقص شعره مرة ثانية.. فتقرأ الرسالة.

• أصغر مولود في العالم ولد في ولاية إيلينوي الأمريكية في 27 يونيو1989 وبلغ وزنه 9 ر9 أونصة فقط.

• يعيش في شرق أفريقيا نوع من النمل الأبيض تُعمر ملكته 50عاماً، ويصل عدد البيض الذي تضعه يومياً إلى 43 ألفاً.

• يوجد على سطح كوكب عطارد بحيرات متجمدة، رغم أن الجانب المواجه للشمس تصل حرارته إلى 427 درجة مئوية، أي مايكفي لصهر معدن الرصاص.

• يقضي الفيل 16 ساعة كل يوم في الأكل، ويمكنه أن يستهلك 136 كيلوجراماً من الطعام يومياً.. وهي كمية توازي التهام 2400 همبرجر، و160 كوبا من الحليب الثلج المخفوق بالآيس كريم

• الجرذان التي تعيش في جزر تروبريان بالبسفيك تصطاد السرطانات البحرية بأن تدلي أذيالها في الماء كطعم لاجتذابها

• القمر في مداره حول الأرض يتباعد عن كوكبنا بمقدار 5 ر2 سنتيمتر سنوياً

• خلال عودة مكوك الفضاء واختراقه الغلاف الجوي للأرض، تصل حرارة هيكله الخارجي من جراء الاحتكاك بالهواء إلى 1260 درجة مئوية.

• من الغريب والمدهش أن الصرصور، بعد احتكاكه بالإنسان، يسارع إلى مخبئه لتنظيف نفسه.

• تبدأ المحرات حياتها ذكوراً.. ثم تتحول إلى إناث.. وتستعيد ذكورتها مجدداً في وقت لاحق.

• حيوان خروف البحر الثدي يذرف دموعاً حقيقية عندما يكون حزيناً أو متألماً أو في خطر.

• أسرع نوع البكتريا مجهرية على الإطلاق، تقفز 50 ضعف طولها في قفزة واحدة، مندفعة بواسطة مروحة تدور بسرعة مائة مرة في الثانية الواحدة.

• الصرصور الذي يعيش في المناطق الاستوائية تصل سرعته إلى 36ر3 ميل في

الساعة.. أي أن يقطع مايوازي 50 ضعف طوله في الثانية واحدة.

• كل أسماك الحفش «يستخرج منها الكافيار» التي يتم صيدها في المياه البريطانية، تُعتبر مُلكاً حصرياً لملكة بريطانيا.

• أثقل أنواع الخشب على الإطلاق هو الخشب الحديدي الأسود، من جنوب أفريقيا.. إذ يصل وزن المتر المكعب منه إلى 1490 كيلو جراماً .

• وزن النعامة يعادل وزن 48 ألفاً من الطيور الطنانة الصغيرة.

• يفوق وزن الكرة الأرضية 5974 وإلى يمينها 18 صفراً طن. ويزداد وزنها بمقدار 10 أطنان يومياً بفعل الغبار الكوني المتساقط عليها من الفضاء الخارجي.

• أحد أنواع الروبيان يمكن لبيضه المحافظة على حيويته طوال مائة عام بدون ماء.. ثم يفقس عقب سقوط المطر، وينمو ويضع بدوره البيض، قبل أن تجف مياه المطر.

• الحوت الأحدب، يلتقط طعامه بعد أن يسبح بشكل دائري ومن ثم ينفث أنبوبا هائلاً من الفقاعات الصغيرة حول فريسته.

• الديناصور «ستيجوسوروس» الذي كان يزن 80 ألف رطل، كان لديه دماغان، احدهما في رأسه والأخر في ذيله.

• الأرشلون.. سلحفاة بحرية عملاقة عاشت منذ 80 مليون سنة مضت، وكانت بحجم ثلاث طاولات بنج بونج.

• من العادات التي كانت شائعة قديماً في الأناضول بتركيا، إطعام الأطفال الذين يتأخرون في تعلم النطق طبقاً من ألسنة العصافير المطهية.

• المشتري، عملاق الكواكب الشمسية، قطره88 ألفاً و700 ميل.. ولو افترضنا أن عداء يجري بسرعة 6 أميال في الساعة، فإنه سيحتاج إلى خمس سنوات ليقوم بدورة كاملة حوله.

• عثة هرقل أضخم فراشات العث في العالم، يمتد جناحاها 35 سنتيمتراً، وتعيش 14 يوماً فقط ولا تتناول خلالها أي طعام.

• الأم الأصغر سنا في التاريخ المسجل حتى الآن هي الطفلة البيروفية لينا ميدينا التي وضعت مولودا عندما كان عمرها 5 سنوات و7 أشهر وكان ذلك عام 1939

• لايستطيع ذكر حشرة السرعوق(جمل اليهود)أن يمارس الاتصال الجنسي مع أنثاه إلا بعدان تقوم أنثاه بفصل رأسه عن جسده تماما

• في بداية عام 1981 انخرطت فتاة بريطانية في نوبة عطس متواصل استمرت حتى عام1984

• اكتشف العلماء أن جسم الإنسان يفرز مادة لها رائحة معينة عند الشعور بالخوف وأن النحل يشن هجوما جماعيا ضد مصدر تلك الرائحة كذالك الحال بالنسبة للكلاب وبتعبير آخر فأن النحل والكلاب تشم رائحة الخوف

• حتى عام 1920 كان في إحدى المقاطعات التابعة لولاية كاليفورنيا

قانون محلى يلزم الرجال والنساء بتنظيف شفاهم بماء الورد قبل أن يتبادلوا التقبيل

• في عام 4000 قبل الميلاد «أي قبل6آلاف سنة» كان المصريون القدماء يستخدمون مسحوق الصراصير المجففة كمستحضر من مستحضرات تزين الوجه

• في عام 1916 شهدت مدينة ايروين التابعة لولاية تينيسى الأمريكية إعدام فيل شنقا بعد أن تمت إدانته بتهمة قتل رجل.

• في عام 1969 أصدرت السلطات السويسرية قانون يحظر على المواطنين إجراء أى اتصالات مع الكائنات الفضائية أو الاقتراب من مراكبهم التى يأتون بها لزيارة الأرض.

• أظهرت الإحصائيات أن الكتاب الذي يحمل الرقم القياسي العالمي في مجال التعرض للسرقة في المكتبات العامة هو كتاب موسوعة غينس للأرقام القياسية العالمية

• هناك نوع من الأسماك التي تستطيع أن تمشى على الأرض بواسطة زعانف خاصة وبفضل تلك الميزة تستطيع التنقل من بحيرة إلى أخرى بحثا عن الغذاء

• غالبية أنواع سمك القرش يبيض إلا نوعا واحدا يعرف باسم(ذو المطرقة) يلد ويرضع صغاره

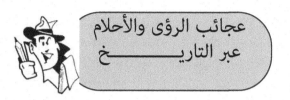

عجائب الرؤى والأحلام
عبر التاريـــــــخ

☹ فرعون وميلاد موسى عليه السلام

كان بنو إسرائيل يقيمون بمصر منذ مجيء يوسف عليه السلام إلى مصر وإحضار أمه وأبيه وإخوته للإقامة بمصر. ورأى فرعون في منامه نارا قد أقبلت من بيت المقدس حتى اشتملت على بيوت مصر فأحرقتها وأحرقت المصريين وتركت بني إسرائيل..فدعا فرعون الكهنة والسحرة والمنجمين فسألهم عن تفسير رؤياه، فقالوا له: يولد في بني إسرائيل بمصر غلام يسلبك الملك، ويغلبك على سلطانك، يخرجك وقومك من أرضك ويبدل دينك، وقد أظلك زمانه الذي يولد فيه.

لم يكن بنو إسرائيل وهم على حال الذل التي كانوا بها قادرين على الانتصاف لأنفسهم فضلا عن سلب ملك فرعون بجبروته، فصعق فرعون لهذا الخبر وصرخ قائلا: بعزتي وجبروتي لن يكون هذا المولود في أرض مصر، وأمر بقتل كل غلام يولد في بني إسرائيل، وأقام الحراس لتنفيذ ذلك، ولكن إرادة الله كانت فوق تدبير فرعون، فولد موسى عليه السلام وكان سببا في هلاك فرعون غريقا وبذلك تحققت الرؤيا.

☹ المأمون يرى أرسو

ومن أطرف الأحلام رؤية الخليفة العباسي المأمون للفيلسوف اليوناني أرسو طاليس في منامه فكأنه رجل أبيض اللون مشربا بحمرة واسع الجبهة، مقرون الحاجب أجلح الرأس، أشهل العينين، حسن الشمائل جالس على سريره. وعندما سأله من أنت؟ قال: أنا أرسو..فسأله المأمون: ما الحسن؟ قال ما حسن في العقل ثم قال: ثم ماذا؟ قال: ما حسن في الشرع، ثم قال: ثم ماذا فقال ثم لا ثم.

ولعل هذا رمز لعصر المأمون الذي شهد نهضة علمية وثقافية ترجمت فيه أهم كتب الفلاسفة اليونان.

☹ انهيار سد مأرب

في عهد الملك عمرو بن عامر الذي حكم اليمن قبل انهيار سد مأرب رأت كاهنته التي تدعى (طريفة الخبر) في منامها أن سحابة غشيت أرضهم وأرعدت وأبرقت ثم صعقت فأحرقت ما وقعت عليه، ووقعت إلى العارض فلم تقع على شيء إلا أحرقته. ففزعت طريفة الخبر لذلك وذعرت ذعرا شديدا وانتبهت وهي تقول: ما رأيت مثل اليوم قد أذهب عني النوم، رأيت غيما أبرق وأرعد طويلا ثم أصعق فما وقع على شيء إلا أحرق فما بعد هذا إلا الغرق.

فأتت قصر عمرو بن عامر وبينما هو في حديقة قصره فأسرعت نحوه وأمرت وصيفاً لها أن يتبعها فلما برزت من باب بيتها عارضها ثلاث مناجذ منتصبات على أرجلهن واضعات أيديهن على أعينهن وهي دواب تشبه اليرابيع، فوضعت طريفة يديها على عينيها وقالت لوصيفها إذا ذهبت هذه المناجذ فأعلمني، فلما ذهبت أعلمها، فانطلقت مسرعه، فلما عارضها خليج الحديقة التي فيها عمرو وثبت من الماء سلحفاة فوقعت على الطريق على ظهرها وجعلت تريد الانقلاب فلا تستطيع فتستعين بذنبها وتحثو التراب على بطنها وجنبها وتقذف بالبول، فلما رأتها طريفة جلست إلى الأرض، فلما عادت السلحفاة إلى الماء مضت طريفة إلى عمرو في الحديقة حين انتصف النهار في ساعة شديد حرها فإذا الشجر يتكفأ من غير ريح فنفذت حتى دخلت على عمرو فقالت له: والنور والظلماء والأرض والسماء إن الشجر لتالف، وسيعود الماء لما كان في الدهر السالف.

قال عمرو: من أخبرك بذلك؟

قالت: أخبرني المناجذ بسنين شدائد يقطع فيها الولد والوالد.

قال: وما علامة ذلك؟

قالت: تذهب إلي السد فإذا رأيت جرذا يكثر بيديه في السد الحفر، ويقلب برجليه من الجبل الصخر، فاعلم أن النقر عقر وأنه وقع الأمر.

وانطلق عمرو إلى السد فإذا الجرذ يقلب برجليه صخرة ما يقلبها خمسون رجلاً، فرجع إلى طريفة فأخبرها الخبر، فقالت: إن من علامة ذلك أن تجلس في مجلسك بين

الجنتين ثم تأمر بزجاجة فتوضع بين يديك فإنها ستمتلئ من تراب البطحاء من سملة الوادي، وقد علمت أن الجنان مظلمة لا يدخلها شمس ولا ريح فأمر عمرو بزجاجة فوضعت بين يديه فلم يلبث إلا قليلا حتى امتلأت من تراب البطحاء.

فذهب إلى طريفة فأخبرها بذلك وقال: متى ترين هلاك السد؟

قالت: فيما بين السبع سنين.

قال:ففي أيها يكون؟

قالت: لا يعلم ذلك إلا الـلـه تعالى. ولو علمه أحد لعلمته ولا يأتي عليك ليلة فيما بينك وبين السبع سنين إلا ظننت هلاكه في غدها أو في تلك الليلة.

ورأى عمرو في منامه سيل العرم وقيل له: إن آية ذلك أن ترى الحصباء قد ظهرت في سعف النخل، فذهب إلى سرب النخل وسعفه فوجد الحصباء قد ظهرت فيها.

فأخفى الأمر عن الجميع وأجمع أن يبيع كل شيء له بـأرض سـبأ ويخرج منها هو وولده ثم خشي أن يستنكر الناس ذلك، فلم يكن مفر من الحيلة..فصنع طعاما وأمـر بـإبل فنحرت وبغنم فذبحت وأعد مائدةً عظيمةً، ثم بعث إلى أهل مأرب أن عمرو صنع يوم مجذود وذكر فاحضروا طعامه ثم دعا ابنا له يقال له: مالك،وكان أصغر أبناءه، فقال له إذا جلست للطعام فاجلس عندي ونازعني الحديث واردده علي وافعل بي مثل ما أفعل بك.

فتنازع مالك مع أبيه فضرب الملك ابنه على وجهه وشتمه فرد الولد على أبيه الصفعة والشتائم كما أمره تماما، فقام عمرو وصاح، واذلاه يوم فخر عمرو ومجده يضرب على وجهه.وحلف ليقتلنه فلم يزالوا به حتى تركه، ثم قال: و الـلـه لا أقيـم ببلد صنع هذا بي فيه أصغر أبنائي، ولأبيعن عقـاري فيه وأموالي، فقال الناس بعضهم لبعض، اغتنموا الفرصة لغضب عمرو واشتروا منه أمواله قبل أن يتراجع، وباع الرجل كل أمـواله. ولكن الخبر بدأ يتسرب فتوقف الناس عن الشراء للممـتلكات وبدأت قـبائل بأكملها تـرحل من اليمن للـنجاة من الخطر المرتقب فاسـتقرت كل قبيلة في مكان من جزيرة العـرب ليبدأ عهد جديد في تاريخها بسبب حلم أنقذ عرب اليمن.

☹ رؤيا كسرى..وخمود نار فارس

روى البيهقي في دلائـل النبوة عن مخزوم بن هانئ المخزومي عن أبيه قال: لما كانت الليلة التي ولد فيها رسول الـلـه ﷺ ارتجس (ارتجف) إيوان كـسرى، وسقطت منه أربع عشرة شرفة، وخمدت نار فارس، ولم تخمد من قبل بألف عام، وغاصت بحيرة ساوة ورأى الموبذان (فقيه الفرس) إبلاً صعاباً تقود خيلاً عراباً قد قطعت دجلة وانتشرت في بلادها.

فلما أصبح كسرى أفزعه ذلك وتصبر عليه تشجعا، ثم رأى أن لا يدخر ذلك عن وزرائه ومرازبته (جمع رئيس من الفرس) حين عيل صبره، فجـمعهم ولبس تـاجه، وقعد على سريره، ثم بعث إليهم فاجتمعوا عنده، قال: أتدرون فيم بعثت إليكم؟

قالوا: لا، إلا أن يخبرنا الملك بذلك.

فبينما هم كذلك إذ أتاه كتاب بخمود نار فارس فازداد غما إلى غمه ثم أخبرهم بما هاله، فقال الموبذان: وأنا قد رأيت هذه الليلة ثم قص عليه رؤياه في الإبل.

قال: وأي شيء يكون هذا يا موبذان؟ وكان أعلمهم في أنفسهم.

قال: حديث يكون من ناحية العرب.

فكتب كسرى عن ذلك: من ملك الملـوك كسرى إلى النـعمان بن المنذر..أما بعد: فوجه إلى برجل عالم بما أريد أن أسأله عنه.

فوجـه إليه بعبد المسـيح بن عمرو بن حيان بن بـقبلة الغـساني..فلما قدم علـيه قال: ألك علم بما أريد أن أسألك عنه؟

قال: يسألني أو يخبرني الملك، فان كان عندي منه علم أخبرته، وإلا دللته على من يعلمه.

قال: فأخبره بما رأى.

قال: علم ذلك عند خال لي يسكن مشارف الشام يقال له سطيح.

قال: فاذهب إليه..فأساله وائتني بتأويل ما عنده. فنهض عبد المسيح حتى قدم على سطيح وقد أشرف (اقترب) على الموت فسلم عليه وحياه،فلم يجبه.

ففتح سطيح عينيه ثم قال: عبد المسيح على جمل مسيح إلى سطيح وقد أوفى على الصريح، بعثك ملك ساسان، لارتجاس الديوان، وخمود النيران، ورؤيا الموبذان، رأى إبلاً صعاباً تقود خيلاً عراباً، قد قطعت دجلة في بلادها، يا عبد المسيح إذا كثرت التلاوة، وظهر صاحب الهراوة، وفاض وادي السماوة، وغاضت بحيرة ساوة، وخمدت نار فارس، فليس الشام لـسطيح شاما، يملك منهم ملوك وملكات على عدد الشرفات، وكل ما هو آتٍ آت.قال: فلما قدم عبد المسيح على كسرى أخبره بقول سطيح فقال: إلى أن يملك منا أربعة عشر ملكا تكون أمور وأمور..فملك منهم عشرة في أربع سنين، وملك الباقون إلى خلافة عثمان رضي اللـه عنه.

☹ من يوليوس قيصر إلى هانيبال

هناك حلم أثر بشدة على تصرفات يوليوس قيصر الإمبراطور الروماني وأدي إلى استيلائه على روما الذي كان مقدمة لمتاعب طويلة شهدتها، فقد رأي نفسه ينام في فراش واحد مع أمه ويرضع ثديها.. وفسر المفسرون الحلم بأن الأم تـعني روما التي كان يرمز لها دائـما بذئبه ترضع أطفالها، فقام بالزحف على روما ونصب نفسه إمبراطورا على البلاد.

ويحكي المؤرخ الروماني ماكسيموس أن هانيبال كان يكره روما والإمبراطورية الرومانية بشكل كبير.. فحلم يوماً حلما رأي فيه شاباً جميلاً كالملائكة يقول له: أرنه رسول السماء لبحث هانيبال على غزوة إيطاليا وروما عاصمتها. وفي الحلـم أيضاً رأي هانيبال حية ضخمة تحطم كل شيء يعترض طريقها وقد امتلأت من خلفها بالسحب الداكنة.. أنطلق فيها وميض البرق في تتابع ولما سأل هانيبال في الحلم الفتي الجميل عن معني ما يراه قال: إن ما تره هو دمار إيطاليا على يديك.

وتـشجع هانيبال وقام بغزو إيـطاليا واحتـلال رومـا محطماً كل مـا قبله كما حطمت الحية الضخمة كل شيء في المنام.

• • •

عجائب من ادعوا النبوة عبر التاريخ

حفل التراث العربي، بكثير من القصص الطريفة، والأخبار العجيبة، ومن ذلك، ما جاء عن متنبئين ومتنبئات، أغراهم الفضول، ودفعهم الجهل، لأن يدَّعوا النبوة، بعدما جاءهم من الحق المبين، من خالق الخلق رب العالمين، على يد الصادق الأمين، محمد بن عبد اللـه، عليه وعلى آله أفضل الصلاة وأتم التسليم، الذي كان خاتم الأنبياء والمرسلين.

وفيما يلي من السطور، نستملح بعض الطرف، من مواقف المتنبئين وعجائبهم، ونأخذ العبر، من حكم الرجال المخلصين، الذين ما هزتهم جهالة، ولا استفزتهم إهانة.

• جئ إلى «المأمون» برجل ادعى النبوة، فقال له «المأمون»: ألك علامة على نبوتك..؟ قال: علامتي أني أعلم ما في نفسك..! قال: وما في نفسي..؟ قال: في نفسك أني كاذب..! فقال: صدقت..! ثم أمر به إلى السجن، فأقام فيه أياماً، ثم أخرجه «المأمون»، وقال له: وهل نزل الوحي إليك بشيء..! قال: لا، قال: ولِمَ..؟ قال: لأن الملائكة لا تدخل السجن.. فضحك منه «المأمون» وأطلقه.

• وهذه نادرة أخرى عجيبة، يقال: إنه ادَّعى النبوة رجل، فجيء به إلى أمير المؤمنين، فقال له: ألك معجزة..؟ قال: ما تريد..؟ قال: أريد ان تخرج الساعة بطيخاً من الأرض..! قال: أمهلني ثلاثة أيام، قال: أريد الساعة، قال: إن اللـه تعالى، مع قدرته يخرجه في ثلاثة شهور، وأنت لا تمهلني ثلاثة أيام..!

• وهناك رجل آخر ادَّعى النبوة، فقال: أنا «موسى»..! فقال له «المأمون» وكان ذلك في عهده: كان لموسى معجزة اليد البيضاء، وانقلاب العصا حَيّة، قال الرجل: أتى موسى بمعجزته لقول فرعون: أنا ربكم الأعلى، ولو قلت ذلك، لأتيتك بمعجزة..!

• وذُكر أن رجلاً اسمه «نوح» قد تنبأ، وكان له صديق نهاه، فلم يقبل، فأمر السلطان بقتله، فلما صلب، مَرَّ به صديقه فقال له: يا «نوح» ما حصلت من سفينتك إلا على الصاري تصلب عليه..!!

• وفي أيام «المأمون» أيضاً، تنبأ رجل، وادَّعى أنه إبراهيم الخليل، فقال «المأمون» إن «إبراهيم» كانت له معجزات وبراهين. قال: وما براهينه..؟ قال: أضرمت له النار، وألقي فيها، فصارت برداً وسلاماً، ونحن نوقد لك ناراً، ونطرحك فيها، فإن كانت عليك كما كانت عليه، آمنا بك..! قال: أريد واحدة أخف من هذه، قال فبراهين «موسى» قال: وما براهينه..؟ قال: ألقى عصاه، فإذا هي حية تسعى، وضرب البحر بها، فانفلق، وأدخل يده في جيبه، فأخرجها بيضاء، قال: وهذه علي أصعب من الأولى..! قال: فبراهين «عيسى»، قال: وما هي..؟ قال: إحياء الموتى، قال: مكانك وصلت، أنا أضرب رقبة القاضي «يحيى بن أكثم» وأحييه لك الساعة..! فقال «يحيى» أنا أول من آمن بك وصدق..!!

• ومما يظهر، أن عهد «المأمون»، كان عهد ازدهار للتنبؤ وادِّعاء النبوة، فقد ورد أن رجلاً تنبأ زمن المأمون، فلما مثل بين يديه، قال له: من أنت..؟ قال «أحمد النبي»..! قال: لقد ادّعيت زوراً، فلما رأى الشرطة أحاطت به، قال: يا أمير المؤمنين، أنا أحمد «النبي».. فهل تذمه أنت..؟!! فضحك «المأمون» منه، وخلَّى سبيله.

• وذكر أنه في زمن «المهدي»، ادَّعى النبوة رجل من الأعراب، فاعتقله الجند، وساقوه إلى «المهدي» فقال له: أنت نبي..؟! قال: نعم، قال المهدي: إلى من بعثت..؟ قال الأعرابي: أوَتركتموني أبعث إلى أحد..؟! بعثت في الصباح، واعتقلتموني في المساء..!

• وختاماً، فإن أطرف تنبؤ أنتج زواجاً، هو ما كان من أمر «سجاح» المتنبئة، فإنها عرضت على مسيلمة الكذاب أن تتنازل عن نبوتها مقابل أن يتزوجها، فتزوجها، وتنازلت له مفضلة الحب على النبوة التي ادَّعتها..!

ولله في خلقه شؤون، هو وحده أعلم بها.

• • •

دموع أشهر الملوك من خشية اللـه (من عجائب التاريخ)

هذه القصة حدثت في بغداد مع أشهر ملوك المسلمين على الإطلاق ألا وهو هارون الرشيد. ومن منا لا يعرف من هو هارون الرشيد الذي كان عصره يسمى بالعصر الذهبي لما بلغنا فيه من قوة وتطور حسدنا عليه العالم. كانت بغداد في ذلك الوقت جوهرة الأرض ودرتها من حيث الحضارة. فشيدت فيها القصور ودور العلم وما إلى الحضارة من أبواب. ومن أهم ما يميز حضارة الأمم بناء القصور فهي ما يبين مدي قوة تلك الأمم. فيجد المسافر حول العالم أن كل أمة اشتهرت بحضارة معينة لابد من وجود قصور باقية في تلك البلدان حتى هذا العصر. بنى هارون الرشيد قصراً من قصوره في ذلك الزمان ودعا إليه كبار القوم ليشهدوا عظمة البناء وجماله. فحضر المهنئون للخليفة من وزراء وقادة وشعراء بل حتى العامة اجتمعت حول القصر لترى هذا البنيان البديع. وكان ممن حضر الشاعر المعروف أبو العتاهية وكلنا قد قرأ أو سمع أشعار ذلك الشاعر. تقدم الشعراء بمديحهم وثنائهم كما جرت عليه العادة من مدح الملوك وما يملكه الملوك. حتى بقي أبو العتاهية فنظر إليه الرشيد يستنطقه شعره في ما يرى من روعة بناء ولذيذ طعام قد أعد بهذه المناسبة. فما كان من الشاعر إلا أن أطلق للسانه العنان حسب طلب الخليفة فقال:

عِشْ ما بَدَا لكَ ســـــالماً   في ظِلّ شاهقَةِ القُصورِ
يسْعَى عليكَ بِمَا اشتهيْتَ   لدَى الرَّوَاح أوِ البُكُـورِ

فتهلل وجه الرشيد وانشرح صدره وزاد سروره لما كان لكلمات أبو العتاهية من بلاغه وحسن وصف. فقال مستزيداً له: ثم ماذا؟ فأكمل أبو العتاهية:

فإذا النّفوسُ تَقعَقَعَتْ   في ظلّ حَشرجَةِ الصّدورِ
فَهُنــــــاكَ تَعلَم، مُوقِناً   مَا كُنْتَ إلاَّ فِي غُـــــرُورِ

فأجهش الرشيد بالبكاء مما سمع من الحق على لسان أبو العتاهية وصمت كل من حضر من عظم الموقف. فما كان من وزير الرشيد الفضل إلا أن قال لأبي العتاهية أتينا بك لتسعدنا فأحزنت الأمير. فالتفت الرشيد إلى الفضل وقال له (دعه... وجدنا لا هين فذكرنا بالله)

هكذا كان الرشيد في عز سلطانه وشدة سروره يقف عند ذكر الآخرة ويخاف اللـه ويرجو رحمته ويخشى عذابه. اللهم ارحم عبدك هارون واغفر له واسكنه فسيح جناتك.

• • •

لننطلق معاً لزمن آخر يبعد عن زمن الرشيد بما يتعدى المائة عام وفي مكان أيضا يبعد آلاف الأميال. لنذهب إلى الأندلس وزمن السلطان عبد الرحمن الناصر وبالتحديد للعاصمة قرطبة. بعد أن استطاع عبد الرحمن الناصر لم شمل أهل الأندلس وتوحيد كلمتهم مرة أخرى. سعى في بناء حضارة إسلامية لا ينساها البشر أبد الدهر فقد بلغت قرطبة في عهده ما بلغته بغداد في عهد الرشيد. فكانت الجوهرة الثانية في تاريخ المسلمين من حيث الحضارة والرقي. وكما كان في بغداد كان في قرطبة مظاهر الحضارة والعزة التي يفاخر بها المسلمون في تلك العصور. بنا عبد الرحمن الناصر قصراً في ذلك الوقت بلغ من العظم ما لم يبلغه بناء في عصره. وكان تحفة معمارية لم يسبقه أحد من البشر إلى بناء مثلها. وقد كان إمام قرطبة في ذلك الوقت المنذر بن سعيد قد بلغه ما قام به عبد الرحمن الناصر. فعزم على إعطاء الناصر درساً لن ينساه فجعل موعده صلاة الجمعة والناصر لا يعلم. فخطب خطبة وبخ فيها الناصر وعرض به حتى أن الناصر نكس رأسه من الخجل من كثر تقريع المنذر له على إسرافه وتبذيره. وقد قال الناصر لمن حوله و اللـه ما أردت بالقصر زينة الدنيا بقدر ما كنت أريد إلا إظهار عزة المسلمين على من سواهم. وحدثه من حوله من أهل السوء بعزل المنذر فزجرهم وقال أعزل من يذكرني بالله؟ وكان الناصر كل ما أجدبت الأرض أرسل للمنذر أن يصلي بالناس صلاة الاستسقاء. وكلما صلى المنذر نزل الغيث وقيل إن ذلك من شدة صلاحه رحمه اللـه. فجاءه يوماً رسول الناصر يقول له الخليفة يأمرك بصلاة الاستسقاء. فسأله المنذر وماذا يصنع هو الآن؟ يعني الخليفة

الناصر. فقال له الرسول:

إن الخليفة الآن قد لبس أخشن الثياب وافترش التراب، وأخذ التراب فوضعه على رأسه ووجهه ولحيته وبكى بين يدي اللـه عز وجل، واعترف بذنوبه وإني سمعته بأذني يقول: يا رب! هذه ناصيتي بيدك أتراك تعذب عبادك بسببي! يا رب إني لا أعجزك ولا أفوتك، فارحم عبادك وبهائمك وبلادك، فلمّا رأى المنذر بن سعيد الخليفة فعلاً قد غير وأصلح وتاب وأقبل على اللـه عز وجل وأناب وصدق مع ربه عز وجل، قال: يا غلام! احمل الممطرة الشمسية التي تقي من المطر ومن الشمس فقد أذن اللـه عز وجل بسقيانا، إذا خشع جبار الأرض رحم جبار السماء.

هذا بعض ما كان عليه سلاطين المسلمين الأقوياء كانت قوتهم في خشيتهم من اللـه عز وجل ورحمتهم لمن هم تحت أيديهم. رحمهم اللـه رحمة واسعة فقد جعلوا من تاريخنا صفحة مشرقة عظيمة نفاخر بها الأمم والأزمان أبد الدهر.

• • •

من عجائب
الاختراعات العلمية!

ماوس للتدفئة وحذاء لتنظيف منزلك وسجاد للإضاءة!

(1) تمكنت شركة أمريكية متخصصة في الالكترونيات وأجهزة الكمبيوتر، من إدخال تقنية جديدة لماوس الكمبيوتر لحماية الأصابع من البرودة. ويعمل هذا الماوس من خلال توصيله بجهاز داخلي للتدفئة يزيد من درجة حرارة الماوس بشكل يتلاءم مع...... درجة حرارة الجسم.

وطبقاً لما ورد بـ «جريدة الأهرام»، أوضحت الشركة أن المصممون تمكنوا من ابتكار نموذج آخر من الماوس مزود بجهاز داخلي يناسب فصل الصيف، خاصة أن ارتفاع درجات الحرارة يعمل علي تزويد الأصابع بالهواء الجاف بحيث يبقي اليد جافة.

(2) تمكنت شركة إلكتروليكس من ابتكار حذاء جديد عبارة عن خف منزلي يكنس أرضية البيت خلال المشي.

وأشارت الشركة إلى أنه يوجد في قاع الحذاء الذي يدعى «شوفير» قابس للشحن الكهربائي ليوفر له الطاقة، كما أنه يتميز بنعل مرن يمكن له التوافق مع مقاس قدم المستخدم.

وطبقاً لما ورد «بجريدة الرياض»، أوضح المتحدث الرسمي باسم الشركة أن هذا الحذاء مخصص للأشخاص كثيري المشاغل والذين لا يملكون وقتاً لتنظيف البيت بالمكنسة الكهربائية.

ويعمل هذا الحذاء لكنس المنزل من خلال وضع القدم على المكان المراد تنظيفه حتى يقوم خرطوم صغير بشفط الغبار منه.

(3) توصل علماء بجامعة طوكيو إلى صناعة سجاد قادر على اضاءة المصابيح وتشغيل الأجهزة بدون توصيلها بأسلاك كهربائية.

وقد يفتح هذا السجاد العجيب الأمل أمام الإنسان للعيش في منازل يتمتع فيها بطاقة كهربائية بدون أزرار في الحائط وبدون فواتير كهرباء مرتفعة في وقت يعاني فيه العالم من ارتفاع أسعار الطاقة.

وأشار باحثون في جامعة طوكيو بسان فرانسيسكو التي نظمها معهد انستيتيوت اوف الكتريكال أند الكترونكس انجنييرز، إلى أن هذا الموكيت قادر على توصيل الكهرباء للأجهزة الكهربائية بدون الحاجة إلى توصيل الموكيت بالأجهزة عن طريق سلك كهربائي.

وطبقاً لما ورد «بجريدة اليوم الإلكتروني»، أوضح الباحثون أن هذا الموكيت يمكن وضعه على الأرض أو على الحائط لنقل الكهرباء لهذه الأجهزة، حيث أنه لا يقوم الموكيت بمهمة توليد الكهرباء، لكنه يقوم بنقلها بدون سلك كهربائي إلى الأجهزة الكهربائية، بعد أن يتم توليد الكهرباء عن طريق القوة الكهرومغناطيسية عـــن (أفكار علمية).

☺☺☺

من عجائب
القرآن الكريم

إحصائيات قام بها الدكتور طارق سويدان..

أولاً: التساوي:

☹ تم ذكر كلمة دنيا 115 مرة وتم ذكر كلمة آخرة 115 مرة..

☹ تم ذكر كلمة ملائكة 88 مرة وتم ذكر كلمة شياطين 88 مرة..

☹ تم ذكر كلمة الناس 50 مرة وتم ذكر كلمة الأنبياء 50 مرة

☹ تم ذكر كلمة صلاح 50 مرة وتم ذكر كلمة فساد 50 مرة

☹ تم ذكر كلمة إبليس 11 مرة وتم ذكر كلمة الاستعاذة من إبليس 11 مرة

☹ تم ذكر كلمة مسلمين 41 مرة وتم ذكر كلمة جهاد 41 مرة

☹ تم ذكر كلمة زكاة 88 مرة وتم ذكر كلمة بركة 88 مرة

☹ تم ذكر كلمة محمد 4 مرة وتم ذكر كلمة شريعة 4 مرة

☹ تم ذكر كلمة امرأة 24 مرة وتم ذكر كلمة رجل 24 مرة..

☹ تم ذكر كلمة الحياة 145 مرة وتم ذكر كلمة الموت 145 مرة..

☹ تم ذكر كلمة الصالحات 167 مرة وتم ذكر كلمة السيئات 167 مرة..

☹ تم ذكر كلمة اليسر 36 مرة وتم ذكر كلمة العسر 12 مرة..

☹ تم ذكر كلمة الأبرار 6 مرة وتم ذكر كلمة الفجار 3 مرة..

☹ تم ذكر كلمة الجهر 16 مرة وتم ذكر كلمة العلانية 16 مرة..

☹ تم ذكر كلمة المحبة 83 مرة وتم ذكر كلمة الطاعة 83 مرة..

☹ تم ذكر كلمة الهدى 79 مرة وتم ذكر كلمة الرحمة 79 مرة..

☻ تم ذكر كلمة السلام 50 مرة وتم ذكر كلمة الطيبات 50 مرة..

☻ تم ذكر كلمة الشدة 102مرة وتم ذكر كلمة الصبر 102 مرة..

☻ تم ذكر كلمة المصيبة 75 مرة وتم ذكر كلمة الشكر 75 مرة..

☻ تم ذكر كلمة الجزاء 117 مرة وتم ذكر كلمة المغفرة 234 مرة (الضعف

ثانياً: الإعجاز:

1- ذكرت الصلاة خمس مرات في القرآن والفروض اليومية خمس فروض..

2- ذكرت الشهور 12 مرة في القرآن والسنة 12 شهر..

3- ذكر اليوم 365 مرة في القرآن وعدد أيام السنة 365 يوم..

ثالثاً: العلاقات الرقمية:

1- ذكرت كلمة بحر في القرآن 32 مرة، النسبة المئوية لعدد ذكر كلمة بحر بالنسبة إلى عدد كلمتي بحر وأرض = 32 / (32+ 13) × 100 = 71.111

2- ذكرت كلمة أرض في القرآن 13 مرة، النسبة المئوية لعدد ذكر كلمة أرض بالنسبة إلى مجموع عدد ذكر كلمتي بحر وأرض = 13/ (32 + 13) × 100= 28.888

هذه هي النسب الفعلية لنسبة سطح البحر واليابسة لسطح كوكب الأرض الذي نعيش عليه..

• • •

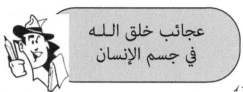

عجائب خلق الله
في جسم الإنسان

﴿وَفِي أَنفُسِكُمْ أَفَلَا تُبْصِرُونَ﴾

... تأمل أيها الإنسان صورتك جيدا.... قف مع نفسك وقفة تأمل...واسأل نفسك:

• من الذي خلقك بهذه الصورة؟!.

• ومن الذي عدلك هذا التعديل؟!.

العينان في الوجه.. والأنف بينهما.. واليدان في الجنبين.. والقدمان من أسفل الجسم.. كيف لو أن عينيك نبتت في ركبتيك؟! أو يداك ظهرتا في رأسك؟! أو أنفاً ظهر في ظهرك؟!ماذا سيكون حالك... فسبحان من خلقك فسواك فعدلك؟! قال تعالى: ﴿يَا أَيُّهَا الْإِنسَانُ مَا غَرَّكَ بِرَبِّكَ الْكَرِيمِ * الَّذِي خَلَقَكَ فَسَوَّاكَ فَعَدَلَكَ * فِي أَيِّ صُورَةٍ مَّا شَاءَ رَكَّبَكَ﴾. وقال سبحانه: ﴿وَصَوَّرَكُمْ فَأَحْسَنَ صُوَرَكُمْ وَإِلَيْهِ الْمَصِيرُ﴾.

البداية:

• ألا تعلم أيها الإنسان أنك خُلقت من تراب؟ ماء مهين..من ماء دافق.. من طين.. من صلصال كالفخار.. من نطفة خرجت من أبيك فاستقرت في رحم أمك.. فقدر الله بعد ذلك أن تكون أنت نتيجة هذا اللقاء.

قال تعالى: ﴿وَلَقَدْ خَلَقْنَا الْإِنسَانَ مِن سُلَالَةٍ مِّن طِينٍ * ثُمَّ جَعَلْنَاهُ نُطْفَةً فِي قَرَارٍ مَّكِينٍ * ثُمَّ خَلَقْنَا النُّطْفَةَ عَلَقَةً فَخَلَقْنَا الْعَلَقَةَ مُضْغَةً فَخَلَقْنَا الْمُضْغَةَ عِظَامًا فَكَسَوْنَا الْعِظَامَ لَحْمًا ثُمَّ أَنشَأْنَاهُ خَلْقًا آخَرَ فَتَبَارَكَ اللَّهُ أَحْسَنُ الْخَالِقِينَ﴾ [المؤمنون:12-14].

الإنسان والطين

أثبت العلماء أن التركيب العنصري الذري للطين ولجسم الإنسان واحد إلا في بعض الاختلافات الطفيفة جداً:

• فالأكسجين يشكل 60% من تركيب جسم الإنسان بينما يشكل 55% من تركيب الطين.

• الآزوت 2% في الإنسان 2% من الطين.

• الكربون 20% في الإنسان 18% من الطين.

• الهيدروجين 5% في الإنسان 18% من الطين.

• الكلس 0.6% في الإنسان 1% من الطين.

• الفوسفور 1% في الإنسان 1% من الطين.

• الكبريت 0.3% في الإنسان 0.3% من الطين.

• الصودا 0.2% في الإنسان 0.2% من الطين.

• الكلور 0.2% في الإنسان 0.2% من الطين.

- أنظر إلى هذه الموازنة أيها الإنسان...

- هل عرفت من أنت؟...

- هل عرفت بدايتك؟...

- هل عرفت عناصرك ومكوناتك؟...

(أنت والتراب الذي تسير عليه سواء!!! لا تتعجب؟! فعناصركما واحدة. وسوف تعود إلى التراب مرة أخرى بعد موتك. وسيعلو التراب وجهك بعد أن يُلقى بك في فلاة من الأرض...(القبر).

هل تعلم؟!

• هل تعلم أن بجسمك مادة حية تسمى (كروموسومات) تسيطر على خلاياه يبلغ عددها (10)خليه. وأن حجم هذه المادة الحية جميعها لا يزيد عن 48 سم3 أي لا تكاد تملأ فنجان قهوة. ومع ذلك فهي التي تتحكم وتسير تلك الكتلة البشرية بإرادة اللـه عز وجل!!. فيا للروعة والإتقان!!.

قال تعالى: ﴿**قُتِلَ الإِنْسَانُ مَا أَكْفَرَهُ * مِنْ أَيِّ شَيْءٍ خَلَقَهُ * مِن نُّطْفَةٍ خَلَقَهُ فَقَدَّرَهُ * ثُمَّ السَّبِيلَ يَسَّرَهُ * ثُمَّ أَمَاتَهُ فَأَقْبَرَهُ * ثُمَّ إِذَا شَاءَ أَنْشَرَهُ**﴾ صدق الله العظيم

...حقا ما أعجب الإنسان...وكم يحمل بين جنباته عجائب وأسرار لم يكشف عنها العلم بعد...حقا الإنسان عجيبة العجائب بما يحويه من أسرار بعيدة كل البعد عن الأنظار!

الإنسان ذلك الكائن العجيب

000هل فكرت يوماً أن تنظر إلى جسدك وتساءلت ممَّ يتركب، إنه ببساطة عبارة عن ماء وتراب! يقول تعالى: ﴿**وَفِي أَنْفُسِكُمْ أَفَلاَ تُبْصِرُونَ**﴾.

الإنسان هو كائن حي من أعقد الأحياء على وجه الأرض، كشفت البحوث الطبية عن حقائق مذهلة تدل على عظمة الخالق تعالى القائل: ﴿**وَفِي أَنْفُسِكُمْ أَفَلاَ تُبْصِرُونَ**﴾ [الذاريات: 21].

والإنسان يتألف من عدد ضخم من الأجهزة أهمها القلب. فالقلب هو من أعجب الآلات في جسم الإنسان، فهو يضخ كل يوم أكثر من (8000) لتراً من الدم. في دماغ الإنسان أكثر من مئة ألف مليون خلية!! جميعها تعمل بنظام دقيق ومُحكم. وفي كل عين يوجد أكثر من مئة مليون من المستقبلات الضوئية. وفي كل أذن أكثر من ثلاثين ألف خلية سمعية! وفي دم الإنسان أكثر من(25) مليون مليون كرية حمراء وأكثر من (25) ألف مليون كرية بيضاء.

في معدة الإنسان يوجد أكثر من ألف مليون خلية! وفي اللسان توجد أكثر من تسعة آلاف حليمة ذوقية. وفي كل يوم يتنفس الإنسان أكثر من(25) ألف مرة يسحب خلالها اكثر من(180) ألف لتر من الهواء!

وهكذا حقائق لا تنتهي وأرقامًا ضخمة أكبر من التصور. كل هذه التعقيدات سخرها الله تعالى لراحة الإنسان واستمرار حياته على أحسن حال، يقول تعالى: ﴿**الذي أحسن كل شيء خلقه وبدأ خلق الإنسان من طين**﴾ [السجدة: 7].

لقد برز علم الحياة أو الأحياء إلى الوجود مع اكتشاف الإنسان لأسرار الكائنات

الحية من نبات وحيوان وإنسان. والحقيقة الثابتة التي يؤكدها علماء الأحياء هي أنه لا وجود للحياة من دون ماء. فالماء يمثل نسبة جيدة في تركيب خلايا أي كائن حي، وانعدام الماء يعني الموت! حتى إن عمل هذه الخلايا يعتمد أيضاً على الماء، فهو المحرك للتفاعلات الكيميائية داخل جسم الإنسان والحيوان والنبات.وهنالك شبه تأكيد لدى العلماء بأن الحياة بدأت من الماء، وهنا يأتي كتاب الـلـه تعالى ليؤكد هذه الحقائق ويردّ جميع أشكال الحياة للماء، يقول تعالى:

﴿وَجَعَلْنَا مِنَ الْمَاءِ كُلَّ شَيْءٍ حَيٍّ﴾ [الأنبياء: 30].

ويقول الـلـه تعالى عن بداية خلق الدواب التي تدبُّ على الأرض وأنها مخلوقة من الماء:

﴿وَاللَّهُ خَلَقَ كُلَّ دَابَّةٍ مِّن مَّاءٍ﴾ [النور: 45].

حتى إن الأرض الجافة الميتة التي لا يُرى فيها أي مظهر للحياة عندما يُنْزل الماء عليها تجد أن أشكال الحياة قد بدأت من النباتات والحشرات والحيوانات وغير ذلك، يقول تعالى:

﴿وَاللَّهُ أَنْزَلَ مِنَ السَّمَاءِ مَاءً فَأَحْيَا بِهِ الْأَرْضَ بَعْدَ مَوْتِهَا إِنَّ فِي ذَٰلِكَ لَآيَةً لِقَوْمٍ يَسْمَعُونَ﴾ [النحل: 65].

إن العلماء اليوم يقولون إن هنالك آثاراً للماء على كوكب المريخ وهذا ما يدفعهم للاعتقاد بأنه يمكن لحياة بدائية أن تكون موجودة على هذا الكوكب.

إذن الحقيقة العلمية المؤكدة هي أنه حيث يوجد الماء توجد الحياة، حتى إن الإنسان على سبيل المثال يتركب جسمه من الماء ومعادن وأشباه معادن. يشكل الماء في جسم الإنسان بحدود الثلثين! والثلث الباقي هو مواد جافة جميعها موجودة في التراب والماء أي الطين.

لقد تمّ تحليل مكونات جسم الإنسان وعناصره الأساسية، والإنسان يتكون بشكل رئيسي من الماء فثلثي الإنسان هو ماء! وهنا نتذكر قول الحق عز وجل: ﴿وَجَعَلْنَا مِنَ الْمَاءِ كُلَّ شَيْءٍ حَيٍّ﴾ [الأنبياء: 30]. ولكن ماذا عن مكونات الإنسان غير الماء؟ إنها بالضبط العناصر الموجودة في التراب. فمكونات الجسم البشري هي الكربون والكلور

والكبريت والفوسفور والكالسيوم والحديد.. وغيرها وجميع هذه المواد موجودة في تراب الأرض. وهذا دليل علمي على أن الإنسان مخلوق من التراب.

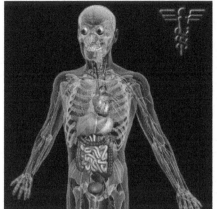

يعتبر الإنسان من أعقد المخلوقات على وجه الأرض، فجسده يحوي تريليونات الخلايا، وكل خلية أشبه بجهاز كمبيوتر فائق الدقة، وتعمل هذه الخلايا بالتناسق والتناغم فلا نجد أي خلل أو اضطراب، وهذا من رحمة الله تعالى بنا، هذا الإله العظيم ألا يستحق أن نسجد له شكراً؟!

يقول عز وجل مخاطباً أولئك الملحدين الذين لا يؤمنون بالحياة بعد الموت: ﴿**يَا أَيُّهَا النَّاسُ إِن كُنتُمْ فِي رَيْبٍ مِّنَ الْبَعْثِ فَإِنَّا خَلَقْنَاكُم مِّن تُرَابٍ**﴾ [الحج:5]. ويقول تعالى أيضاً عن خلق البشر: ﴿**وَمِنْ آيَاتِهِ أَنْ خَلَقَكُم مِّن تُرَابٍ**﴾ [الروم:20].

وعندما يجتمع الماء والتراب يشكلان الطين، وهذا هو أصل الإنسان. يقول تعالى: ﴿**وَلَقَدْ خَلَقْنَا الْإِنسَانَ مِن سُلَالَةٍ مِّن طِينٍ**﴾ [المؤمنون: 12]. ونتذكر قول الحق عز وجل هنا عن خلق البشر من الماء: ﴿**وَهُوَ الَّذِي خَلَقَ مِنَ الْمَاءِ بَشَرًا**﴾ [الفرقان: 54].

إذن الإنسان مخلوق من الماء بنسبة الثلثين تقريباً، والتراب بنسبة الثلث تقريباً. والآيات القرآنية تؤكد هذه الحقائق. إن القرآن عندما يتحدث عن خلق الإنسان وتركيبه إنما يعطينا التفاصيل الدقيقة. إن القرآن يخبرنا بمراحل خلْق الإنسان وتطوره في بطن أمه وبشكل يوافق تماماً أحدث معطيات العلم. فقد ثبت تماماً أن الإنسان يمر بمراحل في بطن أمه وقد سمى القرآن هذه المراحل بالأطوار في قوله تعالى: ﴿**وَقَدْ خَلَقَكُمْ أَطْوَارًا**﴾ [نوح: 14].

وقد كان يُظن في الماضي أن عملية خلق الجنين في بطن أمه هي عملية مستمرة، ولكن بعد تطور العلم تأكد أن هنالك عمليات متعاقبة للخلق وفق أطوار محددة وبنظام دقيق وهذا ما نجده في قوله تعالى: ﴿**يَخْلُقُكُمْ فِي بُطُونِ أُمَّهَاتِكُمْ خَلْقًا مِّن بَعْدِ خَلْقٍ**﴾ [الزمر:

6].

فسبحان الـلـه! هذا الكائن العجيب الذي يحتوي دماغه فقط على أكثر من تريليون خلية عصبية، ولديه قدرات هائلة من الذكاء والتطور والتحكم والسيطرة على كوكب الأرض، هذا الكائن الذي صعد إلى القمر، ووصل إلى المريخ، وتمكّن من استغلال ثروات الأرض والسيطرة والتحكم بما سخره الـلـه له، هذا الكائن العجيب في نهاية المطاف هو عبارة عن ماء وتراب!

القيادة والإبداع والكذب والخطأ

كلما تطور العلم كشف لنا حقائق جديدة تثبت عظمة هذا القرآن، وعظمة حديث النبي الكريم عليه الصلاة والسلام، وفي هذا البحث حقائق تتجلى في آيات الـلـه في الدماغ، لنقرأ ونسبح الـلـه....

هناك آيات تلفت انتباه المؤمن والمؤمن مطلوب منه دائماً أن يتدبر القرآن لكي لا يكون مقفل القلب، يقول تبارك وتعالى: ﴿**أَفَلَا يَتَدَبَّرُونَ الْقُرْآنَ أَمْ عَلَى قُلُوبٍ أَقْفَالُهَا**﴾ [محمد:24]، ومن هذه الآيات الكثيرة التي يتدبرها المؤمن ويفكر بما فيها من معاني ودلالات ومعجزات قول الحق تبارك وتعالى على لسان سيدنا هود عندما خاطب قومه بقوله: ﴿**إِنِّي تَوَكَّلْتُ عَلَى اللهِ رَبِّي وَرَبِّكُم**﴾ ماذا قال سيدنا هود قال: ﴿**إِنِّي تَوَكَّلْتُ عَلَى اللهِ رَبِّي وَرَبِّكُم مَّا مِن دَآبَّةٍ إِلاَّ هُوَ آخِذٌ بِنَاصِيَتِهَا إِنَّ رَبِّي عَلَى صِرَاطٍ مُّسْتَقِيمٍ**﴾ [هود:56].

والسؤال الذي يطرحه المؤمن أثناء تدبره لهذه الآية: لماذا خصَّ الـلـه تبارك وتعالى منطقة الناصية بأن الـلـه آخذ بها: ﴿**مَّا مِن دَآبَّةٍ إِلاَّ هُوَ آخِذٌ بِنَاصِيَتِهَا**﴾ ومنطقة الناصية هي أعلى مقدم الرأس، وقال في آية أخرى عن أبي جهل الذي آذى رسول الـلـه ﷺ: ﴿**كَلَّا لَئِن لَّمْ يَنتَه**﴾ أي لم ينته عن إيذاءه وكفره وإلحاده ﴿**كَلَّا لَئِن لَّمْ يَنتَهِ لَنَسْفَعًا بِالنَّاصِيَةِ * نَاصِيَةٍ كَاذِبَةٍ خَاطِئَةٍ**﴾ [العلق: 15-16]، وهنا نلاحظ أن الـلـه تبارك وتعالى وصف منطقة الناصية بأنها كاذبةٌ وخاطئةٌ.

ولو تأملنا أحاديث النبي عليه الصلاة والسلام سوف نجد أن الرسول ﷺ كان يدعو بدعاء عجيب يقول فيه: «اللهم إنني عبدك وابن عبدك، وابن أمتك ناصيتي بيدك،

ماضٍ فيَّ حكم، عدلٌ فيّ قضائك، أسألك بكل اسم هو لك، سميت به نفسك، أو أنزلته في كتابك، أو علمته أحداً من خلقك، أو استأثرت به في علم الغيب عندك، أن تجعل القرآن العظيم ربيع قلبي، وجلاء حزني وذهاب همي وغمي» وهنا نلاحظ أن النبي عليه الصلاة والسلام قال: (ناصيتي بيدك) والسؤال: لماذا هذا التأكيد على منطقة الناصية؟ ماذا يوجد خلف هذه المنطقة؟ ما مهمة هذه المنطقة؟ لماذا الله تبارك وتعالى دائماً يذكر هذه المنطقة أن الله هو يأخذ بها وهو يوجهها حيث يشاء؟

اختراع جهاز كشف الكذب

ما كشفت عنه الأبحاث العلمية الجديدة أن هناك فريق من العلماء في سنة 2006م فكروا بإيجاد وسيلة لمعرفة المنطقة المسؤولة عن الكذب في الإنسان، وطبعاً كان هدفهم من وراء هذه التجربة أن يخترعوا أو يصمِّموا جهازاً يكشف الكذب عند الإنسان، فاللصوص والمجرمون البارعون في الكذب كانوا يتحايلون على كلّ الأجهزة التي اخترعها العلماء سابقاً، والأجهزة السابقة كانت تقيس نبرة الصوت، وتقيس دقات القلب، وتقيس أيضاً كمية العرق التي يفرزها الإنسان، ويراقب أشياء أخرى تتعلق بفيزيولوجية هذا الإنسان، وعندما يبدأ الإنسان بالكذب فإن شيئاً ما سيضطرب إما أن يحدث تسريع في دقات القلب، وإما أن تحدث زيادة في الإفرازات العرقية لدى الإنسان، أو يحدث تنفس سريع...

ولكن الكاذبين المحترفين كانوا يتحايلون على كل هذه الأجهزة فتجدهم يجلسون بكل هدوء ولا يظهر عليهم أي أثر أثناء التحقيق معهم، وبالتالي أثبتت كل هذه الأجهزة فشلها، فلجأ العلماء في هذه التجربة الجديدة إلى الدماغ وقالوا لا بد أن يكون فيه منطقة مسؤولة عن الكذب، قد تكون في أسفل الدماغ أو في الجهة اليمنى أو اليسرى أو الأمامية.
فأحضروا من أجل هذا الهدف ما

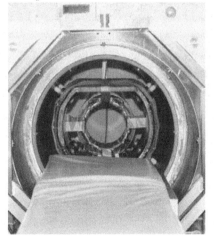

يمسى بجهاز المسح الوظيفي الذي يعمل بالرنين المغناطيسي fMRI.

صورة لجهاز المسح بالرنين المغنطيسي الوظيفي fMRI وهو جهاز مخصص لقياس نشاط أي منطقة من مناطق الدماغ بطريقة الموجات المغنطيسية.

ما مهمة هذا الجهاز وكيف يعمل؟

إنه عبارة عن جهاز يرصد نشاط الدماغ، حيث يوضع المريض ويحاط دماغه بقرص معين وتتوضّع خلف هذا القرص الأجهزة المربوطة مع أجهزة الكمبيوتر، وطبعاً هذا الجهاز لا يمس الإنسان إنما هي صور تؤخذ بموجات كهرطيسية فقط، فالدماغ كما نعلم في حالة نشاط دائم، و الله تبارك وتعالى الذي خلق الإنسان قسّم دماغه إلى مناطق فكل منطقة لها عمل ولها وظيفة محددة، وعندما قام العلماء بتجربة هذا الجهاز (الرنين المغناطيسي) وطلبوا من إنسان أن يكذب، فالذي حدث أنهم لاحظوا وجود نشاط كبير في المنطقة الأمامية العليا من الدماغ أي في منطقة الناصية وناصية الرأس هي أعلى مقدمة الرأس.

ولاحظوا أيضا أن هذه المنطقة يجري فيها الدم بسرعة لأن عمليات كثيرة تتم بها أثناء الكذب. فخرجوا بنتيجة وهي بأن المنطقة الأمامية العليا من الدماغ هي المسؤولة عن الكذب، وربما الاكتشاف الأهم أنهم وجدوا أن الإنسان عندما يكون صادقاً، أي: عندما يتكلم بصدق، فإنه تكاد لا تكون أي منطقة ذات نشاط في دماغه أي أنه لا يصرف أي طاقة تذكر.

لاحظ العلماء أن النشاط يكون أكبر ما يمكن في منطقة الناصية أثناء الكذب، بينما لم يلاحظوا نشاطاً يُذكر أثناء الصدق، وهذا ما جعلهم يعتقدون أن الدماغ قد فُطر على الصدق!!

الكذب يتطلب طاقة أكبر

لقد خرجوا بنتيجة أخرى وهي أن عملية

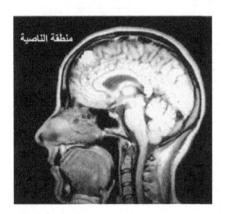

منطقة الناصية

الكذب تتطلب إسرافاً في الطاقة، فالإنسان عندما يكون صادقاً لا يـصرف أي طاقـة مـن دماغـه، وعندما يكذب فإنه يصرف طاقة كبيرة بسبب هذا الكـذب وطبعـاً هـذه النتـائج نتـائج يقينيـة لأنهـم رصدوا حركة الدم داخل هذا الدماغ في الخلايا العصبية للـدماغ ووجدوا أن المنطقة الأماميـة منطقـة الناصية تزداد نشاطاً بشكل كبير أثناء عملية الكذب.

ثم عندما جربوا هذه الطريقة على كثير من الناس وجـدوا أن الإنسـان لا يمكـن أبـداً أن يـتحكم بدماغه، فالإنسان بمجرد أن يكذب فإن نشاطاً سوف يحدث في دماغه في منطقة الناصية ولا يمكـن أن يوقف هذا النشاط، وبالتالي يمكن للبعض أحياناً أن يتحكم بدقات قلبه أو تقاسيم وجهه، ولكـن هـذه الطاقة التي تُصرف أثناء الكذب لا يمكنـه أن يلغيها أو يـتحكّم بها. ولـذلك قالوا أن أفـضل الطريقـة لكشف الكّذب عند الإنسان أن نراقب منطقة الناصية وأن هذه المنطقة تتوضع فيها مراكز الكذب.

يعتمد مبدأ هذا الجهاز على إرسال موجات مغنطيسية باتجاه الدماغ، هذه الموجات تصطدم بالخلايا العصبية في الدماغ، ثم ترتد ولكن بأشكال مختلفة حسب نوع المنطقة ونشاطها، فالمنطقة الأنشط في الدماغ (التي يتدفق فيها الدم أكثر وبالتالي نسبة الهيموغلوبين أو الأكسجين فيها أكبر) سوف تعطي شكلاً مختلفاً للموجات الصادرة عنها، ويمكن بالتالي معرفة المنطقة النشطة في الدماغ وشدة هذا النشاط.

مركز الخطأ في الناصية

بعد ذلك قام العلماء في جامعة «ميشيغان» أيضاً في عام 2006م بإجراء تجربة فريدة من نوعهـا أرادوا أن يعالجوا ظاهرة الخطأ، فالإنسان عندما يقـوم باتخاذ القرارات أحياناً يتخـذ قـراراً مـصيباً وأحياناً قراراً خاطئاً، فأرادوا أن يعلموا ما هي المنطقـة المـسؤولة عـن الخطأ في الـدماغ فـماذا فعلـوا؟ لجؤوا إلى الجهاز نفسه أي fMRI جهاز المسح الوظيفي

بالرنين المغنطسيي، وجاءوا بأناس وأخبروهم بأن يرتكبوا أخطاءً متنوعة وكانت نتيجة هذا البحث الذي نشرته مجلة علم الأعصاب حديثاً، أن المنطقة الأمامية العليا أي منطقة الناصية هي المسؤولة عن الخطأ لدى الإنسان، لأنهم لاحظوا نشاطاً كبيراً يحدث في هذه المنطقة أثناء ارتكاب أي خطأ، وكلما كان الخطأ أكبر كلما كان النشاط أكبر لهذه المنطقة.

نَاصِيَةٍ كَاذِبَةٍ خَاطِئَةٍ

من هنا فإن العلماء خرجوا بنتيجة يقينية وهي أن مركز الخطأ ومركز الكذب هما في منطقة الناصية أي في المنطقة الأمامية العليا من الدماغ، وهذا ما أخبرنا عنه القرآن في كلمتين فقط ﴿**كَلَّا لَئِن لَّمْ يَنتَهِ لَنَسْفَعًا بِالنَّاصِيَةِ * نَاصِيَةٍ كَاذِبَةٍ خَاطِئَةٍ**﴾ [العلق: 15-16]، مع أن المفسرين رحمهم الله تعالى لم يدركوا هذا الأمر فقالوا إن الناصية لا تكذب وفسروا هذه الآية على أن أشرف منطقة في الإنسان هي منطقة الناصية (أي جبينه أعلى رأسه) وبالتالي فإن الله تبارك تعالى سيأخذ أبا جهل من هذه المنطقة ويقذف به في نار جهنم والعياذ بالله.

ولكن الله تبارك وتعالى كل كلمة يقولها هي الحق وهي الصدق من عنده سبحانه وتعالى حتى عندما يشبه لنا القرآن أي تشبيه فإنه يتكلم بلغة الحقائق العلمية، وهذا إن دل على شيء فإنما يدل على أن القرآن دائماً يسبق العلم بل ويتفوق على العلم.

مركز الإبداع والقيادة

والتجربة التي قام بها أيضاً بعض العلماء حديثاً أرادوا أن يعرفوا من خلالها مكان القيادة لدى الإنسان، ففي دراستهم لعمليات الإبداع وعمليات الإدراك لدى الإنسان وبهدف تطوير مدارك هذا الإنسان قالوا لا بد أن نبحث عن تلك المنطقة المسؤولة عن اتخاذ تلك القرارات وعن الإبداع التي تتحكم بنجاح هذا الإنسان وفشله، فبعد ذلك قاموا بتجربة وهي أن الإنسان لا بد أن يكون هنالك منطقة ما في دماغه مسؤولة عن هذه العمليات، فقاموا بإحضار بعض الناس وطلبوا منهم أن يتخذوا بعض القرارات الهامة، وجعلوهم أيضا يفكرون تفكيراً إبداعياً فوجدوا دائماً بعد أخذ القياسات من الجهاز fMRI الرنين المغناطيسي وجدوا أن منطقة الناصية أيضاً تنشط عندما يتخذ الإنسان

قراراً حاسماً في حياته، وعندما يفكر تفكيراً إبداعياً، أي عندما يحاول أن يستكشف ويتفكر ويتدبر أو أن يفعل أشياء فيها إبداع، لاحظوا أن منطقة الناصية هي المسؤولة عن هذا الأمر أيضاً.

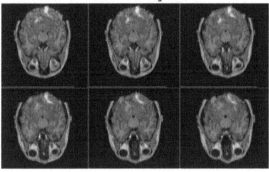

أظهرت التجارب بواسطة جهاز المسح بالرنين المغنطيسي- أن الناصية وهي مقدمة وأعلى الدماغ تنشط بشكل كبير أثناء الكذب، وكذلك أثناء الخطأ وهذا ما جعل العلماء يستيقنون بأن الناصية هي التي تقوم بتوجيه الإنسان أثناء عملية الكذب والخطأ. وتبين الصور أن منطقة الناصية تنشط أثناء الأعمال الإبداعية، وكذلك أثناء اتخاذ القرارات الكبيرة في حياة الإنسان، وهي بحق من أهم مناطق الدماغ.

نتائج علمية يقينية

وهكذا تبين للعلماء أن المنطقة المسؤولة عن الخطأ كما قلنا هي منطقة الناصية وهنا نتذكر قول الحق تبارك وتعالى عندما قال على لسان سيدنا هود عليه السلام ﴿**إِنِّي تَوَكَّلْتُ عَلَى اللهِ رَبِّي وَرَبِّكُم مَّا مِن دَآبَّةٍ إِلاَّ هُوَ آخِذٌ بِنَاصِيَتِهَا**﴾ [هود:56]، أي أن الله تبارك وتعالى يأخذ بناصية كل المخلوقات ويوجه هذه المخلوقات كيف يشاء، ولذلك ماذا قال في تتمة الآية ﴿**إِنَّ رَبِّي عَلَى صِرَاطٍ مُّسْتَقِيمٍ**﴾ [هود:56]، أي أن الله تبارك وتعالى بالتعاليم التي أعطانا إياها إذا طبقنا هذه التعاليم فسنكون على صراط مستقيم، لن تخطئ قراراتنا أبداً.

لماذا ذكر الله هذه الحقيقة؟

وهنا أود أن أتوقف مع الهدف دائماً نحن نقول إن الإعجاز العلمي هو وسيلة لزيادة الإيمان بالنسبة للمؤمن وسيلة لأولئك المشككين ليدركوا من خلاله عظمة هذا الدين وصدق هذا القرآن. ولكن هنالك هدف آخر مهم جداً: ماذا استفدنا من هذه الحقائق؟ كيف نطبق هذه الحقائق في حياتنا؟

وأقول لكم إنني عندما سمعت هذه الآية على لسان سيدنا هود، قلت إن الله تبارك وتعالى أراد أن يعلِّمنا منها شيئاً: أن الإنسان إذا أحس في حياته أنه سيخطئ أو كان على أبواب أن يتخذ قراراً يخشى أن يكون قراراً خاطئاً، فإن عليه أن يدعو بدعاء سيدنا هو عليه السلام: ﴿**إِنِّي تَوَكَّلْتُ عَلَى اللَّهِ رَبِّي وَرَبِّكُم مَّا مِن دَآبَّةٍ إِلاَّ هُوَ آخِذٌ بِنَاصِيَتِهَا إِنَّ رَبِّي عَلَى صِرَاطٍ مُّسْتَقِيمٍ**﴾ [هود: 56]. فإن الله تبارك وتعالى قد أودع في هذه الآية لغة أخرى لا نفهمها، قد تفهمها خلايا دماغنا، عندما نكرِّر هذه الآية عدة مرات فإن الله تبارك وتعالى سيعيننا ببركة هذه الآية على أن نتخذ القرار الصحيح.

الناصية مركز الشفاء

حتى إننا عندما نريد أن نتلو آيات من القرآن من أجل شفاء مرض معين فإن هذه الناصية مهمة جداً في هذا الموضوع، أي أننا ينبغي أن نضع يدنا على هذه المنطقة ونقرأ مثلاً سورة الفاتحة أو الآية التي نريدها والتي نعتقد أن فيها شفاءً من هذا المرض، لماذا؟

لأن هذه المنطقة أشبه بخزان كبير للأخطاء للكذب للقرارات الخاطئة للأشياء الكثيرة التي يقوم بها الإنسان، ولا بد من تطهير وصيانة هذه المنطقة دائماً، لا بد أن نتوجه إلى الله تبارك وتعالى وكما كان النبي يتوجه عليه الصلاة والسلام ويقول (ناصيتي بيدك) وكأن النبي عليه الصلاة والسلام قد سلّم مركز القيادة لديه إلى الله تبارك وتعالى: يا رب أنا سلمتك هذه الناصية التي هي مسئولة عن الكذب ومسئولة عن الخطأ ومسؤولة عن الإدراك ومسئولة أيضا عن الإبداع، فأنت يا رب توجهها كيف تشاء وتفعل بي ما تشاء، وهنا ندرك معجزة لطيفة للنبي ﷺ بهذا الموضوع عندما قال: (ناصيتي بيدك).

قراءة جديدة

لذلك عندما نقرأ هذه الآيات: ﴿**إِنِّي تَوَكَّلْتُ عَلَى اللَّهِ رَبِّي وَرَبِّكُم مَّا مِن دَآبَّةٍ إِلاَّ هُوَ آخِذٌ بِنَاصِيَتِهَا إِنَّ رَبِّي عَلَى صِرَاطٍ مُّسْتَقِيمٍ**﴾ [هود:56]، عند قراءتنا لهذه الآية قراءة جديدةً بعد تدبرها سوف نتذوقها ونشعر بطعم مختلفٍ، وهذا ما أريده دائماً، ينبغي على المؤمن أن يقرأ القرآن بتدبر ليشعر بحلاوة الإيمان، فكثير من الناس يعبد الله ويقرأ القرآن ويصلي ولكن لا يحس بهذه الحلاوة، فإذا أردت أن تشعر بحلاوة الإيمان وأن يكون لديك

إحساس بالفرح والسعادة فعليك أن تتدبر هذا القرآن، لأن الله تبارك وتعالى يقول: ﴿قُلْ بِفَضْلِ اللهِ وَبِرَحْمَتِهِ فَبِذَلِكَ فَلْيَفْرَحُوا هُوَ خَيْرٌ مِمَّا يَجْمَعُونَ﴾ [يونس:58].

بحث رائع: قلوب يعقلون بها

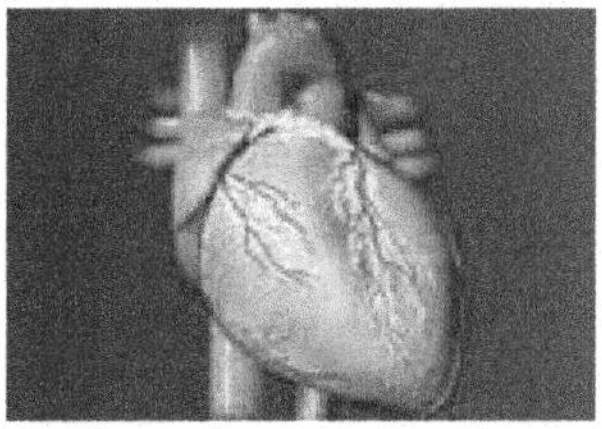

يؤكد بعض الباحثين اليوم أن داخل القلب هناك دماغ يفكر ويفهم ويشعر، والسؤال: هل هنالك إشارات قرآنية تؤكد على دور القلب في الفهم والإدراك؟ لنقرأ هذا البحث الشيق والجديد في طرحه وأسلوبه.....

ملخص البحث

نقدم في هذا البحث العلمي رؤية جديدة للقلب البشري، فعلى مدى سنوات طويلة درس العلماء القلب من الناحية الفيزيولوجية واعتبروه مجرد مضخة للدم لا أكثر ولا أقل. ولكن ومع بداية القرن الحادي والعشرين ومع تطور عمليات زراعة القلب والقلب الاصطناعي وتزايد هذه العمليات بشكل كبير، بدأ بعض الباحثين يلاحظون ظاهرة غريبة ومحيرة لم يجدوا لها تفسيراً حتى الآن!

إنها ظاهرة تغير الحالة النفسية للمريض بعد عملية زرع القلب، وهذه التغيرات النفسية عميقة لدرجة أن المريض بعد أن يتم استبدال قلبه بقلب طبيعي أو قلب صناعي، تحدث لديه تغيرات نفسية عميقة، بل إن التغيرات تحدث أحياناً في معتقداته، وما يحبه ويكرهه، بل وتؤثر على إيمانه أيضاً!!

ومن هنا بدأتُ بجمع معظم التجارب والأبحاث والمشاهدات والحقائق حول هذا الموضوع، ووجدتُ بأن كل ما يكشفه العلماء حول القلب قد تحدث عنه القرآن الكريم بشكل مفصّل! وهذا يثبت السبق القرآني في علم القلب، ويشهد على عظمة ودقة القرآن الكريم، وأنه كتاب رب العالمين.

مقدمة

هناك بعض الباحثين يعتقدون أن القلب مجرد مضخة وأنه لا يوجد أي أثر لتغيير قلب المريض، بل قد تحدث تغيرات نفسية طفيفة بسبب تأثير العملية. كما يعتقد البعض

أن القلب المذكور في القرآن هو القلب المعنوي غير المرئي مثله مثل النفس والروح. فما هي حقيقة الأمر؟

والحقيقة أننا لو تتبعنا أقوال أطباء الغرب الذين برعوا في هذا المجال، أي مجال علم القلب، نرى بأن عدداً منهم يعترف بأنهم لم يدرسوا القلب من الناحية النفسية، ولم يعطَ هذا الجزء الهام حقه من الدراسة بعد.

يُخلق القلب قبل الدماغ في الجنين، ويبدأ بالنبض منذ تشكله وحتى موت الإنسان. ومع أن العلماء يعتقدون أن الدماغ هو الذي ينظم نبضات القلب، إلا أنهم لاحظوا شيئاً غريباً وذلك أثناء عمليات زرع القلب، عندما يضعون القلب الجديد في صدر المريض يبدأ بالنبض على الفور دون أن ينتظر الدماغ حتى يعطيه الأمر بالنبض.

وهذا يشير إلى استقلال عمل القلب عن الدماغ، بل إن بعض الباحثين اليوم يعتقد أن القلب هو الذي يوجّه الدماغ في عمله، بل إن كل خلية من خلايا القلب لها ذاكرة! ويقول الدكتور Schwartz إن تاريخنا مكتوب في كل خلية من خلايا جسدنا.

حقائق القلب

القلب هو المحرك الذي يغذي أكثر من 300 مليون مليون خلية في جسم الإنسان، ويبلغ وزنه (250-300) غرام، وهو بحجم قبضة اليد. وفي القلب المريض جداً يمكن أن يصل وزنه إلى 1000 غرام بسبب التضخم.

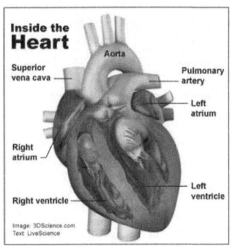

Inside the **Heart**

Aorta

Superior vena cava

Pulmonary artery

Left atrium

Right atrium

Left ventricle

Right ventricle

Image: 3DScience.com
Text: LiveScience

يقوم قلبك منذ أن كنتَ جنيناً في بطن أمك (بعد 21 يوماً من الحمل) بالعمل على ضخ الدم في مختلف أنحاء جسدك، وعندما تصبح بالغاً يضخ قلبك في اليوم أكثر من سبعين ألف لتر من الدم وذلك كل يوم، هذه الكمية يضخها أثناء انقباضه وانبساطه، فهو ينقبض أو يدق كل يوم أكثر من مئة ألف مرة، وعندما يصبح

عمرك 70 سنة يكون قلبك قد ضخ مليون برميل من الدم خلال هذه الفترة!

يزود القلب عبر الدم جميع خلايا الجسم بالأكسجين، فالخلايا تأخذ الأكسجين لتحرقه في صنع غذائها، وتطرح غاز الكربون والنفايات السامة التي يأخذها الدم ويضخها عبر القلب لتقوم الرئتين بتنقية هذا الدم وطرح غاز الكربون. طبعاً تأخذ الرئتين الأكسجين الذي نتنفسه وتطرح غاز الكربون من خلال عملية التنفس (الشهيق والزفير)، إن شبكة نقل الدم عبر جسمك أي الشرايين والأوعية لو وصلت مع بعضها لبلغ طولها مئة ألف كيلو متر!!

علاقة الدماغ بالقلب

هل الدماغ يتحكم بعمل القلب كما يقول العلماء، أم أن العكس هو الصحيح؟ ينبغي عليك أخي القارئ أن تعلم أن علم الطب لا يزال متخلفاً!! وهذا باعتراف علماء الغرب أنفسهم، فهم يجهلون تماماً العمليات الدقيقة التي تحدث في الدماغ، يجهلون كيف يتذكر الإنسان الأشياء، ويجهلون لماذا ينام الإنسان، ولماذا ينبض القلب، وما الذي يجعل هذا القلب ينبض، وأشياء كثيرة يجهلونها، فهم ينشرون في أبحاثهم ما يشاهدونه فقط، ليس لديهم أي قاعدة مطلقة، بل كل شيء لديهم بالتجربة والمشاهدة والحواس.

ولكننا كمسلمين لدينا حقائق مطلقة هي الحقائق التي حدثنا عنها القرآن الكريم قبل 14 قرناً عندما أكد في كثير من آياته على أن القلب هو مركز العاطفة والتفكير والعقل والذاكرة. ومنذ ثلاثين عاماً فقط بدأ بعض الباحثين بملاحظة علاقة بين القلب والدماغ، ولاحظوا أيضاً أن للقلب دور في فهم العالم من حولنا، وبدأت القصة عندما لاحظوا علاقة قوية بين ما يفهمه ويشعر به الإنسان، وبين معدل ضربات القلب وضغط الدم والتنفس في الرئتين. ومن هنا بدأ بعض الباحثين يدرسون العلاقة بين القلب والدماغ. ووجدوا بأن القلب يؤثر على النشاط الكهربائي للدماغ.

العلماء لم يثبتوا أن القلب ليس له علاقة بالعواطف بل لا يستطيع أحد أن يثبت ذلك، لأنهم لم يستطيعوا كشف جميع أسرار القلب، ولذلك عندما نقول إن القلب هو الذي يوجّه الدماغ في عمله، فهذا الكلام منطقي ولا يوجد ما ينافيه علمياً، والأهم من ذلك أنه يتفق مع القرآن.

الشيء الثابت علمياً أن القلب يتصل مع الدماغ من خلال شبكة معقدة مـن الأعصاب، وهنـاك رسائل مشتركة بين القلب والدماغ على شكل إشارات كهربائية، ويؤكد بعض العلماء أن القلب والدماغ يعملان بتناسق وتناغم عجيب ولو حدث أي خلل في هذا التناغم ظهرت الاضطرابات على الفور.

ويقول الدكتور Armour إن للقلب نظاماً خاصاً به في معالجة المعلومات القادمـة إليـه مـن مختلف أنحاء الجسم، ولذلك فإن نجاح زرع القلب يعتمد على النظام العصبي للقلب المزروع وقدرته على التأقلم مع المريض.

مشاهد مثيرة!

تقول المعالجة النفسية Linda Marks بعد عملها لمدة عشرين عامـاً في مركز القلب: كان الناس يواجهونني بسؤال: ماذا تعملين في هذا المركز وأنت تعلمين أن القلب مجرد مضخة للدم ليس له علاقة بالحالة النفسية للإنسان؟ وكنتُ أجيب بأنني أحس بالتغيير الذي يحصل في نفسية المريض قبل وبعد عملة زرع القلب، وأحس بتغير عاطفته، ولكن ليس لدي الدليل العلمي إلا ما أراه أمامي. ولكن منذ التسعينات تعرفت على إحدى المهتمات بهذا الموضوع وهي «ليندا راسك» التي تمكنت من تسجيل علاقة بين الترددات الكهرطيسية التي يبثها القلب والترددات الكهرطيسية التي يبثها الدماغ، وكيف يمكن للمجال الكهرطيسي للقلب أن يؤثر في المجال المغنطيسي لدماغ الشخص المقابل!

البرفسور Gary Schwartz اختصاصي الطب النفسي في جامعة أريزونـا، والـدكتورة Linda Russek يعتقدان أن للقلب طاقة خاصة بواسطتها يتم تخزين المعلومـات ومعالجتهـا أيضـاً. وبالتـالي فإن الذاكرة ليست فقط في الدماغ بل قد يكون القلب محركاً لهـا ومـشرفاً عليها. قـام الـدكتور غـاري ببحث ضم أكثر من 300 حالة زراعة قلب، ووجد بأن جميعها قد حـدث لهـا تغيـرات نفـسية جذريـة بعد العملية.

يقول الدكتور Schwartz قمنا بزرع قلب لطفل من طفل آخر أمه طبيبة وقد توفي وقـررت أمـه التبرع بقلبه، ثم قامت بمراقبة حالة الزرع جيداً، وتقول هذه الأم: «إنني

أحس دائماً بأن ولدي ما زال على قيد الحياة، فعندما أقترب من هذا الطفل (الذي يحمل قلب ولدها) أحس بدقات قلبه وعندما عانقني أحسست بأنه طفلي تماماً، إن قلب هذا الطفل يحوي معظم طفلي»!

والذي أكد هذا الإحساس أن هذا الطفل بدأ يظهر عليه خلل في الجهة اليسرى، وبعد ذلك تبين أن الطفل المتوفى صاحب القلب الأصلي كان يعاني من خلل في الجانب الأيسر من الدماغ يعيق حركته، وبعد أن تم زرع هذا القلب تبين بعد فترة أن الدماغ بدأ يصيبه خلل في الجانب الأيسر تماماً كحالة الطفل الميت صاحب القلب الأصلي.

ما هو تفسير ذلك؟ ببساطة نقول إن القلب هو الذي يشرف على عمل الدماغ، والخلل الذي أصاب دماغ الطفل المتوفى كان سببه القلب، وبعد زرع هذا القلب لطفل آخر، بدأ القلب يمارس نشاطه على الدماغ وطوَّر هذا الخلل في دماغ ذلك الطفل.

تقول الدكتورة ليندا: من الحالات المثيرة أيضاً أنه تم زرع قلب لفتاة كانت تعاني من اعتلال في عضلة القلب، ولكنها أصبحت كل يوم تحس وكأن شيئاً يصطدم بصدرها فتشكو لطبيبها هذه الحالة فيقول لها هذا بسبب تأثير الأدوية، ولكن تبين فيما بعد أن صاحبة القلب الأصلي صدمتها سيارة في صدرها وأن آخر كلمات نطقت بها أنها تحس بألم الصدمة في صدرها.

مئات ومئات الحالات التي حدثت لها تغيرات عميقة، فقد غرقت طفلة عمرها ثلاث سنوات في المسبح المنزلي، وتبرع أهلها بقلبها ليتم زراعته لطفل عمره تسع سنوات، الغريب أن هذا الطفل أصبح خائفاً جداً من الماء، بل ويقول لوالديه لا ترموني في الماء!!

القلب مسؤول عن العواطف

هناك أمر مثير للاهتمام ألا وهو أن أولئك المرضى الذين استبدلت قلوبهم بقلوب اصطناعية، فقدوا الإحساس والعواطف والقدرة على الحب! ففي 2007/8/11 نشرت جريدة Washington Post تحقيقاً صحفياً حول رجل اسمه Peter Houghton وقد أُجريت له عملية زرع قلب اصطناعي، يقول هذا المريض: «إن مشاعري تغيرت بالكامل، فلم أعد أعرف كيف أشعر أو أحب، حتى أحفادي لا أحس بهم ولا أعرف كيف أتعامل معهم، بوعندما يقتربون مني لا أحس

أنهم جزء من حياتي كما كنت من قبل».

أصبح هذا الرجل غير مبال بأي شيء، لا يهتم بالمال، لا يهتم بالحياة، لا يعرف لماذا يعيش، بل إنه يفكر أحياناً بالانتحار والتخلص من هذا القلب المشؤوم! لم يعد هذا الإنسان قادراً على فهم العالم من حوله، لقد فقَّد القدرة على الفهم أو التمييز أو المقارنة، كذلك فقد القدرة على التنبؤ، أو التفكير في المستقبل أو ما نسميه الحدس. حتى إنه فقد الإيمان بالله، ولم يعد يبالي بالآخرة كما كان من قبل!!

حتى هذه اللحظة لم يستطع الأطباء تفسير هذه الظاهرة، لماذا حدث هذا التحول النفسي الكبير، وما علاقة القلب بنفس الإنسان ومشاعره وتفكيره؟ يقول البرفسور Arthur Caplan رئيس قسم الأخلاق الطبية في جامعة بنسلفانيا: «إن العلماء لم يعطوا اهتماماً بهذه الظاهرة، بل إننا لم ندرس علاقة العاطفة والنفس بأعضاء الجسم، بل نتعامل مع الجسم وكأنه مجرد آلة.»

القلب الاصطناعي هو عبارة عن جهاز يتم غرسه في صدر المريض يعمل على بطارية يحملها المريض على بشكل دائم ويستبدلها كلما نفدت، هذا الجهاز أشبه بمضخة تضخ الدم وتعمل باستمرار، وإذا وضعت رأسك على صدر هذا المريض فلا تسمع أي دقات بل تسمع صوت محرك كهربائي!

إن أول قلب صناعي تم زرعه في عام 1982 وعاش المريض به 111 يوم، ثم تطور هذا العلم حتى تمكن العلماء في عام 2001 من صنع قلب صناعي يدعى AbioCor وهو قلب متطور وخفيف يبلغ وزنه أقل من كيلو غرام (900 غرام) ويتم زرعه مكان القلب المصاب. أما أول قلب صناعي كامل فقد زرع عام 2001 لمريض أشرف على الموت، ولكنه عاش بالقلب الصناعي أربعة أشهر، ثم تدهورت صحته وفقد القدرة على الكلام والفهم، ثم مات بعد ذلك.

لقد فشل القلب الصناعي كما أكدت إدارة الدواء والغذاء الأمريكية لأن المرضى الذين تمت إجراء عمليات زرع هذا القلب لهم ماتوا بعد عدة أشهر بسبب ذبحة صدرية مفاجئة،

دماغ في القلب

إن التفسير المقبول لهذه الظاهرة أنه يوجد في داخل خلايا قلب الإنسان برامج خاصة للذاكرة يتم فيها تخزين جميع الأحداث التي يمر فيها الإنسان، وتقوم هذه البرامج بإرسال هذه الذاكرة للدماغ ليقوم بمعالجتها.

نلاحظ أن معدل نبضات القلب يتغير تبعاً للحالة النفسية والعاطفية للإنسان، ويؤكد الدكتور .J Andrew Armour أن هناك دماغاً شديد التعقيد موجود داخل القلب، داخل كل خلية من خلايا القلب، ففي القلب أكثر من أربعين ألف خلية عصبية تعمل بدقة فائقة على تنظيم معدل ضربات القلب وإفراز الهرمونات وتخزين المعلومات ثم يتم إرسال المعلومات إلى الدماغ، هذه المعلومات تلعب دوراً مهماً في الفهم والإدراك.

إذن المعلومات تتدفق من القلب إلى ساق الدماغ ثم تدخل إلى الدماغ عبر ممرات خاصة، وتقوم بتوجيه خلايا الدماغ لتتمكن من الفهم والاستيعاب. ولذلك فإن بعض العلماء اليوم يقومون بإنشاء مراكز تهتم بدراسة العلاقة بين القلب والدماغ وعلاقة القلب بالعمليات النفسية والإدراكية، بعدما أدركوا الدور الكبير للقلب في التفكير والإبداع.

ذبذبات من القلب

يقول الدكتور بول برسال Paul Pearsall إن القلب يحس ويشعر ويتذكر ويرسل ذبذبات تمكنه من التفاهم مع القلوب الأخرى، ويساعد على تنظيم مناعة الجسم، ويحتوي على معلومات يرسلها إلى كل أنحاء الجسم مع كل نبضة من نبضاته. ويتساءل بعض الباحثين: هل من الممكن أن تسكن الذاكرة عميقاً في قلوبنا؟

إن القلب بإيقاعه المنتظم يتحكم بإيقاع الجسد كاملاً فهو وسيلة الربط بين كل خلية من خلايا الجسم من خلال عمله كمضخة للدم، حيث تعبر كل خلية دم هذا القلب وتحمل المعلومات منه وتذهب بها إلى بقية خلايا الجسم، إذن القلب لا يغذي الجسد بالدم النقي إنما يغذيه أيضاً بالمعلومات!

ومن الأبحاث الغريبة التي أجريت في معهد «رياضيات القلب» HeartMath أنهم وجدوا أن المجال الكهربائي للقلب قوي جداً ويؤثر على من حولنا من الناس، أي

أن الإنسان يمكن أن يتصل مع غيره من خلال قلبه فقط دون أن يتكلم!!!

أجرى معهد رياضيات القلب العديد من التجارب أثبت من خلالها أن القلب يبث ترددات كهرطيسية تؤثر على الدماغ وتوجهه في عمله، وأنه من الممكن أن يؤثر القلب على عملية الإدراك والفهم لدى الإنسان. كما وجدوا أن القلب يبث مجالاً كهربائياً هو الأقوى بين أعضاء الجسم، لذلك

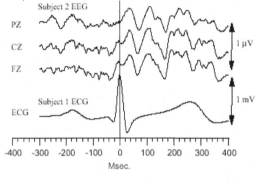

فهو من المحتمل أن يسيطر على عمل الجسم بالكامل. المنحني الأسفل يمثل ضربات القلب، والمنحنيات الثلاثة فوقه تمثل رد فعل الـدمـاغ وكيـف تتـأثر تردداته بحالة القلب.

كما وجدوا أن دقات القلـب تـؤثر عـلى المـوجـات التـي يبثهـا الـدماغ (موجات ألفا)، فكلمـا زاد عـدد دقات القلـب زادت الـترددات التـي يبثهـا الدماغ.

القلب والإدراك

في بحـث أجـراه الباحثـان Rollin McCraty وMike Atkinson وتـم عرضـه في اللقـاء السنوي للمجتمـع البافلوفي عام 1999، وقد جاء بنتيجة هذا البحث أن هنالك علاقـة بين القلب وعملية الإدراك، وقـد أثبتَ الباحثان هذه العلاقة من خلال قياس النشاط الكهرومغناطيسي للقلب والدماغ أثناء عملية الفهـم أي عنـدما يحاول الإنسان فهم ظاهرة ما، فوجدوا أن عملية الإدراك تتناسب مـع أداء القلب، وكلمـا كـان أداء القلـب أقل كان الإدراك أقل.

إن النتائج التي قدمها معهد رياضيات القلب مبهرة وتؤكد على أنك عندما تقترب من إنسان آخر أو تلمسه أو تتحدث معه، فإن التغيرات الحاصلة في نظام دقات القلب لـديك، تـنعكس عـلى نـشاطه الدماغي!! أي أن قلبك يؤثر على دماغ من هو أمامك.

في هذه الصورة رجل يعيش بقلب صناعي، إنه يرتبط بشكل دائم بأشرطة من أجل التغذية بالبطارية، إن الذي تجري له عملية تركيب قلب اصطناعي يفقد الإحساس بكثير من الأشياء من حوله وتصبح ردود أفعاله شبه منعدمة، وتحدث تغيرات كبيرة جداً في شخصيته. وهذا يثبت عمل القلب في التفكير وفي ردود الأفعال وفي توجيه الدماغ أيضاً.

السبق القرآني في علم القلب

إن المشاهدات والتجارب التي رأيناها في هذا البحث تثبت لنا عدة نتائج في علم القلب يمكن أن نلخصها في نقاط محددة، وكيف أن القرآن حدثنا عنها بدقة تامة:

1- يتحدث العلماء اليوم جدّياً عن دماغ موجود في القلب يتألف من 40000 خلية عصبية، أي أن ما نسميه «العقل» موجود في مركز القلب، وهو الذي يقوم بتوجيه الدماغ لأداء مهامه، ولذلك فإن الله تعالى جعل القلب وسيلة نعقل به، يقول تعالى: ﴿أَفَلَمْ يَسِيرُوا فِي الْأَرْضِ فَتَكُونَ لَهُمْ قُلُوبٌ يَعْقِلُونَ بِهَا أَوْ آذَانٌ يَسْمَعُونَ بِهَا فَإِنَّهَا لَا تَعْمَى الْأَبْصَارُ وَلَكِنْ تَعْمَى الْقُلُوبُ الَّتِي فِي الصُّدُورِ﴾ [الحج: 46]. وهذه الآية حدّدت لنا مكان القلب لكي لا يظن أحد أن القلب موجود في الرأس وهو الدماغ، أو أن هناك قلباً غير القلب الذي ينبض في صدرنا، وهذه أقوال لا تعتمد على برهان علمي.

2- يتحدث العلماء اليوم عن الدور الكبير الذي يلعبه القلب في عملية الفهم والإدراك وفقه الأشياء من حولنا، وهذا ما حدثنا عنه القرآن بقوله تعالى: ﴿لَهُمْ قُلُوبٌ لَا يَفْقَهُونَ بِهَا﴾ [الأنعام: 179]. أي أن القرآن حدد لنا مركز الإدراك لدى الإنسان وهو القلب، وهو ما يكتشفه العلماء اليوم.

3- معظم الذين يزرعون قلباً صناعياً يشعرون بأن قلبهم الجديد قد تحجَّر ويحسون بقسوة غريبة في صدورهم، وفقدوا الإيمان والمشاعر والحب، وهذا ما أشار إليه القرآن في خطاب اليهود: ﴿ثُمَّ قَسَتْ قُلُوبُكُمْ مِنْ بَعْدِ ذَلِكَ فَهِيَ كَالْحِجَارَةِ أَوْ أَشَدُّ قَسْوَةً﴾ [البقرة: 74]. فقد حدّد لنا القرآن صفة من صفات القلب وهي القسوة واللين، ولذلك قال عن الكافرين: ﴿فَوَيْلٌ لِلْقَاسِيَةِ قُلُوبُهُمْ مِنْ ذِكْرِ اللَّهِ أُولَئِكَ فِي ضَلَالٍ مُبِينٍ﴾ [الزمر: 22]. ثم قال في المقابل عن المؤمنين: ﴿ثُمَّ تَلِينُ جُلُودُهُمْ وَقُلُوبُهُمْ إِلَى ذِكْرِ اللَّهِ﴾ [الزمر: 23].

4- يؤكد العلماء أن كل خلية من خلايا القلب تشكل مستودعاً للمعلومات والأحداث، ولذلك بدأوا يتحدثون عن ذاكرة القلب، ولذلك فإن الله تعالى أكد لنا أن كل شيء موجود في القلب، وأن الله يختبر ما في قلوبنا، يقول تعالى: ﴿وَلِيَبْتَلِيَ اللَّهُ مَا فِي صُدُورِكُمْ وَلِيُمَحِّصَ مَا فِي قُلُوبِكُمْ وَاللَّهُ عَلِيمٌ بِذَاتِ الصُّدُورِ﴾ [آل عمران: 154].

5- يؤكد بعض الباحثين على أهمية القلب في عملية السمع، بل إن الخلل الكبير في نظام عمل القلب يؤدي إلى فقدان السمع، وهذا ما رأيته بنفسي عندما كان في أحد المشافي رجل لم يكن يصلي وكان يفطر في رمضان ولم يكن يسمع نداء الحق، وقد أصابه احتشاء بسيط في عضلة القلب ثم تطور هذا الخلل حتى فقد سمعه تماماً ثم مات مباشرة بعد ذلك، وكانت آخر كلمة نطقها «إنني لا أسمع شيئاً»، ولذلك ربط القرآن بين القلب وبين السمع فقال: ﴿وَنَطْبَعُ عَلَى قُلُوبِهِمْ فَهُمْ لَا يَسْمَعُونَ﴾ [الأعراف: 100].

6- يتحدث الباحثون عن دور القلب في التعلم، وهذا يعتبر من أحدث الأبحاث التي نشرت مؤخراً، ولذلك فإن للقلب دوراً مهماً في العلم والتعلم لأن القلب يؤثر على خلايا الدماغ ويوجهها، ولذلك فإن القرآن قد ربط بين القلب والعلم، قال تعالى: ﴿وَطَبَعَ اللَّهُ عَلَى قُلُوبِهِمْ فَهُمْ لَا يَعْلَمُونَ﴾ [التوبة: 93].

7- تؤكد التجارب الجديدة أن مركز الكذب هو في منطقة الناصية في أعلى ومقدمة الدماغ، وأن هذه المنطقة تنشط بشكل كبير أثناء الكذب، أما المعلومات التي يختزنها القلب فهي معلومات حقيقية صادقة، وهكذا فإن الإنسان عندما يكذب بلسانه، فإنه يقول عكس ما يختزنه قلبه من معلومات، ولذلك قال تعالى: ﴿يَقُولُونَ بِأَلْسِنَتِهِمْ مَا لَيْسَ

﴿فِي قُلُوبِهِمْ﴾ [الفتح: 11]. فاللسان هنا يتحرك بأمر من الناصية في الدماغ، ولذلك وصف الله هذه الناصية بأنها: **﴿نَاصِيَةٍ كَاذِبَةٍ خَاطِئَةٍ﴾** [العلق: 16].

8- رأينا ذلك الرجل صاحب القلب الصناعي كيف فقد إيمانه بالله بعد عملية الزرع مباشرة، وهذا يعطينا مؤشراً على أن الإيمان يكون بالقلب وليس بالدماغ، وهكذا يؤكد بعض الباحثين على أهمية القلب في الإيمان والعقيدة، ولذلك قال تعالى: **﴿يَا أَيُّهَا الرَّسُولُ لَا يَحْزُنْكَ الَّذِينَ يُسَارِعُونَ فِي الْكُفْرِ مِنَ الَّذِينَ قَالُوا آمَنَّا بِأَفْوَاهِهِمْ وَلَمْ تُؤْمِنْ قُلُوبُهُمْ﴾**

[المائدة: 41].

9- بينت أبحاث القلب الصناعي أن للقلب دوراً أساسياً في الخوف والرعب، وعندما سألوا صاحب القلب الصناعي عن مشاعره قال بأنه فقد القدرة على الخوف، لم يعد يخاف أو يتأثر أو يهتم بشيء من أمور المستقبل. وهذا ما سبق به القرآن عندما أكد على أن القلوب تخاف وتوجل: **﴿إِنَّمَا الْمُؤْمِنُونَ الَّذِينَ إِذَا ذُكِرَ اللَّهُ وَجِلَتْ قُلُوبُهُمْ وَإِذَا تُلِيَتْ عَلَيْهِمْ آيَاتُهُ زَادَتْهُمْ إِيمَانًا وَعَلَى رَبِّهِمْ يَتَوَكَّلُونَ﴾** [الأنفال: 2]. وكذلك جعل الله مكان الخوف والرعب هو القلب، فقال: **﴿وَقَذَفَ فِي قُلُوبِهِمُ الرُّعْبَ﴾** [الحشر: 2].

الإعجاز في السنة النبوية

لقد سبق النبي الأعظم عليه الصلاة والسلام علماء الغرب إلى الحديث عن دور القلب وأهميته في صلاح النفس، بل إنه جعل للقلب دوراً مركزياً فإذا صلح هذا القلب فإن جميع أجهزة الجسد ستصلح، وإذا فسد فسوف تفسد جميع أنظمة الجسم، وهذا ما نراه اليوم وبخاصة في عمليات القلب الصناعي، حيث نرى بأن جميع أنظمة الجسم تضطرب، ولذلك قال ﷺ: **«ألا إن في الجسد مضغة إذا صلحت صلح الجسد كله وإذا فسدت فسد الجسد كله ألا وهي القلب»** [متفق عليه].

أفضل علاج للقلب

يؤكد جميع العلماء على أن السبب الأول للوفاة هو اضطراب نظم عمل القلب، وأن أفضل طريقة للعلاج هو العمل على استقرار هذه القلوب، وقد ثبُت أن بعض الترددات الصوتية تؤثر في عمل القلب وتساعد على استقراره، وهل هناك أفضل من صوت

القرآن؟ ولذلك قال تعالى: ﴿**الَّذِينَ آمَنُوا وَتَطْمَئِنُّ قُلُوبُهُمْ بِذِكْرِ اللَّهِ أَلَا بِذِكْرِ اللَّهِ تَطْمَئِنُّ الْقُلُوبُ**﴾ [الرعد: 28]. وقد وجدتُ بالتجربة أن تلاوة هذه الآية سبع مرات صباحاً ومساءً تؤدي إلى استقرار كبير في عمل القلب، و الله أعلم.

وأخيراً نسأل الله تعالى أن يثبت قلوبنا على الإيمان، ونتذكر أكثر دعاء النبي: (يا مقلّب القلوب ثبّت قلبي على دينك)، وندعو بدعاء المؤمنين: ﴿**رَبَّنَا لَا تُزِغْ قُلُوبَنَا بَعْدَ إِذْ هَدَيْتَنَا وَهَبْ لَنَا مِنْ لَدُنْكَ رَحْمَةً إِنَّكَ أَنْتَ الْوَهَّابُ**﴾ [آل عمران: 8].

www.kaheel7.com

ذاكرة الجسد: حقيقة علمية!!

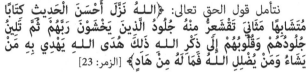

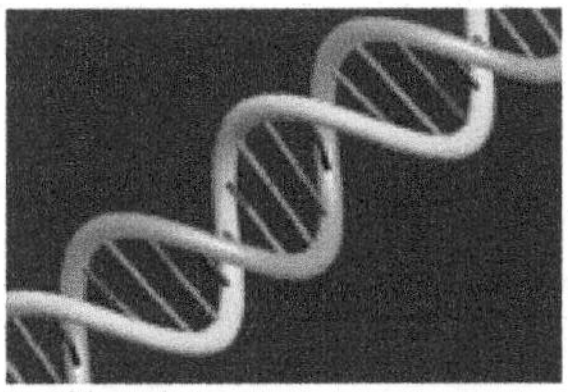

نتأمل قول الحق تعالى: ﴿اللـهُ نَزَّلَ أَحْسَنَ الْحَدِيثِ كِتَابًا مُتَشَابِهًا مَثَانِيَ تَقْشَعِرُّ مِنْهُ جُلُودُ الَّذِينَ يَخْشَوْنَ رَبَّهُمْ ثُمَّ تَلِينُ جُلُودُهُمْ وَقُلُوبُهُمْ إِلَى ذِكْرِ اللـهِ ذَلِكَ هُدَى اللـهِ يَهْدِي بِهِ مَنْ يَشَاءُ وَمَنْ يُضْلِلِ اللـهُ فَمَا لَهُ مِنْ هَادٍ﴾ [الزمر: 23]

ما أكثر الآيات التي تدعو الإنسان للتأمل والتفكر والتدبر، ومن الآيات الكثيرة التي تسترعي الإنتباه والتي تلفت الانتباه أن اللـه تبارك وتعالى يقول: ﴿وَلَقَدْ ذَرَأْنَا لِجَهَنَّمَ كَثِيراً مِنَ الْجِنِّ وَالإِنسِ لَهُمْ قُلُوبٌ لا يَفْقَهُونَ بِهَا وَلَهُمْ أَعْيُنٌ لا يُبْصِرُونَ بِهَا وَلَهُمْ آذَانٌ لا يَسْمَعُونَ بِهَا أُوْلَئِكَ كَالأَنْعَامِ بَلْ هُمْ أَضَلُّ أُوْلَئِكَ هُمُ الْغَافِلُونَ﴾ [الأعراف: 179]. يقول تعالى: ﴿الْيَوْمَ نَخْتِمُ عَلَى أَفْوَاهِهِمْ وَتُكَلِّمُنَا أَيْدِيهِمْ وَتَشْهَدُ أَرْجُلُهُمْ بِمَا كَانُوا يَكْسِبُونَ﴾ [يس: 65]. ويقول أيضاً: ﴿يَوْمَ تَشْهَدُ عَلَيْهِمْ أَلْسِنَتُهُمْ وَأَيْدِيهِمْ وَأَرْجُلُهُمْ بِمَا كَانُوا يَعْمَلُونَ﴾ [النور: 24].

مما لفت انتباهي في هذه الآية العظيمة قوله تعالى: ﴿لَهُمْ قُلُوبٌ لا يَفْقَهُونَ بِهَا﴾ هذه الآية تؤكد أن مركز الفقه أو العقل هو القلب، وليس الدماغ كما يقول أو يعتقد العلماء اليوم، ولو تأملنا آيات القرآن نلاحظ أن اللـه تبارك وتعالى دائماً يؤكد أنه هنالك صفات كثيرة للقلب، فمثلاً يقول تبارك وتعالى: ﴿الَّذِينَ آمَنُوا وَتَطْمَئِنُّ قُلُوبُهُمْ بِذِكْرِ اللـهِ أَلا بِذِكْرِ اللـهِ تَطْمَئِنُّ الْقُلُوبُ﴾ [الرعد: 28] إذاً هنالك خصائص للقلب ومنها الاطمئنان أو الاستقرار ويقول أيضاً: ﴿فَوَيْلٌ لِلْقَاسِيَةِ قُلُوبُهُمْ مِنْ ذِكْرِ اللـهِ أُوْلَئِكَ فِي ضَلالٍ مُبِينٍ﴾ [الزمر: 22].

إذاً القلب يقسو والقلب يطمئن والقلب يخاف أيضاً ويخاف، يقول تبارك وتعالى: ﴿وَإِذَا تُلِيَتْ عَلَيْهِمْ آيَاتُهُ زَادَتْهُمْ إِيمَاناً وَعَلَى رَبِّهِمْ يَتَوَكَّلُونَ﴾ [الأنفال: 2] هذه الآية تصف لنا صفات المؤمنين ﴿إِنَّمَا الْمُؤْمِنُونَ الَّذِينَ إِذَا ذُكِرَ اللـهُ وَجِلَتْ قُلُوبُهُمْ) أي خافت

﴿وَإِذَا تُلِيَتْ عَلَيْهِمْ آيَاتُهُ زَادَتْهُمْ إِيمَاناً وَعَلَى رَبِّهِمْ يَتَوَكَّلُونَ﴾ [الأنفال: 2].

يقول أيضاً: ﴿**أَفَلَمْ يَسِيرُوا فِي الأَرْضِ فَتَكُونَ لَهُمْ قُلُوبٌ يَعْقِلُونَ بِهَا أو آذان يَسْمَعونَ بها فَإِنَّهَا لا تَعْمَى الأَبْصَارُ وَلَكِنْ تَعْمَى الْقُلُوبُ الَّتِي فِي الصُّدُورِ**﴾. والخطاب هنا لأولئك المشككين بكلام الله تبارك وتعالى ورسالته، فهذه الآية تؤكد على نقطة مهمة جداً، أن القلب له عمل، وليس مجرد مضخة كما يعتقد كثير من الأطباء اليوم، فالقلب يمكن أن يعمى ﴿**فَإِنَّهَا لا تَعْمَى الأَبْصَارُ وَلَكِنْ تَعْمَى الْقُلُوبُ الَّتِي فِي الصُّدُورِ**﴾ والقلب أيضاً يمكن أن يفقه ويعقل ﴿**أَفَلَمْ يَسِيرُوا فِي الأَرْضِ فَتَكُونَ لَهُمْ قُلُوبٌ يَعْقِلُونَ بِهَا**﴾. والسؤال: كيف يمكن للقلب أن يعقل؟ وكيف يمكن له أن يتذكر؟ وكيف يمكن له أن يحب أو يكره؟

ذاكرة القلب

الذي لفت انتباه بعض أطباء الولايات المتحدة الأمريكية أن هنالك ظاهرة غريبة تتعلق بأولئك المرضى الذين تمّ لهم زراعة القلب، وزراعة القلب بدأت عام 1967 ثم تطورت هذه العملية حتى إننا نجد اليوم كل سنة هنالك أكثر من ألف عملية زراعة قلب تتم في الولايات المتحدة الأمريكية، والأطباء الذين راقبوا حالة هؤلاء المرضى وجدوا شيئاً غريباً أن هذا المريض بمجرد أن تمّ تغيير قلبه تتغير أمور عميقة في شخصيته، هنالك تغييرات جذرية تحدث في شخصية هذا المريض.

هذه العمليات تتم عندما يتعرض إنسان أو يُشرف على الهلاك يكون لديه خلل في نظام عمل القلب أو بسبب انسداد شرايين القلب انسداداً كاملاً أو غيرها من الاضطرابات في نظام عمل القلب فهذه جميعها تستدعي أن يتم تغيير هذا القلب فيأتون بقلب لإنسان آخر مات مثلاً منتحراً أو مات بسبب حادث أو إصابة مفاجئة ويأخذون هذا القلب ويضعونه في قلب المريض فيعيش بعد ذلك عدة سنوات بقلب غير قلبه.

والسؤال ما هي عملية زراعة القلب؟ إنها بكل بساطة عبارة عن استبدال قلب بقلب إنسان آخر، وكما نعلم أن الإنسان الذي يموت بسبب حادث أو صدمة مفاجئة أو بحادث قتل مثلاً أو يموت منتحراً، لا يموت قلبه على الفور بل يبقى لفترة محددة فإذا ما

أدرك الأطباء هذا القلب وانتزعوه ووضعوه في سائل خاص وأشرفوا عليه فإنه يبقى أيضاً لفترة أطول يمكنهم أن يستفيدوا منه في مريض آخر من أجل استبدال قلبه فقد يكون لدينا مريض مثلاً لديه شرايين القلب جميعها فيها انسداد كامل وقد أشرف على الموت أيضاً فيتم استبدال قلبه ويعيش بهذا القلب الجديد والذي لاحظه الأطباء أن هؤلاء المرضى الـذين تـم استبدال قلـوبهم بقلـوب أخـرى أنـه تحدث فيهم تغييرات عميقة في تصرفاتهم أو في شخصيتهم، فمثلاً هنالك طالبـة في علم الـنفس لـديها فشل في عمل القلب أو خلل منذ الولادة وعمرها ثمانية وعشرون عاماً عندما قاموا باستبدال قلبها بقلب شخص آخر مات حديثاً ماذا كانت النتيجة؟؟

عندما أفاقت بعد العملية وجد الأطباء أنه هنالك تغييرات في شخصية هذه المريضة فعلى سـبيل المثال: كانت لا تحب الألعاب الرياضية أبداً، وفجأة بعد أن تم زراعة القلب لها أصبحت من المتابعين للعبة كرة القدم. هنالك أنواع من المأكولات لم تكن ترغب في تناولها قبل العملية، وبعد العملية أصبح لديها ميل شديد باتجاه هذه الأطعمة. وهنالك تغييرات كثيرة حدثت في هذه الفتاة.

كذلك هنالك طفل تم أيضاً استبدال قلبه بسبب خلل وراثي في عمل القلب، وعندما قام الأطباء باستبدال قلبه بقلب طفل آخر، ماذا حدث؟ حدث لديه خلل في الـدماغ، في الجانب الأيـسر، وعنـدما بحث الأطباء عن سبب هذا الأمر وجدوا أن الطفل الأصلي صاحب القلب الأصلي كان لديه خلل في الدماغ في الجهة اليسرى. وهنالك مئات العمليـات التـي أجراهـا الأطبـاء في زراعـة القلـوب وجميعهـا كانت تحدث معها تغييرات عميقة في شخصية هذا المريض.

وكمثال آخر هنالك طفل أيضاً قتل في حادث، طبعاً في حادثة قتل، هنالك شخص قتل هـذا الطفل، فأخذوا قلبه ووضعوه لطفل آخر لديه فشل في عمل القلب وإذا بهذا الطفل بدأ يرى كـوابيس وأحلام مزعجة، وبدأ يحس وكأن هنالك شخصاً يريد أن يقتله وهذه الحالـة اسـتدعت انتبـاه الأطبـاء فلما سألوه عن أوصاف هذا الشخص الذي يحاول قتله ووصف لهم بدقة مـا يـراه، وجـدوا بـأن هـذا الشخص هو القاتل الذي قتل ذلك الطفل

صاحب القلب الأصلي.

من هنا نستطيع أن نستنتج أن هنالك تغييرات مهمة جداً تحدث لهؤلاء الذين يزرعون القلب. ولكن.. ما هو التفسير العلمي لهذه الظاهرة؟ هذه الظاهرة المحيرة لم يجد لها العلماء إلا تفسيراً واحداً وهو: أن في القلب مراكز خاصة بالذاكرة تُشرف على عمل الدماغ، يعني في قلب الإنسان (القلب) ليس مجرد مضخة لضخ الدم إنما في خلايا هذا القلب هنالك برامج أودعها الله تبارك وتعالى تتحكم في عمل هذا القلب وتستقبل هذه البرامج تستقبل المعلومات وكل ما يسمعه ويراه الإنسان ويتم تخزينه في القلب ثمّ يصدر القلب أوامره إلى الدماغ ليقوم بأداء مهامه.

إذاً نستطيع أن نقول إن مركز العقل هو القلب وليس الدماغ ولذلك قال تعالى: ﴿**لَهُمْ قُلُوبٌ لا يَفْقَهُونَ بِهَا**﴾ [الأعراف: 179] وقال في آية أخرى: ﴿**أَفَلَمْ يَسِيرُوا فِي الأَرْضِ فَتَكُونَ لَهُمْ قُلُوبٌ يَعْقِلُونَ بِهَا**﴾ [الحج: 46] ﴿**فَإِنَّهَا لا تَعْمَى الأَبْصَارُ وَلَكِنْ تَعْمَى الْقُلُوبُ الَّتِي فِي الصُّدُورِ**﴾.

طبعاً هذه النتائج هي ملامح لظاهرة غريبة يراها الأطباء اليوم فهذا هو الدكتور (جاك كوبلاند) أشرف على أكثر من 700 حالة زراعة قلب فماذا وجد هذا الطبيب؟ الذي وجده أن هؤلاء المرضى يحدث دائماً مع كل تغيير للقلب تغييرات عميقة في شخصيتهم ولذلك قال أنا لا أستبعد أن يكون هنالك شيء ما في هذا القلب نجهله تماماً. وهنالك الكثير من الأطباء الذين يؤكدون هذه الحقيقة اليوم ولكن ليس لديهم دليل مادي ملموس على ذلك سوى الظواهر التي يشاهدونها أمامهم.

وهنا تتجلى أمامنا عظمة القرآن تتجلى أمامنا هذه الآيات العظيمة عندما قال رب العزة تبارك وتعالى: (لَهُمْ قُلُوبٌ لا يَفْقَهُونَ بِهَا)! إذاً هذا سبق قرآني في طب القلوب، هذا السبق أكّد لنا أن القلب فيه مراكز كثيرة ويقول كثير من علماء الغرب اليوم إن خلايا القلب تختزن الذاكرة وتختزن ما يسمعه الإنسان وما يراه.

ذاكرة خلايا القلب

ومن الأشياء العجيبة أن خلايا القلب والرئتين تصدر ترددات صوتية خاصة بها،

فقد قام أحد العلماء الباحثين في جامعة كاليفورنيا منذ أشهر قليلة ببحث حيث أخذ بعض الخلايا من قلب إنسان وقام بدراستها دراسة معمقة فوجد أن هذه الخلايا تصدر ترددات صوتية خاصة بها، ولكن هذه الترددات غير مسموعة، يعني هي في المجال غير المسموع الذي لا يسمعه الإنسان بسبب ضعف هذه الترددات فاستخدم ما يسمى كمبيوتر ذري من أجل التقاط الإشارات الصادرة من هذه الخلايا ووجد بأنها ترددات صوتية تصدرها خلايا القلب، وهنا ربما نتذكر أن الله تبارك وتعالى: **﴿وَإِنْ مِنْ شَيْءٍ إِلاَّ يُسَبِّحُ بِحَمْدِهِ وَلَكِنْ لا تَفْقَهُونَ تَسْبِيحَهُمْ إِنَّهُ كَانَ حَلِيماً غَفُوراً﴾** [الإسراء: 44] وقال أيضاً: **﴿الَّذِينَ آمَنُوا وَتَطْمَئِنُّ قُلُوبُهُمْ بِذِكْرِ اللهِ أَلاَ بِذِكْرِ اللهِ تَطْمَئِنُّ الْقُلُوبُ﴾** [الرعد: 28].

لذلك دائماً أنصح كل إنسان أن يلجأ في علاج نفسه من أي خلل أو أي حالة نفسية أو أي مرض إلى القرآن الكريم لأن هذا القرآن أودع الله فيه تبارك وتعالى قوة شفائية، أودع في آياته لغة تفهمها خلايا القلب، لذلك قال تعالى (أَلا بِذِكْرِ اللهِ تَطْمَئِنُّ الْقُلُوبُ).

ذاكرة الرئتين!

ولكن هنالك شيء آخر يتعلق بمحتوى الصدر أو الرئتين فعندما قام العلماء باستبدال الرئتين أيضاً لأشخاص لديهم خلل كبير في عمل هاتين الرئتين استبدلوا هذه الرئة برئة شخص آخر أيضاً شخص مات حديثاً أخذوا رئتيه ووضعوها لمريض بحاجة لهاتين الرئتين فوجدوا أيضاً أن هنالك تغيرات عميقة تحدث لهذا المريض أيضاً في شخصيته وفي تصرفاته وفيما يحب ويكره.

حتى إن أحد المرضى الذين تم استبدال القلب والرئتين له أي محتوى الصدر كاملاً، بقلب ورئتين من شخص آخر بعدما نجحت العملية وقام هذا الشاب وذهب إلى أهل ذلك الطفل الذي ذلك الشاب الذي تبرع له بقلبه ورئتيه قبل أن يموت عندما ذهب إلى بيته وهو يحمل قلبه ورئتيه وجد أنه يعرف هذا البيت من قبل مع أنها كانت المرة الأولى التي يدخل فيها هذا البيت ووجد أيضاً أنه يعرف كثيراً عن حياة هذا الشاب وعندما جاءت والدة ذلك الطفل صاحب القلب والرئتين وأظهرت أمامه بعض أبيات الشعر التي كتبها قبل أن يموت ذلك الشاب استطاع أن يكمل كثير من العبارات والأبيات مع

أنه لم يقرأها من قبل.

وهنا وصل بعض الباحثين إلى نتيجة ثانية توازي بأهميتها النتيجة الأولى وهي أن الرئتين أيضاً لديهما ذاكرة ولديهما نوع من تخزين الأحداث أو المعلومات وكأن في الصدر هنالك مستودع للمعلومات والبرامج. والعجيب أننا إذا تأملنا القرآن العظيم نلاحظ أن الله تبارك وتعالى قد أشار بوضوح كامل إلى هذه الحقيقة فكثير من الآيات تحدثنا عن علم الله تبارك وتعالى وأنه عليم بذات الصدور وقال أيضاً في آية أخرى يخاطب المؤمنين: ﴿**وَلِيَبْتَلِيَ اللَّهُ مَا فِي صُدُورِكُمْ وَلِيُمَحِّصَ مَا فِي قُلُوبِكُمْ وَاللَّهُ عَلِيمٌ بِذَاتِ الصُّدُورِ**﴾

[آل عمران: 154].

لذلك نجد أن في هذه الآية أيضاً سبقاً علمياً مع أن العلماء لم يتأكدوا بعد من صدق أبحاثهم مئة بالمائة إلا أن المشاهدات والأحداث التي تتم أمامهم جميعها تؤكد أن الصدر فيه مستودع للذكريات وفيه مستودع للبرامج التي أودعها الله تبارك وتعالى في هذا الصدر في القلب والرئتين وأن القلب يتحكم بعمل الدماغ وليس العكس. ومن هنا عندما نتأمل كثير من آيات القرآن نلاحظ أن الله تبارك وتعالى يقول: ﴿**يَعْلَمُ خَائِنَةَ الْأَعْيُنِ وَمَا تُخْفِي الصُّدُورُ**﴾ [غافر: 19] لم يقل وما تخفي الرؤوس مثلاً، بل قال ﴿**وَمَا تُخْفِي الصُّدُورُ**﴾.

إحدى الفتيات عانت لفترة طويلة من التهاب الرئة المزمن وأكد الأطباء أنها ستموت قريباً، إلا إذا استبدلت رئتيها برئتين سليمتين، وصدف أن مات شاب بحادث دراجة نارية وأسرع الأطباء وانتزعوا قلبه ورئتيه بحالة سليمة وأجروا زراعة القلب والرئتين لهذه الفتاة.

بعد نجاح العملية التف الصحفيون حول هذه الفتاة وبدأوا بطرح الأسئلة: كيف تشعرين الآن، وتقول لهم إنني أحس أنني أحمل شخصية أخرى غير شخصيتي، إن سلوكي قد تغير بالكامل، أصبحت أفضل بعض المأكولات التي لم أكن أحبها من قبل! وبعد أن زارت هذه الفتاة أهل الشاب صاحب القلب الأصلي، وحدثتهم عن الأشياء التي أصبحت تحبها، قالوا لها بأن هذا ما كان يحبه ابننا، وأن الأشياء التي تغيرت فيها تشبه شخصية هذا الابن!

ويقول الدكتور John Schroeder من جامعة ستانفورد والمختص بدراسة الحالة النفسية للأشخاص الذين تمت لهم عمليات زرع القلب والرئتين، إنهم يصبحون أكثر حساسية ويسمعون بعض الأصوات غير الحقيقية!

هذا القلب أودعه الله في صدرك على الجهة اليسرى منه، فيعمل مع الرئتين ليزود الجسم بالدم النقي المليء بالأكسجين، ويحمل النفايات ويساهم في تصريفها. وهو يعمل ليل نهار بلا توقف. إذن القلب هو عضلة تنكمش فتضغط الدم الذي بداخلها ليندفع باتجاه الرئتين ليأخذ الأكسجين ويتخلص من غاز الكربون، ثم يتمدد القلب ويتوسع فيندفع الدم لداخله ثم ينقبض فيندفع الدم إلى الجسم، وأثناء ذلك تنغلق الصمامات وتفتح لتنظيم هذه العملية وهكذا في دورة بديعة تبارك صانعها!

ولكي نتخيل مدى التعقيد الذي يتمتع به القلب البشري، أن هذا القلب ينظم عملية ضخ الدم حسب الجهد المبذول، فالقلب يضخ 5 لتر من الدم في الدقيقة الواحدة، وفي حالة الأعمال المجهدة يضخ 20 لتر في الدقيقة، هذا أبسط عمل للقلب الطبيعي، وعلى الرغم من المحاولات الكثيرة والتطور الهائل فشل الأطباء في اختراع قلب صناعي يستطيع تحديد كمية الدم اللازمة حسب الجهد المبذول، وأحدث اختراع هو إضافة جهاز تحكم يدوي كلما أراد المريض مثلاً أن يبذل جهداً، يضغط على زر في هذا الجهاز فتزيد كمية الدم التي يضخها قلبه الصناعي.

ولكن كيف يمكن لهذا المريض أن يتحكم بمشاعره، فإذا أراد أن يخاف يجب عليه أن يدير زر التحكم بكمية الدم ليضخ القلب الصناعي كمية أكبر تناسب الخوف، وإذا أراد أن يحزن أو يفرح أو يقوم بأي انفعال وجب عليه تعديل كمية الدم، وبالنتيجة إن صاحب القلب الصناعي يفقد المشاعر بشكل كامل!

وأقول: سبحان الله! إذا كان الدماغ هو الذي يتحكم بنبضات القلب ونظام عمله كما يقول العلماء اليوم، وأن القلب هو مجرد مضخة، فلماذا تفشل جميع القلوب الصناعية في التحكم بأبسط عمل وهو تنظيم كمية الدم التي يضخها هذا القلب الصناعي؟ إذن القلب الطبيعي الذي منَّ الله به علينا وضع فيه ذاكرة وقدرة عقلية لإدارة وتنظيم ضخ

الدم، وتحديد الكمية اللازمة بالضبط، فهل نشكر نعمة الـلـه تعالى!

ذاكرة الخلايا

علماء من جامعة أريزونا بالإضافة إلى بعض الباحثين مثل الدكتورة ليندا راسك يعتقدون أن الذاكرة مخزنة في كل خلية من خلايا جسدنا، وهذه الطاقة تظهر تأثيراتها عندما يتم نقل عضو من شخص لآخر، طبعاً تظهر تأثيراتها على الشخص الذي استلم هذا العضو. لكل قلب بصمة خاصة، فلا يوجد قلبين متشابهين أبداً، فكل قلب من قلوب البشر له تركيب خاص ومميز عن غيره، وفي داخله معلومات تخص صاحب هذا القلب، وتتجلى هذه البصمة من خلال الذبذبات الكهرومغناطيسية التي يبثها القلب فهي تختلف من شخص لآخر.

ذاكرة الدم!

للدم ذاكرة أيضاً، فقد لوحظ أن الأشخاص الذين تم تغيير دمهم قد تغيروا بنسبة كبيرة وأصبحوا محبين للأشياء التي كان يحبها من تبرع لهم بالدم. وهكذا يمكن القول إن القلب يعمل كمضخة ويشرف على ذاكرة الخلايا، فجميع الخلايا تختزن المعلومات ولدى انتقال الدم عبر الجسم فإنه يمر إلى القلب الذي يقوم بتزويد خلايا الدم بالمعلومات ويتم نقلها إلى الدماغ. أي أن القلب هو الذي يسيطر على الدماغ ويوجهه.

ذاكرة الصدر!

هناك حالات غريبة أيضاً، فبعد إجراء زراعة للرئة تبين أن هناك تغيرات عميقة في شخصية المريض تحدث عقب استبدال رئته. ومن الحالات أن شخصاً لم يكن يحب كرة القدم وبعد زرع رئة له أصبح مولعاً بمراقبة هذه اللعبة.

وصل البروفسور Gary Schwartz إلى نتيجة وهي أن للرئتين تأثيراً كبيراً وعميقاً على شخصية المريض، فقد كان لدى إحدى السيدات خوف كبير من المرتفعات يصل إلى الحالة المرضية، ولكنها بعد ذلك تعرضت لخلل في نظام عمل الرئتين، وبعد فترة أُجريت لها عملية زرع الرئة من شخص تُوفي بنتيجة حادث، وكانت المفاجأة أن أول شيء فعلته هذه المريضة بعد العملية أنها قامت بتسلق بعض الجبال!

وبعد التدقيق في سجلات صاحب الرئة الأصلي تبين بأن من هواياته تسلق الجبال!! وهنا نصل إلى نتيجة وهي أن للرئتين تأثيراً على الدماغ، فالمريضة تولدت لديها عقدة الخوف من المرتفعات، وبعد تغيير رئتيها زالت هذه العقدة فكيف حدث ذلك؟

التفسير المنطقي هو أن الدماغ يختزن المعلومات ولكن بإشراف الرئتين والقلب، أي أن في صدر الإنسان (في قلبه ورئتيه) مستودع من الخفايا والعقد نفسية والذكريات، هذا المستودع هو الذي يوجه الدماغ في عمله، أي أن الدماغ تابع لمحتوى الصدر، وبالتالي عندما يتغير محتوى الصدر بزرع القلب أو الرئتين، فإن الرئة الجديدة تبدأ بممارسة نشاطها وتأثيرها على الدماغ حتى تحدث فيه التغيير المناسب لها.

لوحظ أن التغيرات أكبر ما يمكن عندما يتم استبدال القلب أو الرئة، ونحن نعلم أن صدر الإنسان يحوي بشكل أساسي القلب والرئتين، وهنا يمكن أن نخلص إلى نتيجة وهي أن محتوى الصدر مسؤول عن الذاكرة لدى الإنسان. يقول تعالى: ﴿**يَعْلَمُ خَائِنَةَ الْأَعْيُنِ وَمَا تُخْفِي الصُّدُورُ**﴾ [غافر: 19].

ولذلك قال تعالى: ﴿**أَفَلَمْ يَسِيرُوا فِي الْأَرْضِ فَتَكُونَ لَهُمْ قُلُوبٌ يَعْقِلُونَ بِهَا أَوْ آذَانٌ يَسْمَعُونَ بِهَا فَإِنَّهَا لَا تَعْمَى الْأَبْصَارُ وَلَكِنْ تَعْمَى الْقُلُوبُ الَّتِي فِي الصُّدُورِ**﴾ [الحج: 46]. ويقول أيضاً: ﴿**وَلِيَبْتَلِيَ اللَّهُ مَا فِي صُدُورِكُمْ وَلِيُمَحِّصَ مَا فِي قُلُوبِكُمْ وَاللَّهُ عَلِيمٌ بِذَاتِ الصُّدُورِ**﴾ [آل عمران: 156]. ويقول: ﴿**إِنَّ اللَّهَ عَالِمُ غَيْبِ السَّمَاوَاتِ وَالْأَرْضِ إِنَّهُ عَلِيمٌ بِذَاتِ الصُّدُورِ**﴾ [فاطر: 38].

ذاكرة الفؤاد

يؤكد العلماء أن القلب يبث المعلومات للدماغ والدماغ يعطي أوامره للسان والعين والأذن وغيرها من أعضاء الجسم، وهنا ربما نستطيع أن نفهم لماذا ربط الله تعالى على قلب أم موسى، يقول تعالى: ﴿**وَأَصْبَحَ فُؤَادُ أُمِّ مُوسَى فَارِغًا إِنْ كَادَتْ لَتُبْدِي بِهِ لَوْلَا أَنْ رَبَطْنَا عَلَى قَلْبِهَا لِتَكُونَ مِنَ الْمُؤْمِنِينَ**﴾ [القصص: 10]. فالفؤاد هو أعمق نقطة من القلب هذه المنطقة أصبحت فارغة تماماً لأن المعلومات التي تتدفق من القلب إلى الدماغ أصبحت أكثر من أن يتحملها الإنسان، ولكن الله تعالى ربط على هذا القلب برباط محكم فلم تُبدِ

شيئاً وأخفت في قلبها أن موسى هو ابنها.

وطبعاً هذا التفسير هو محاولة لفهم حقيقة ما حدث لقلب أم موسى وهي نوع من أنواع تـدبر القرآن، و الـلـه أعلم.

ذاكرة الجلد

يقول الـلـه تبارك وتعالى متحدثاً عن موقف عظيم مـن مواقـف يـوم القيامـة، يحـدثنا فيـه رب العزة جل جلاله عن أولئك البعيدين عن القرآن وعن كتاب الـلـه، يقول تبارك وتعـالى: ﴿**وَيَـوْمَ يُحْـشَرُ أَعْدَاءُ الـلـهِ إِلَى النَّارِ فَهُمْ يُوزَعُونَ * حَتَّى إِذَا مَا جَاءُوهَا شَهِدَ عَلَيْهِمْ سَمْعُهُمْ وَأَبْصَارُهُمْ وَجُلُودُهُمْ بِمَا كَانُوا يَعْمَلُونَ * وَقَالُوا لِجُلُودِهِمْ لِمَ شَهِدْتُمْ عَلَيْنَا قَالُوا أَنطَقَنَا الـلـهُ الَّذِي أَنطَقَ كُلَّ شَيْءٍ وَهُوَ خَلَقَكُمْ أَوَّلَ مَرَّةٍ وَإِلَيْهِ تُرْجَعُونَ**﴾ [فصلت: 19-20]

إنها آيات عظيمة تصور لنا مشهداً سوف يتعرض له كل من في قلبه شك مـن هـذا القـرآن، ومـن رسالة الإسلام، ومن هذا الدين الحنيف. هؤلاء سماهم القرآن (أعداء الـلـه) فقال: ﴿**وَيَوْمَ يُحْشَرُ أَعْدَاءُ الـلـهِ إِلَى النَّارِ**﴾. ولكن الذي يستدعي التوقف والوقوف طويلاً في هذا النص الكريم قول الـلـه تبـارك وتعالَى: ﴿**قَالُوا أَنطَقَنَا الـلـهُ الَّذِي أَنطَقَ كُلَّ شَيْءٍ**﴾ والسؤال كيف يمكن لهذا الجلد أن ينطلق؟ وكيـف يمكن لكل شيء أن ينطق؟ ونحن نظن بأن الجلد المؤلف من خلايا لا يوجد له ذاكـرة أو لـسان أو شيء يمكن أن يتحدث به، ولكن الـلـه تبارك وتعالى ومع أن هذه الآية تتحدث عن يوم القيامة إلا أن الـلـه عز وجل أودع في هذه الدنيا حقائق وبراهين تثبت صدق كلامه، فهو القائل عن نفسه: ﴿**وَمَنْ أَصْدَقُ مِنْ الـلـهِ قِيلاً**﴾ [النساء: 122].

فقد لاحظ العلماء في السنوات القليلة الماضية أن هنالك ذاكرة لخلايا الجلد، ولكـن كيـف بـدأت قصة هذا الاكتشاف؟ هنالك عالم اسمه (الدكتور كلارك أوتلي) هذا العالم قام بمئات العمليات لزراعة الجلد، فكان يأخذ قطعة من جلد شخص ويزرعها لشخص آخر احترق جلده مثلاً، ولكن كانت النتيجة أن هذا المريض الجديد صاحب الجلد المحروق الذي تم استبدال جلده غالباً ما يصاب جلده بالسرطان، لا يتقبل هذا الجلد.

وبعد بحث طويل لعلاج هذه المشكلة تبين أن هنالك ذاكرة طويلة لهذا الجلد، ولذلك قال هذا العالم: ربما يكون أكثر أجزاء الجسم الذي تملك ذاكرة طويلة هو الجلد، فالأحداث التي تمرّ على الإنسان والأشياء التي يقوم بها الإنسان جميعها تختزن في سجلات خاصة داخل خلايا جلد الإنسان، لأن هذا الجهاز (جهاز الجلد) يغطي تقريباً كل مساحة جسم الإنسان، لذلك فهو مثل الرادار يستقبل هذه المعلومات (يستقبل البيانات) ويخزنها، حتى إن الإنسان يموت وتبقى هذه الذاكرة موجودة في خلايا جلده.

وعندما حلل العلماء هذا الجلد وجدوا أنه يتألف من طبقات، وأن من مهام طبقات الجلد وخلايا الجلد ليس مجرد الحفاظ على الجسد، أو التعرق أو حماية الجسم من المؤثرات الخارجية.. لا.. هنالك عمل آخر وهو أن هذا الجلد يقوم بتخزين هذه المعلومات وإبقاءها لفترات طويلة، ووجدوا أيضاً أن هذه الخلايا تتأثر بالترددات الصوتية، بل إن خلايا الجلد تصدر ترددات صوتية أيضاً، وهنا ربما ندرك كيف أن الله تبارك وتعالى جعل هذه الميزة في الجلود لتكون دليلاً لأولئك المشككين على صدق كلام الله تبارك وتعالى: **﴿وَيَوْمَ يُحْشَرُ أَعْدَاءُ اللَّهِ إِلَى النَّارِ فَهُمْ يُوزَعُونَ * حَتَّى إِذَا مَا جَاءُوهَا شَهِدَ عَلَيْهِمْ سَمْعُهُمْ وَأَبْصَارُهُمْ وَجُلُودُهُمْ بِمَا كَانُوا يَعْمَلُونَ * وَقَالُوا لِجُلُودِهِمْ لِمَ شَهِدْتُمْ عَلَيْنَا قَالُوا أَنْطَقَنَا اللَّهُ الَّذِي أَنْطَقَ كُلَّ شَيْءٍ وَهُوَ خَلَقَكُمْ أَوَّلَ مَرَّةٍ وَإِلَيْهِ تُرْجَعُونَ﴾** [فصلت: 19-20].

فهذه الخلايا (خلايا الجلد) تختزن المعلومات وهي في حالة اهتزاز دائم، وتتأثر بالأصوات بل وتصدر الترددات الصوتية ولكن هذه الترددات لا نسمعها، لأنها تحتاج إلى أجهزة حساسة جداً لالتقاط هذه الذبذبات الصوتية. ولكن لماذا قال الله تبارك وتعالى: **﴿قَالُوا أَنْطَقَنَا اللَّهُ الَّذِي أَنْطَقَ كُلَّ شَيْءٍ﴾**.

ذاكرة السماء

وجد العلماء حديثاً أن النجوم في السماء تصدر أيضاً ترددات صوتية، وفي بحث علمي حديث بعنوان (السماء تتكلم) اكتشف فيه العلماء أن الكون في بدايات خلقه عندما كان دخاناً وغاز وغبار أصدر ترددات صوتية تشبه بكاء الطفل وهذه الترددات لا زالت

موجودة تسبح في الكون، وأمكن التقاطها وتحليلها وتبين أن هنالك ترددات صوتية موجودة ولا يزال صداها يتكرر. ولذلك قال تعالى: ﴿وَالسَّمَاءِ ذَاتِ الرَّجْعِ﴾ [الطارق: 11] أي أنها ترجع لنا المعلومات المختزنة فيها منذ ملايين السنين.

ذاكرة النبات

واكتشفوا أيضاً أن النباتات (الخلايا النباتية) أيضاً تصدر ترددات صوتية. واكتشفوا أيضاً أن خلايا القلب تصدر ترددات صوتية. وهكذا أشياء كثيرة، حتى وصلوا حديثاً ومنذ أشهر قليلة إلى اكتشاف أن (الدي إن إي) في الخلية وهذا الشريط الوراثي الموجود داخل كل خلية حية، سواء كانت في إنسان أو حيوان أو نبات، يُصدر ترددات صوتية. تبين للعلماء أيضاً ليس فقط (DNA) في الخلية يصدر أصواتاً، بل حتى الذرات في اهتزازاتها تصدر هذه الأصوات.

ومن هنا ندرك قول الحق تبارك وتعالى: ﴿تُسَبِّحُ لَهُ السَّمَوَاتُ السَّبْعُ وَالأَرْضُ وَمَنْ فِيهِنَّ وَإِنْ مِنْ شَيْءٍ إِلاَّ يُسَبِّحُ بِحَمْدِهِ وَلَكِنْ لا تَفْقَهُونَ تَسْبِيحَهُمْ إِنَّهُ كَانَ حَلِيماً غَفُوراً﴾ [الإسراء: 44] وأقول دائماً إن هذه الآية من آيات الإعجاز العلمي لأن الله تبارك وتعالى حدثنا عن تسبيح كل شيء له عز وجل ﴿وَإِنْ مِنْ شَيْءٍ إِلاَّ يُسَبِّحُ بِحَمْدِهِ وَلَكِنْ﴾ لم يقل ولكن لا تسمعون تسبيحهم إنما قال ﴿لا تَفْقَهُونَ تَسْبِيحَهُمْ﴾ يعني نحن يمكن أن نسمع هذه الأصوات هذه التسبيحات ولكننا لا يمكن أن نفقه معناها.

وقد يقول قائل: وما أدراكم أن هذا تسبيح لله تبارك وتعالى؟ أقول: إننا كمؤمنين نعتقد أن الله تبارك وتعالى عندما أخبرنا أن كل شيء يسبح بحمده فهذه عقيدة يقينية، وهذه الأصوات لا بد أن تكون أصوات تسبيح لله، لأن كل شيء يخضع لله تبارك وتعالى، و الله عز وجل أودع في هذه المخلوقات آيات ومعجزات وبراهين تثبت صدق كلامه لأن الله تبارك وتعالى هو خالق الكون وهو منزل القرآن ولذلك قال عز وجل: ﴿أَلا لَهُ الْخَلْقُ أَلا لَهُ الْخَلْقُ تَبَارَكَ اللهُ رَبُّ الْعَالَمِينَ﴾ [الأعراف: 54] ﴿أَلا لَهُ الْخَلْقُ﴾ الكون ﴿أَلا لَهُ الْخَلْقُ﴾ هو القرآن كلام الله ﴿أَلا لَهُ الْخَلْقُ أَلا لَهُ الْخَلْقُ تَبَارَكَ اللهُ رَبُّ الْعَالَمِينَ﴾ وبما أن الله تبارك وتعالى حدثنا في القرآن عن هذه المخلوقات فلا بد أن يكون قد وضع فيها ما

يثبت صدق كلامه تبارك وتعالى.

ذاكرة في كل خلية

تبين للعلماء أيضاً أن الذاكرة ليست موجودة فقط في الجلد إنما جميع خلايا الجسم تختزن الذاكرة والمعلومات. ولذلك يقول العلماء اليوم: إن تاريخ كل منا مكتوب داخل كل خلية من خلايا جسدنا فنحن عندما نقوم بأي تصرف فإن خلايا العين مثلاً والخلايا المتصلة معها إلى الدماغ جميعها تمر المعلومات عبرها، وعملية مرور المعلومات التي نشاهدها من العين إلى الدماغ هذه (ملايين الخلايا) تمر عبرها المعلومات وتختزن في سجلات دقيقة وبرامج أودعها الله تبارك وتعالى في داخل كل خلية.

كذلك كل صوت نسمعه أو نتكلم به فإن هذه الترددات الصوتية تنتقل عبر الأذن إلى الدماغ وطيلة هذه الرحلة من الأذن إلى الدماغ هنالك أيضاً بلايين الخلايا تمر عليها وتختزن في داخلها. إذاً نستطيع أن نستنتج أن خلايا السمع تختزن المعلومات، وخلايا البصر تختزن المعلومات، وربما يكون أطول ذاكرة للخلايا موجودة في الجلد، ولذلك ماذا قال تبارك وتعالى قال: ﴿حَتَّى إِذَا مَا جَاءُوهَا﴾ أي إلى النار في هذا الموقف الملحد ينكر أنه كان كافراً ويكذب على نفسه ولذلك فإن الله تبارك وتعالى في هذا الموقف يقيم عليه الحجة من نفسه ﴿حَتَّى إِذَا مَا جَاءُوهَا شَهِدَ عَلَيْهِمْ سَمْعُهُمْ وَأَبْصَارُهُمْ وَجُلُودُهُمْ بِمَا كَانُوا يَعْمَلُونَ * وَقَالُوا لِجُلُودِهِمْ لِمَ شَهِدْتُمْ عَلَيْنَا قَالُوا أَنطَقَنَا اللَّهُ الَّذِي أَنطَقَ كُلَّ شَيْءٍ وَهُوَ خَلَقَكُمْ أَوَّلَ مَرَّةٍ وَإِلَيْهِ تُرْجَعُونَ﴾.

ولذلك فإن هذه الظاهرة (ظاهرة تفاعل خلايا الجلد مع المعلومات التي يتلقاها الإنسان من خلال السمع والبصر) والذي اكتشفها العلماء حديثاً جداً، ولا زالوا يكتشفونها، حدثنا عنها القرآن أيضاً، يقول تبارك وتعالى: ﴿اللَّهُ نَزَّلَ أَحْسَنَ الْحَدِيثِ كِتَاباً مُّتَشَابِهاً مَّثَانِيَ تَقْشَعِرُّ مِنْهُ جُلُودُ الَّذِينَ يَخْشَوْنَ رَبَّهُمْ ثُمَّ تَلِينُ جُلُودُهُمْ وَقُلُوبُهُمْ إِلَى ذِكْرِ اللَّهِ ذَلِكَ هُدَى اللَّهِ يَهْدِي بِهِ مَنْ يَشَاءُ وَمَنْ يُضْلِلِ اللَّهُ فَمَا لَهُ مِنْ هَادٍ﴾ [الزمر: 23].

هذه الآية العظيمة تحدثنا عن تفاعل خلايا الجلد الخاصة بالمؤمنين مع القرآن، كذلك تتفاعل خلايا القلب لديهم مع كلام الله تبارك وتعالى، وهو القائل: ﴿الَّذِينَ آمَنُوا وَتَطْمَئِنُّ

قُلُوبُهُمْ﴾ تستقر وتهدأ ويصبح عملها منتظماً، ونحـن نعلم أن معظم أمراض العصر هـي اضطرابات في نظام عمل القلب ﴿الَّذِينَ آمَنُوا وَتَطْمَئِنُّ قُلُوبُهُمْ بِذِكْرِ اللَّهِ أَلَا بِذِكْرِ اللَّهِ تَطْمَئِنُّ الْقُلُوبُ﴾ [الرعد: 28].

فالله تبارك وتعالى حدثنا عن قشعريرة للجلد ﴿تَقْشَعِرُّ مِنْهُ﴾ يعني من كلام اللـه تبارك وتعالى ﴿تَقْشَعِرُّ مِنْهُ جُلُودُ الَّذِينَ يَخْشَوْنَ رَبَّهُمْ ثُمَّ تَلِينُ جُلُودُهُمْ وَقُلُوبُهُمْ﴾ لأن القلب يلين ويقسو قال تبارك وتعالى: ﴿فَوَيْلٌ لِلْقَاسِيَةِ قُلُوبُهُمْ مِنْ ذِكْرِ اللَّهِ أُولَئِكَ فِي ضَلَالٍ مُبِينٍ﴾ [الزمر: 22].

هذا الأمر الذي حدثنا عنه القرآن لا زال العلماء اليوم يكشفونه شيئاً فشيئاً، وفي خلايا القلب في عمليات زراعة القلب لاحظوا أيضاً وجود تغيرات عميقة في شخصية هـذا المـريض الـذي تـم استبدال قلبه بقلب آخر، وهذا يدل على دور القلب في العقل والتدبر والفقه. وكذلك عندما يحاول هـؤلاء الباحثون أن يزرعوا خلايا الجلد ويلاحظوا ذلك الرفض الكبير لأنها خلايا غريبة فيقول: إن هذه الخلايا تختزن الذكريات والمعلومات.

هدف هذه الحقائق

لذلك لا بد ونحن نتأمل هذه الحقائق القرآنية والحقائق العلمية أن نطرح السؤال الآتي: لماذا حدثنا اللـه تبارك وتعالى عن هـذه الحقائق؟ لماذا حدثنا عن حقيقة ستحدث يـوم القيامة؟ الجلد لم ينطق في الدنيا بل هذا الأمر سيحدث يوم القيامة.

كأن اللـه تبارك وتعالى يريد أن يعطي رسالة لكل إنسان طبعاً هـذه الرسالة سيتفاعل معها المؤمن بينما الملحد لن تزيده إلا إلحاداً. كأن اللـه عز وجل يريد أن يقول لنا: اعلم أيها الإنسان أن كل حركة تقوم بها وكل شيء تفعله مسجل في خلايا جسدك.

وهنا نتذكر قول الحق عز وجل عن أولئك الذين كفروا بآيات اللـه ونسوا لقاء اللـه تبارك وتعالى فأنساهم أنفسهم يقول عز وجل: ﴿إِنَّ الَّذِينَ كَفَرُوا بِآيَاتِنَا سَوْفَ نُصْلِيهِمْ نَاراً كُلَّمَا نَضِجَتْ جُلُودُهُمْ بَدَّلْنَاهُمْ جُلُوداً غَيْرَهَا لِيَذُوقُوا الْعَذَابَ إِنَّ اللَّهَ كَانَ عَزِيزاً حَكِيماً﴾ [النساء: 56]. في هـذه الآية يحدثنا رب العالمين تبارك وتعالى عن ذلك الجلد الذي

اختزن هذه المعلومات والمعلومات هي معلومات الكفر والإلحاد والفاحشة فهذه الخلايا امتلأت بهذه الذاكرة ولا بد لها من عقاب، فكانت النار هي أولى بهذا الجلد. ولكن ليكون العذاب مؤثراً ودائماً ولا ينتهي فإن الله عز وجل قال: ﴿بَدَّلْنَاهُمْ جُلُوداً غَيْرَهَا﴾ ﴿كُلَّمَا نَضِجَتْ جُلُودُهُمْ بَدَّلْنَاهُمْ جُلُوداً غَيْرَهَا لِيَذُوقُوا الْعَذَابَ﴾.

وهنا نتذكر آية من آيات الإعجاز العلمي في هذه الآية أيضاً: أن الله عز وجل وضع وسائل الإحساس للحرارة والبرودة وأجهزة الإحساس بالألم وضعها الله تبارك وتعالى في خلايا الجلد التي اختزنت هذه الفواحش والكبائر والذنوب، لا بد أن تحرق بنار جهنم وبعد أن تحترق وتنضج يبدلها الله تبارك وتعالى جلوداً أخرى ليبقى العذاب قائماً ومستمراً ﴿خَالِدِينَ فِيهَا أَبَداً﴾.

وهنا نعود لسؤالنا التقليدي: ماذا يمكن أن نستفيد من هذه الآيات؟ كيف يمكن أن تكون هذه الآيات تصحح لنا الطريق؟ تصحح لنا أعمالنا؟ ينبغي عليك أيها الأخ الكريم وأيتها الأخت الفاضلة.. ينبغي على كل منا أن يدرك أنه ليس وحيداً في هذا الكون، أن الله تبارك وتعالى سخر له من يراقبه، سخر له خلايا سمعه فهي تختزن كل الأحداث التي يقوم بها، وسخر أيضاً خلايا بصره لكي تختزن كل المعاصي والفواحش التي يرتكبها، وخلق له أيضاً خلايا الجلد وهي ذات ذاكرة طويلة جداً كما يقول العلماء سخرها لتسجل عليك كل حركة تقوم بها.

فهل تدرك أن الله تبارك وتعالى ذو علم واسع إذا كانت خلايا نظنها لا تعقل فيها هذه المستودعات الضخمة من المعلومات، فكيف برب العالمين تبارك وتعالى الذي يعلم السرّ وأخفى؟ نسأل الله عز وجل أن يجعلنا من أولئك المؤمنين الذين قال فيهم: ﴿وَإِذَا تُلِيَتْ عَلَيْهِمْ آيَاتُهُ زَادَتْهُمْ إِيمَاناً وَعَلَى رَبِّهِمْ يَتَوَكَّلُونَ﴾ [الأنفال: 2]. ونسأله تبارك وتعالى أن يرينا الحق حقاً ويرزقنا اتباعه، وأن يرينا الباطل باطلاً ويرزقنا اجتنابه، وأن يتقبل منا هذا العمل، وأن يجعل فيه الخير والفائدة والهداية لكل من يشكّ في هذا القرآن أو يشك في صدق رسالة الإسلام.

www.kaheel7.com

عجائب الطب

للحكة أو الدغدغة في الحنجرة...

إذا أصابتك حكة أو دغدغة في الحنجرة، افرك أذنك! لماذا؟

لأن هناك أعصابًا محفزة في الأذن، وعند حك الأذن تقوم بعمل رد فعل في الحنجرة يمكن أن يسبب تشنج العضلة، هذا التشنج يخفف الحكة المزعجة أو الدغدغة.

الدكتور سكوت شافير، رئيس مركز الأذن والأنف والحنجرة في نيوجيرسي.

... لا تشعر بالألم...

هل تخاف من الحقنة؟ ومن لا يخاف منها.

ولكن الآن بإمكانك التخلص من الخوف والألم معاً عن طريق السعال أثناء أخذ الحقنة. حيث اكتشف باحثون ألمان بأن السعال أثناء الحقن يقلل الألم لأن السعال يسبب ارتفاع مؤقت مفاجئ في ضغط الصدر والقناة الشوكية ويمنع تركيب إجراءات الشعور بالألم في الحبل الشوكي. تاراس أوزشينكو، مؤلف دراسة الظاهرة.

...تخفيف احتقان الأنف...

هل تعاني من احتقان الأنف المزمن ولم تنفع معك الأدوية، إليك طريقة أرخص وأسرع وأسهل للتخفيف من ضغط الجيوب قم بدفع لسانك ضد سقف فمك بالتناوب، ثم اضغط بين حواجبك بإصبع واحد.

هذا يسبب هز عظمة فومر التي تمر عبر الممرات الأنفية إلى الفم، وهذه الهزات تسبب تحرك الاحتقان، بعد20 ثانية ستشعر بأن الاحتقان بدء بالتحلل.

ليسا ديستيفانو، أستاذ مساعد في كلية ولاية ميشغان الجامعية.

... تخلص من آثار الحروق...

عندما تحرق إصبعك عرضياً على فرن الغاز، نظف الجلد واضغط بشكل خفيف على مكان الحرق بأصابع يدك الأخرى. الثلج سيخفف ألمك بسرعة أكبر. لكن الطريقة الطبيعية ستعيد الجلد المحروق إلى درجة الحرارة الطبيعية، فيصبح الجلد أقل تشوهاً.

ليسا ديستيفانو، أستاذ مساعد في كلية ولاية ميشغان الجامعية.

... حتى لا تصاب بالدوخة...

ضع يدك على شيء ثابت لأن اليد تحتوي على أعصاب تعطي الدماغ مؤشر بأنك متوازن. بعكس الإشارة التي ترسلها القوقعة، الجزء المسئول عن التوازن في الأذن. يعوم الجزء المسئول عن التوازن في سائل من نفس كثافة الدم. بينما يخفف الكحول الدم فيصبح أقل كثافة وترتفع القوقعة مما يسبب الدوخة.

الدكتور سكوت شافير، رئيس مركز الأذن والأنف والحنجرة في نيوجيرسي.

... أوقف نزيف الدم من الأنف...

أغلق أنفك وارجع رأسك للخلف، بالطبع إذا كنت تريد الاختناق بدمك.

أما الطريقة الصائبة فهي وضع قطن على لثتك العليا التي تقع أسفل الأنف واضغط عليه بقوة. لماذا؟ يأتي أكثر النزف من جبهة الحاجز، جدار الغضروف الذي يقسم الأنف، والضغط عليها يوقف النزيف.

بيتر ديسماريس اختصاصي أذن وأنف وحنجرة في مستشفى اينتابيني، في ديربان، جنوب أفريقيا.

... حافظ على بصرك...

البصر الرديء سببه وراثي ولكن الاستعمال الخاطئ للعيون أيضاً يسبب ضعف البصر مثل التحديق المستمر في شاشات الحاسوب، وللتخفيف من هذه المشكلة يمكنك القيام بهذا التمرين البسيط. بعد كل ساعة، قم بأخذ نفس عميق، وأغلق عيونك، ثم انفخ

الهواء وأرخي جميع عضلاتك، كرر هذا التمرين وستشعر بأن الضغط على عيونك قد خف.

... التخلص من النمنمة...

إذا شعرت بأن يدك أو قدمك نمنمت، قم بتحريك رأسك من جهة لأخرى.

سيزول شعور الدبابيس بشكل غير مؤلم في أقل من الدقيقة لماذا؟

تمر في الرقبة حزمة الأعصاب الرئيسية، فإذا قمت بتحريك عضلات رقبتك سيقل الضغط على الأعصاب.

• عجائب القلب والجهاز الدوري

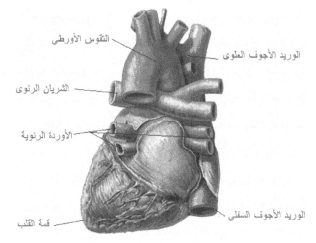

النقوس الأورطى
الوريد الأجوف العلوى
الشريان الرئوى
الأوردة الرئوية
الوريد الأجوف السفلى
قمة القلب

* نصف خلايا الجسم الحمراء تستبدل كل سبعة أيام

* يدق القلب يوميا حوالي ألف دقة

*جسم الإنسان ينتج يوميا مائة بليون خلية حمراء

* القلب في الساعة الواحدة يعمل بطاقة تكفى لرفع 1 طن مسافة 1 قدم من الأرض.

* كل بوصة مربعة من جلد الإنسان تحتوى على عشرين قدمًا من الأوعية الدموية.

* يضخ الإنسان في المتوسط 48 مليون جالون من الدم طوال الحياة.

* يتكون نظام الأوعية الدموية الخاص بك من شرايين وعروق وشعيرات دموية أكثر من 60،000 ميل، وذلك الطول كاف ليلف حول العالم أكثر من مرتين.

* يضخ القلب البالغ تقريبا حوالي 5 أرباع جالون من الدم في الدقيقة -

حوالي 2000 جالون في اليوم- في كافة أنحاء الجسم.

* عند عمر 70 سنة يكون متوسط عدد دقات القلب التي دقها حوالي 2.5 بليون مرة.

* يزن قلب المرأة البالغة 3.5 كيلو والرجل 4.5 كيلو.

* قلب الطفل حجمه حوالي قبضة يد مغلقة والبالغ حوالي قبضتين.

* يأخذ الدم حوالي 20 ثانية للتوزيع في أنحاء النظام الوعائي كامل.

* أول وصف للقلب كان في عام 1706 بواسطة أستاذ التشريح الفرنسي ريموند دو فزنس (RAYMOND DE VIESSENS).

* لقد أخترع مخطط كهربائية القلب (ECG) في عام 1902 الفسيولوجي الألماني ويليم إينثوفن وهذا الاختبار يستخدم إلى الآن لتقيم معدل نبضات القلب وإيقاعها.

* ضع يدك على قلبك. هل وضعت يدك على الجهة اليسرى من صدرك؟ كثير من الناس يفعلون ذلك لكن القلب يقع تقريبا في منتصف الصدر بين الرئتين إنه منحرف قليلا إلى اليسار فيكون مائل إلى يسار الصدر مما يجعله يبدو أنه موجود في اليسار.

* يدق قلبك حوالي 100000 مرة في اليوم وحوالي 35 مليون مرة في السنة في خلال فترة الحياة.

* متوسط قلب الإنسان يدق أكثر من 2.5 بليون مرة.

* أضغط كرة صغيرة ضغطة قوية. أنت عند ذلك تستخدم نفس كمية القوة تقريبا التي يستخدمها القلب لضخ الدم للجسم حتى أثناء الراحة عضلات قلبك تعمل بضعف قوة عضلات ساقك أثناء العدو.

* ضع أصبعين على مكان النبض في عنقك لتحس النبض، النبض الذي تشعر به وقوف وبداية تحرك الدم خلال الشرايين. كطفل نبضك في المتوسط 90 إلى 120 دقة في الدقيقة، الشخص البالغ نبضة أقل ليكون في المتوسط 72 دقة في الدقيقة.

* الأورطى، أكبر شريان في الجسم يعتبر نفس قطر خرطوم المنزل، ومن ناحية أخرى الأوعية الشعيرة صغيرة بحيث 10منها تساوى سمك شعرة في جسم الإنسان.

* في داخل جسمك يوجد حوالي 5.6 لتر من الدم هذه ال5.6 لترات تمر خلال الجسم 3مرات كل دقيقة في اليوم الواحد في خلال اليوم الدم يسير مسافة 19000 كيلو متر(12000 ميل) وهذا يمثل 4 مرات المسافة خلال أمريكا من شاطئ إلى شاطئ أخر.

* القلب يضخ حوالي 1 برميل من الدم في خلال فترة حياة متوسطة هذا كافي لملئ أكثر من 3 خزانات كبيرة.

* الدم سائل عضوي.

* الأوعية الدموية الشعرية صغيرة جدا لدرجة أن خلايا الدم الحمراء تسير خلالها في صف أحادي.

* القرنية في العين هي النسيج الوحيد الحي في جسم الإنسان التي لا تحتوى على أوعية دموية فهي تأخذ المواد الغذائية الخاصة بها من الدموع ومن ماء القرنية.

* من المدهش أن يكون الطول الكلى للأوعية الدموية الخاصة بك 60000 ميل وهذا أكثر من المسافة حول الأرض مرتين.

* في البوصة المربعة الواحدة من الجلد هناك 4 ياردات من ألياف الأعصاب، 600 محسس للألم، 1300 خلية عصبية، 9000 نهاية عصبية، 36 محسس حرارة، 75 محسس ضغط، 100 غدة عرقية، 3مليون خلية، 3ياردات من الأوعية الدموية.

* 2 مليون خلية دم تموت كل دقيقة.

* 7 % من وزن الجسم البشرى عبارة عن دم.

* كل يوم 400 جالون من الدم الذي يعيد دورته يضخ خلال الكلى...

* الكلى تنقى أكثر من 400 جالون دم كل يوم.

* متوسط حياة خلية الدم الحمراء 120 يوم.

* المرأة تمتلك تقريبا 4.5 لتر من الدم في جسمها بينما الرجل يمتلك 5.6 لتر من الدم في جسمه.

* الدم يأخذ رحلة طويلة جدا في جسمك. إذا استطعت أن تمد كل الأوعية الدموية

للجسم البشرى معا سوف يصل الطول حوالي 60.000 ميل وهذا يكفى للف حول العالم مرتين.

عجائب الجهاز التنفسي

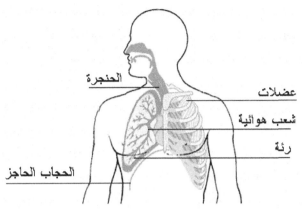

الحنجرة

عضلات

شعب هوائية

رئة

الحجاب الحاجز

نحن نفقد حوالي نصف لتر ماء يوميا مع التنفس..يعتبر الأنف هو مكيف الهواء الخاص بنا فهو يسخن الهواء ويرطب الهواء، كذلك يرشحه من الشوائب... رئتك اليسرى أصغر من رئتك اليمنى وذلك لتعطى مساحة لقلبك...سرعة العطس أكثر من 200 ميل بالساعة...الأنف تحتوى على 7 مليون مستقبلات شيمة لتجعل الإنسان قادرا على الشم...أذنيك وأنفك يستمران في النمو طوال حياتك...تستهلك رئتيك يوميا أكثر من 2 مليون لتر من الهواء حتى بدون تفكير...إن المنطقة السطحية من الرئتين تقريبا نفس مساحة ملعب التنس...من كل الأكسجين الذي يستنشقه الإنسان 20% منه فقط يذهب إلى المخ.

عجائب الجهاز الهضمي

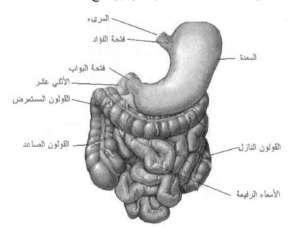

المريء

فتحة الفؤاد

فتحة البواب

الأثنى عشر

القولون المستعرض

القولون الصاعد

المعدة

القولون النازل

الأمعاء الرفيعة

* الأمعاء الرفيعة في الجسم البشرى طولها 6 متر.

* يجب على معدتك أنتاج طبقة جديدة من المخاط كل أسبوعين حتى لا تهضم نفسها.

* متوسط أنتاج الإنسان ربع جالون من اللعاب يوميا أو 000,10 جالون على مدار الحياة.

* كل شخص له بصمة لسان خاصة به.

* لسانك به 3000حاسه تذوق.

* الغذاء يصل إلى معدتك حتى إذا وقفت على رأسك.

* يسمى الكبد دائماً مصنع كيماويات الجسم، لقد حدد العلماء حوالي 500 وظيفة للكبد، تكون فرصة التعرض عالية لحدوث تجويف الأسنان في حالة تناول الحلوى ببطء طوال اليوم بالمقارنة بأكل الحلوى في مرة وغسل الأسنان بعدها.

• عجائب المخ

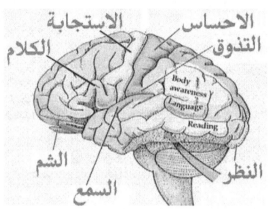

* يتكون مخك من 80% من الماء ترسل الرسائل عبر الأعصاب كنبضات كهربائية. وهى تسير بسرعة 248 ميل في الساعة.

* النظام العصبي المركزي موصل إلى كل جزء من جسم الإنسان 43 زوج من الأعصاب، 12 زوج منهم يذهب إلى ومن المخ و 31 زوج يذهبون من الحبل الشوكى، هناك تقريباً 45 ميل من الأعصاب التي تمر عبر أجسامنا.

* باستثناء خلايا المخ هناك 50000000 من الخلايا ماتت واستبدلت بغيرها بينما تقرأ هذه الجملة.

* النظام العصبي يرسل الرسائل إلى المخ بسرعة 170 ميل في الساعة.

* يقف المخ عن النمو عندما تصل إلى سن 15 سنة.

* الحبل الشوكى طوله أقل من قدمين، بنفس حجم إصبع السبابة، لكنه يحتوى على أكثر من 10 بليون خلية عصبية.

• عجائب العين

* القرنيــة النسـيج الوحيد في الجسم البشرى الذي لا يحتوى على أوعية دموية

* العـين تـرمش كـل ثلاثة أو أربع ثواني

* أكثر الناس يرمشون حوالي 25 مرة في الدقيقة

* الجراحة البصرية كانت إحدى الأجزاء المتطورة من الطب في العالم القديم

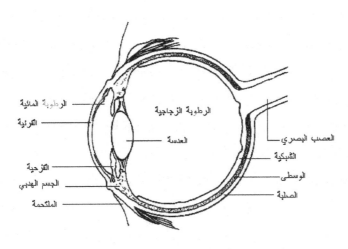

* ترمش بعينك حوالي 10.000.000 مرة في السنة

* النساء ترمش تقريبا ضعف الرجال

* عين الإنسان يمكنها التميز بين أكثر من 1000000 لون مختلف

* عضلة العين هي أسرع عضلة تتفاعل في الجسم ككل. إنها تتقلص في أقل من 100/1 من الثانية

* تصل حدة الرؤية في عينيك إلى أقصى قوتها في منتصف اليوم

* الأحلام تحدث أثناء نوم حركه العين السريعة، وتحدث ولكن بمدى أقل في أثناء نوم حركه العين الغير السريعة

* الأفيال تنام واقفة أثناء نوم حركة العين الغير السريعة، لكن يكونوا مستلقين أثناء نوم حركه العين السريعة

* نوم حركة العين السريعة. ربما يساعد على نمو ونضوج العقل. الأطفال ناقصي النمو لديهم 10%نوم حركة العين السريعة أكثر عن الأطفال كاملي النمو

* ينام الإنسان في المتوسط ثلاث ساعات أقل من الشمبانزى، القرد، القرود السنجابية والبانون فكل منهم ينام 10 ساعات

* يحتاج المراهق إلى نفس كمية النوم التي يحتاجها الأطفال (حوالي 10 ساعات) لكن الذين تعدوا 65 سنة يحتاجون إلى أقل كمية نوم (ست ساعات) والبالغين مابين 25 و55 يحتاجون إلى 8 ساعات وهذا يعتبر المثالي لهم

* بعض الدراسات تقترح أن المرأة تحتاج إلى ساعات نوم أكثر من الرجال، ويعتقد أن هذا يؤدى إلى تعرض المرأة للاكتئاب أكثر من الرجال

* أغلب ما نعرفه عن النوم تعلمناه في خلال 25 سنة الماضية

* كل إنسان يكون عنده عمى ألوان عندما يولد

* كرة العين في البشر تزن حوالي 28 جرام

* العين البشرية تستطيع أن تميز بين 500 من ظلال الرمادي

* عيوننا يمكنها تحديد أكثر من مليون سطح ملون وتحدد معلومات أكثر من أى أكبر منظار عرفه الإنسان

• عجائب جلد الإنسان

• عندما نلمس شئ فأننا نرسل رسالة للمخ بسرعة 124 ميل بالساعة

• في كل بوصة مربعة من أيدينا يوجد تسع أقدام من الأوعية الدموية، 600 محسس للألم، 9000 نهاية عصبية، 36 محسس حرارة 75 محسس ضغط

• في بوصه مربعه

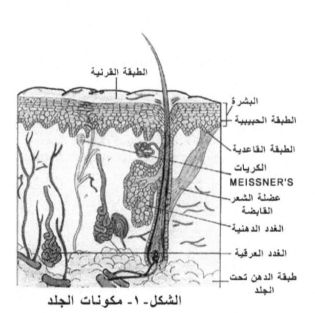

الطبقة القرنية
البشرة
الطبقة الحبيبية
الطبقة القاعدية
الكريات
MEISSNER'S
عضلة الشعر القابضة
الغدد الدهنية
الغدد العرقية
طبقة الدهن تحت الجلد

الشكل- ١- مكونات الجلد

واحدة من الجلد يوجد 4 ياردات من الألياف العصبية، 1300 خلية عصبية، 100 غدة عرقية، 3مليون خلية وثلاث ياردات من الأوعية الدموية

- جلد الإنسان يحتوى على 45 ميل من الأعصاب
- ينمو لديك بشرة خارجية جديدة كل 27 يوم
- عندك في بشرتك 2 مليون غدة تنتج العرق
- الجلد هو أكبر عضو في جسدنا

إحساسنا باللمس أكثر دقة وتميز من أي آلة اخترعت

- عجائب العظام

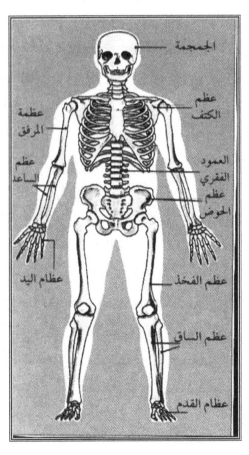

الجمجمة

عظم الكتف

عظمة المرفق

عظم الساعد

العمود الفقري

عظم الحوض

عظام اليد

عظم الفخذ

عظم الساق

عظام القدم

- أقوى عظمة في الجسم البشرى هي عظمة الفخذ وتكون مجوفة
- عندما تولد، يكون لديك 350 عظمة في جسدك، بعد فترة الطفولة 144 من هذه العظام تندمج مع بعضه
- أذنك يوجد بها أصغر عظمة وتسمى الركاب وهى طولها 3 مم
- الطفل المولود حديثا يكون عنده 350 عظمة، لكن الشخص الكبير البالغ عنده فقط 206 عظمة
- هناك 54 عظمة في يديك متضمنة الرسغين
- هناك عظمة واحدة تكون مكتملة النمو عند الميلاد ويكون موضعها الأذن
- الوجه البشرى مكون من 14 عظمة

- بالرغم من أن الأجزاء الخارجية للعظام تكون صلبة فالداخلية تكون خفيفة ورخوة و75%من تكوينها

- عظام الشخص البالغ تمثل حوالي 14% من الوزن الكلي للجسم

- أكثر من نصف العظام الموجودة في جسدك موجودة في يديك وقدمك

- عجائب الشعر

- اللحية هي أكثر مكان ينمو فيه الشعر بسرعة

- أقصى طول للشعر من 70 إلى 90 سم

- النمو السنوي للشعر 12سم

- شعر المرأة ينمو أكثر بطئا من شعر الرجل

- شعر الرجل يكون أكثر كثافة من شعر المرأة

- فترة حياة الشعر من 2 إلى 7 سنوات

- قطر الشعر 0.1 مم

- الرطوبة تطيل (تفرد) الشعر

- تمشيط الشعر بالمشط يكون أقل ضرر من الفرشاة

- استعمال الشامبو الصحيح لا يجعل الشعر جافًا

- تكرار الغسيل لا يؤدى إلى سقوط الشعر

- نمو الشعر أسرع في الطقس الدافئ

- الأشخاص المسنين يطول شعرهم بسرعة بطيئة وعندهم نقص في كثافة الشعر

- قص الشعر لا يؤثر على نموه

- تقصف الأطراف لايمكن علاجه ويجب قصه

- يجب عدم تدليك الشعر المبلل لأن الشعر حساس

- الشعر ثاني أسرع نسيج ينمو في الجسم، بعد نخاع العظام

- فروة الرأس تحتوى في المتوسط 100.000 شعرة، يكون لدى الأشخاص ذوات الشعر الأحمر أقل من 80000 شعرة، وذوات الشعر البني والأسود يكون

لديهم 100000 شعرة، والشقراوات 120000 شعرة

- 90% من شعر فروة الرأس ينمو، بينما 10% في حالة عدم نمو
- من العادي أن يتقصف 100 شعرة كل يوم من فروة الرأس
- يجب أن يتقصف أكثر من 50% من فروة رأسك قبل أن يظهر ذلك إلى أى شخص
- العديد من الأدوية تتسبب في سقوط الشعر
- عدم توازن الغدة الدرقية ونقص الحديد يسببان سقوط الشعر
- في المتوسط يقضي الرجل 5 شهور من حياته في الحلاقة
- في المتوسط عمر الشعرة يكون خمس سنوات ونصف
- في المتوسط سوف يحلق الرجل الطبيعي 20.000مرة
- عدد خصلات الشعر الموجودة في البشر هي نفس عدد الشعر الموجودة في الغوريلا
- النظام الغذائي السيئ للإنسان يؤدى إلى سرعة سقوط الشعر
- يزن رأس الإنسان حوالي 17 كيلو
- السبب في أن يتحول الشعر إلى اللون الرمادي مع تقدم العمر هو أن صبغة خلايا الشعر بدأت تموت وهى التي تكون مسؤله عن إنتاج صبغة الميلانين التي تعطى لون الشعر
- أطول لحية كانت عند الإنسان سجلت طول 17.5 قدم كانت لشخص يدعى هانزن لانجسيت الذي ولد في النرويج سنة 1846 م

عجائب الجسم

- الأفيال تنام واقفة خلال نوم (حركة العين الغير سريعة)، ولكن تنام مستلقية خلال نوم (حركة العين السريعة).

- 10% من شعوب العالم يستعملون يدهم اليسرى (أشول)

- حوالي 70% من جسم الإنسان ماء

- في أجسامنا يوجد نحاس، خارصين، كوبالت، كالسيوم، منجنيز، فوسفات، نيكل وسيليكون

- أول أطفال أنابيب توأم في العالم ولدوا في يونيو 1981

- تستعمل في المتوسط 43 عضلة حتى تتجهم، وتستخدم في المتوسط 30 عضلة لتبتسم.

- تحرق 26 سعر في قبلة طولها دقيقة واحدة

- جسم الإنسان المتوسط يحتوى على كمية من الكبريت تكفى لقتل البراغيث الموجودة في كلب متوسط الحجم، كربون يكفى لصنع 900 قلم رصاص، دهون تكفى لعمل 7 قطع من الصابون، فسفور لعمل رأس 2200 عود كبريت وماء يكفى لملء تانك سعته عشرة جالون

- الجنين في بطن أمه يكون جلده مغطى بطبقه من الشعر الرفيع

- عندما تأكل لحم وتشرب لبن في نفس الوجبة، جسمك لا يمتص أي من الكالسيوم الموجود في اللبن، فمن الأفضل أن يكون هناك ساعتان فرق بين أكل اللحم وشرب اللبن

- فقط البشر والخيول لهما أغشية البكارة

- الأسنان هي الجزء الوحيد في الإنسان الذي لا يستطيع تصليح نفسه

- مخ إنسان واحد يولد نبضات كهربائية في اليوم الواحد أكثر من كل هواتف العالم لو وضعت معا
- 58% من السكان يمكنهم لف ألسنتهم على شكل حوض
- ساعدك (من داخل المرفق إلى داخل الرسغ) له نفس طول قدمك
- يوجد في جسم الإنسان حديد يكفى لصنع مسمار صغير
- الإنسان في المتوسط يشرب حوالي 16000 جالون من الماء في خلال حياته
- لكل إنسان بصمة لسان مختلفة
- أنف الإنسان يقدر على تذكر 50000 رائحة مختلفة
- الضحك والسعال يضع ضغط على العمود الفقري أكثر من السير والوقوف
- كل حوالي سبع سنوات جسدك يبدل ما يساوى المكونات الداخلية للهيكل العظمى
- فصيلة الدم A يمكنها أخذ الدم من A، O بأمان. فصيلة الدم B يمكنها أخذ الدم من B، O. فصيلة الدم O يمكنها أخذ الدم من فصيلة O فقط وهذا يضع هذه الفصيلة «كمتبرعون عالميون» لأن فصيلة الدم O مقبولة لدى كل فصائل الدم الأخرى. فصيلة الدم O هي الفصيلة الشائعة في العالم
- 17 ساعة من انعدام النوم تؤدى إلى نقصان أداء مساو لنقصان أداء لمستوى الكحول في الدم بنسبة 0.05 %.
- من كل ستة حوادث خطيرة للسيارات، يكون الإرهاق سبب في واحده منها
- التعرض للضوضاء في الليل يمكن أن يعيق وظائف المناعة حتى إذا لم يقم النائم على صوت الضوضاء
- الضوضاء التي تحدث خلال الساعات الأولى والأخيرة من النوم. لها أكبر تأثير حيث تعطل وتشتت دورة ساعة التنبيه الداخلية التي تجعل الأشخاص يقومون من النوم عندما يريدون تحدث بواسطة جهد اندفاع هرمون الغدة الكظرية درجة

الحرارة العالية في ليالي الصيف تؤدى إلى عدم النوم. آلية تدفق الدم التي تنقل الحرارة من الجسم إلى الجلد تكون في أحسن حال لها ما بين 18 و30 درجة. لكن بعد ذلك عموما في الحياة تنكمش منطقة الراحة بين 23 و25 درجة لذلك تعتبر هذا أحد أسباب اضطرابات النوم لدى الكبار عشرة في المائة من الأشخاص الذين يشخرون أثناء النوم يحدث لهم انقطاع مؤقت للنفس أثناء النوم الشخير يحدث فقط في أثناء نوم حركه العين الغير سريعة الشباب ما بين 18 إلى 24 سنة، الحرمان من النوم يجعلهم يعانوا من الأداء الضعيف أكثر من البالغين الأكبر سنا.

- نتيجة وجود طفل جديد يفقد الأب والأم ما بين 400 إلى 750 ساعة من النوم في أول سنة من عمر الطفل الجسم المتوسط للإنسان عنده كبريت كافي لقتل كل البراغيث في كلب متوسط، كربون كافي لعمل 900 قلم رصاص، دهون تكفى لعمل 7 قطع من الصابون. فسفور لصناعة 2200 رأس عود كبريت. ماء كافي لمليء تانك سعته 10 جالون يتكون جسم البالغ في المتوسط من 100 تريليون خلية يوجد بكتيريا في جسدك أكثر من عدد الخلايا في جسدك كل خلية في جسدك تحتوى على من 6 إلى 8 أقدام من DNA أثبتت الأبحاث أن الذنب يدمر المناعة في نظام المناعة الخاص بك بواسطة تخفيض مستوى الجلوبولين المناعي.
- عندنا أكثر من 600 عضلة

• • •

من عجائب جحا

• رأى جحا رجلا يغرق في البحر فقام ينقذه وبعد ما أنقذه جحا رماه إلى البحر تارة أخرى فقال الرجل لماذا رميتني مرة أخرى؟؟ فقال جحا (اعمل الخير وارمه البحر)

• دخل جحا أحد المحلات التي تبيع الحلوى والفطائر......وطلب من البائع أن يعطيه قطعة من الحلوى.....

لم تعجب الحلوى جحا.......فطلب من البائع أن يستبدلها بقطعة من الفطير.....
أخذ جحا قطعة الفطير......وأنصرف دون أن يدفع ثمنها.......
نادي البائع على جحا وقال له: لِـمَ لَـمْ تدفع ثمن الفطيرة يا جحا؟!!!
فقال جحا: ولكنني قد أعطيتك قطعة الحلوى بدلاً منها
فقال البائع: ولكنك لم تدفع ثمن الحلوى أصلاً!!
قال جحا: وهل أخذت الحلوى وأكلتها حتى أدفع ثمنها؟؟!!!

• ضاع الحمار
ضاع حمار جحا فأخذ يصيح وهو يسأل الناس عنه: ضاع الحمار. والحمد لله.
قيل له: فهل تحمد الـلـه على ضياعه؟!
قال: نعم، لو أنني كنت أركبه لضعت معه، ولم أجد نفسي..!

• أعطى خادما له جرة ليملأها من النهر، ثم صفعه على وجهه صفعة شديدة وقال له: إياك أن تكسر الجرة، فقاله: لماذا ضربتني قبل أن اكسرها؟ فقال: أردت أن أريك جزاء كسرها حتى تحرص عليها.

• قيل لجحا: عد لنا المجانين في هذه القرية. قال: هذا يطول بي..ولكني استطيع بسهولة أن أعد لكم العقلاء.

• تزوج جحا وبعد ثلاثة أشهر أخبرته زوجته أنها ستلد وطلبت منه أن يحضر لها الداية

فقال لها: نحن نعرف أن النساء يلدن بعد تسعة أشهر، فما هذا؟
فغضبت منه وقالت: إن أمرك لعجيب، كم مضي علي زواجنا، ألم يمضي ثلاثة أشهر
قال: نعم
فقالت: وقد مضي عليك متزوجاً بي ثلاثة أشهر، فصاروا ستة، أليس كذلك؟
فقال: نعم
فقالت: وقد مضي علي الجنين في بطني ثلاثة أشهر، فهذه تتمه التسعة
ففكر جحا قليلاً وقال: الحق معك فأنا لم أفقه هذا الحساب الدقيق فعفواً عني لقد أخطأت في حقك

• سأل جحا شخص إذا أصبح الصبح خرج الناس من بيوتهم إلى جهات شتى، فلم لا يذهبون إلى جهة واحدة؟

فقال له: إنما يذهب الناس إلى كل جهة حتى تحفظ الأرض توازنها أما لو ذهبوا في جهة واحد فسيختل توازن الأرض، وتميل وتسقط

• واعد جحا الحاكم أن يذيقه إوزة من طهي زوجته وقرر أن يفي بوعده، فأوصى زوجته أن تعد أكبر إوزة عندهم، وأن تحسن طهيها وتحميرها، لعل الحاكم يعطى له منحة من منحه الكثيرة...
وبعد أن أنهت زوجته من إعداد الإوزة، حملها إلى قصر الحاكم، وفي طريقة جاع واكل أحد فخذي الإوزة...
وعندما وصل إلى القصر، وقدمها بين يدي الحاكم، قال له الحاكم غاضبًا:
ما هذا يا جحا؟! أين رجل الإوزة؟!
فقال له: كل الإوز في بلدتنا برجل واحدة، وإن لم تصدقني فتعال وأنظر من نافذة القصر إلى الإوز الذي على شاطئ البحيرة.
فنظر فإذا سرب من الإوز قائم على رجل واحدة كعادة الإوز في وقت الراحة.
فأرسل أحد الجنود إلى سرب الإوز، وهو يحمل العصا، ففزع الإوز، وجرى إلى الماء على رجليه.

فقال الحاكم: ما قولك الآن؟

فقال:لو هجم أحد على إنسان بهذه العصا لجرى على أربع.... فما بالك بالإوز؟

• تزوج جحا امرأة حولة ترى الشئ شيئين، فلما كان يحين موعد الغداء أتى برغيفين، فرأتهما أربعة، ثم أتى بالإناء فوضعه أمامها، فقالت له: ما تصنع بإناءين وأربعة أرغفة؟ يكفي إناء واحد ورغيفان. ففرح جحا وقال: يالها من نعمة! وجلس يأكل معها، فرمته بإناء بما فيه من الطعام وقالت له: هل أنا فاجرة حتى تأتي برجل آخر معك لينظر إلي؟ فقال جحا: يا حبيبتي، أبصري كل شئ اثنين ما عدا أنا.

• ترك جحا كمية من الحديد عند أحد التجار، وعندما عاد للتاجر يطلب منه الحديد، أخبره التاجر بأن الحديد أكله الفأر، تظاهر جحا بالتصديق، بعد عدة أيام رأى جحا أبن التاجر فخطفة، فأخذ التاجر يبحث عن ابنه، وعندما رأى جحا سأله عن ابنه، فأجابه جحا: قد سمعت زقزقة وعندما استعلمت عن الأمر رأيت عصافير يحملون طفل، أجابه التاجر: أتستطيع العصافير أن تحمل ولدا!!، رد عليه جحا: البلد التي تأكل بها الفئران الحديد بها الطيور تحمل الأطفال!، ضحك التاجر وقام بإعادة الحديد لجحا.

• سأل جحا يوما: إذا دخل القمر الجديد فأين يكون القديم؟ قال:إنهم يقطعونه ويصنعون منة نجوما

• تنازع شخصان وذهبا إلى جحا – وكان قاضيا – فقال المدعي: لقد كان هذا الرجل يحمل حملا ثقيلا، فوقع على الأرض، فطلب مني أن أعاونه، فسألته عن الأجر الذي يدفعه لي بدل مساعدتي له، فقال (لا شيء) فرضيت بها وحملت حمله. وهاأنذا أريد أن يدفع لي اللا شيء. فقال جحا: دعواك صحيحة يا بني، اقترب مني وارفع هذا الكتاب. ولما رفعه قال له جحا: ماذا وجدت تحته؟ قال: لا شيء. قال جحا: خذها وأنصرف

• • •

عجائب الصور

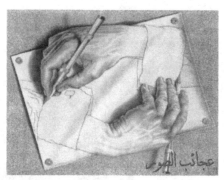

عجائب الصور

البحر المسجور

هـذه صـورة لجانـب مـن أحـد المحيطـات ونـرى كيـف تتدفق الحمم المنصهرة فتشعل ماء البحر، هذه الصورة التقطت قرب القطب المتجمد الشمالي، ولم يكن لأحد علم بهـذا النـوع مـن أنـواع البحـار زمـن نـزول القرآن، ولكن اللـه تعالى حدثنا عـن هـذه الظاهرة المخيفـة والجميلة بل وأقسم بها، يقول تعالى :

﴿وَالطُّورِ * وَكِتَابٍ مَسْطُورٍ * فِي رَقٍّ مَنْشُورٍ * وَالْبَيْتِ الْمَعْمُورِ * وَالسَّقْفِ الْمَرْفُوعِ * وَالْبَحْرِ الْمَسْجُورِ *إِنَّ عَذَابَ رَبِّكَ لَوَاقِعٌ * مَا لَهُ مِنْ دَافِعٍ﴾ [الطور: 1-8]

والتسجير في اللغة هو الإحماء تقول العرب سجر التنور أي أحماه، وهذا التعبير دقيق ومناسب لما نراه حقيقة في الصور اليوم من أن البحر يتم إحماؤه إلى آلاف الدرجات المئوية، فسبحان اللـه!

مرج البحرين

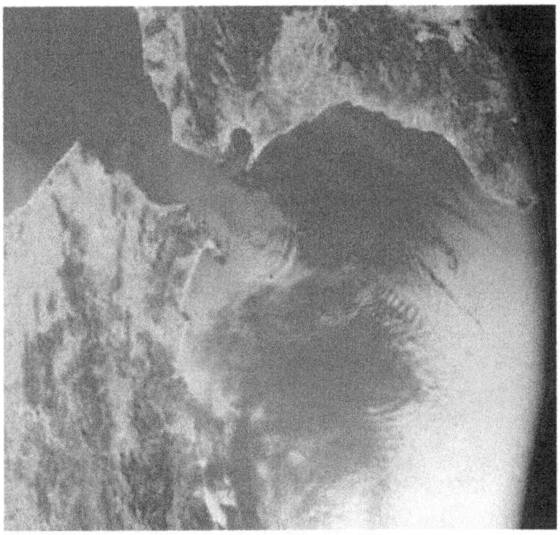

نرى في هذه الصورة منطقة تفصل بين بحرين مالحين، هذه المنطقة تسمى البرزخ المائي، وقد وجد العلماء لها خصائص تختلف عن كلا البحرين على جانبيها، ووجدوا أيضاً لكل بحر خصائصه التي تختلف عن خصائص البحر الآخر. وعلى الرغم من اختلاط ماء البحرين عبر هذه المنطقة إلا أن كل بحر يحافظ على خصائصه ولا يطغى على البحر الآخر. هذه حقائق في علم المحيطات لم تُكتشف إلا منذ سنوات فقط، فسبحان الذي حدثنا عنها بدقة كاملة

القمر نوراً

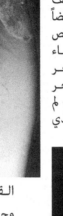

وجد العلماء حديثاً أن القمر جسم بارد بعكس الشمس التي تعتبر جسماً ملتهباً، ولذلك فقد عبّر القرآن بكلمة دقيقة عن القمر ووصفه بأنه (نور) أما الشمس فقد وصفها الله بأنها (ضياء)، والنور هو ضوء بلا حرارة ينعكس عن سطح القمر، أما الضياء فهو ضوء بحرارة تبثه الشمس، يقول تعالى :

﴿هُوَ الَّذِي جَعَلَ الشَّمْسَ ضِيَاءً وَالْقَمَرَ نُورًا وَقَدَّرَهُ مَنَازِلَ لِتَعْلَمُوا عَدَدَ السِّنِينَ وَالْحِسَابَ مَا خَلَقَ اللَّهُ ذَلِكَ إِلَّا بِالْحَقِّ يُفَصِّلُ الْآيَاتِ لِقَوْمٍ يَعْلَمُونَ﴾ [يونس: 5]

من كان يعلم زمن نزول القرآن أن القمر جسم بارد؟ إن هذه الآية لتشهد على صدق كلام الله تبارك.

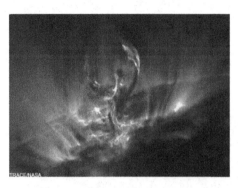

وسراجاً وهاجاً

في زمن نزول القرآن لم يكن أحد على وجه الأرض يعلم حقيقة الشمس، ولكن الله تعالى الذي خلق الشمس وصفها وصفاً دقيقاً بقوله تعالى : ﴿وَجَعَلْنَا سِرَاجًا وَهَّاجًا﴾ [النبأ: 13] وهذه الآية تؤكد أن الشمس عبارة عن سراج والسراج هو آلة لحرق الوقود وتوليد الضوء والحرارة وهذا ما تقوم به الشمس، فهي تحرق الوقود النووي وتولد الحرارة والضوء، ولذلك فإن تسمية الشمس بالسراج هي تسمية دقيقة جداً من الناحية العلمية.

الناصية والكذب

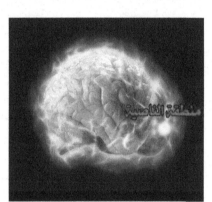

اكتشف العلماء حديثاً أن المنطقة المسؤولة عن الكذب هي مقدمة الدماغ أي الناصية، واكتشفوا أيضاً أن منطقة الناصية تنشط بشكل كبير أثناء الخطأ، ولذلك فقد خلصوا إلى نتيجة أو حقيقة علمية أن عمليات الكذب وعمليات الخطأ تتم في أعلى ومقدم الدماغ في منطقة اسمها الناصية، والعجيب أن القرآن تحدث عن وظيفة هذه الناصية قبل قرون طويلة فقال) :ناصية كاذبة خاطئة)فوصف الناصية بالكذب والخطأ وهذا ما يراه العلماء اليوم بأجهزة المسح المغنطيسي، فسبحان الله

كانتا رتقاً

وجد العلماء أن الكون كان كتلة واحدة ثم انفجرت، ولكنهم قلقون بشأن هذه النظرية، إذ أن الانفجار لا يمكن أن يولد إلا الفوضى، فكيف نشأ هذا الكون

بأنظمته وقوانينه المحكمة؟ هذا ما يعجز عنه العلماء ولكن القرآن أعطانا الجواب حيث أكد على أن الكون كان نسيجاً رائعاً و الله تعالى قد فتَق هذا النسيج ووسعه وباعد أجزاءه، وهذا ما يلاحظه العلماء اليوم، يقول تعالى :

﴿أَوَلَمْ يَرَ الَّذِينَ كَفَرُوا أَنَّ السَّمَاوَاتِ وَالأَرْضَ كَانَتَا رَتْقًا فَفَتَقْنَاهُمَا وَجَعَلْنَا مِنَ الْمَاءِ كُلَّ شَيْءٍ حَيٍّ أَفَلَا يُؤْمِنُونَ﴾ [الأنبياء: 30]. وتأمل معي كلمة(رتقاً)التي توحي بوجود نظام ما في بداية خلق الكون، وهذا ما يعتقده العلماء وهو أن النظام موجود مع بداية الخلق.

حشرة أم ورقة؟

نرى في هذه الصورة حشرة غريبة، ويعجب العلماء كيف استطاعت هذه الحشرة أن تحاكي الطبيعة بهذا التقليد الرائع، بل كيف علمت أنها ستختفي من أعدائها في أوراق الأشجار، وكيف استطاعت أن تجعل من جسمها ورقة لا يستطيع تمييزها إلا من يدقق فيها طويلاً؟ إنها تساؤلات يطرحها العلماء الماديون، ولكننا كمؤمنين نقول كما قال الله تعالى : ﴿وَاللَّهُ خَلَقَ كُلَّ دَابَّةٍ مِنْ مَاءٍ فَمِنْهُمْ مَنْ يَمْشِي عَلَى بَطْنِهِ وَمِنْهُمْ مَنْ يَمْشِي عَلَى رِجْلَيْنِ وَمِنْهُمْ مَنْ يَمْشِي عَلَى أَرْبَعٍ يَخْلُقُ اللَّهُ مَا يَشَاءُ إِنَّ اللَّهَ عَلَى كُلِّ شَيْءٍ قَدِيرٌ﴾ [النور: 45].

الطارق

اكتشف العلماء وجود نجوم نابضة تصدر أصوات طرق أشبه بالمطرقة، ووجدوا أن هذه النجوم تصدر موجات جذبية تستطيع اختراق وثقب أي شيء بما فيها الأرض وغيرها،

ولذلك أطلقوا عليها صفتين: صفة تتعلق بالطرق فهي مطارق كونية، وصفة تتعلق بالقدرة على النفاذ والثقب فهي ثاقبة، هذا ما لخصه لنا القرآن في آية رائعة، يقول تعالى في وصف هذه النجوم من خلال كلمتين :

﴿وَالسَّمَاءِ وَالطَّارِقِ * وَمَا أَدْرَاكَ مَا الطَّارِقُ * النَّجْمُ الثَّاقِبُ﴾ [الطارق: 1-3] فكلمة (الطارق) تعبر تعبيراً دقيقاً عن عمل هذه النجوم، وكلمة (الثاقب) تعبر تعبيراً دقيقاً عن نواتج هذه النجوم وهي الموجات الثاقبة، ولا نملك إلا أن نقول: سبحان الله!

نجم يموت

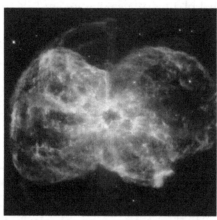

هذه الصورة نشرها موقع وكالة ناسا (مرصد هابل) حيث وجد العلماء أن هذا النجم الذي يبعد 4000 سنة ضوئية عنا وهو يشبه شمسنا، قد انفجر على نفسه وبدأ يصغر حجمه ويتحول إلى نجم قزم أبيض، حيث تبلغ درجة حرارة هذا الانفجار 400 ألف درجة مئوية! ويؤكد العلماء أن شمسنا ستلقى النهاية ذاتها وتحترق، وعملية الاحتراق هذه ستؤدي إلى تقلص حجم الشمس على مراحل لتتحول إلى شمس صغيرة وهو ما يسميه العلماء بالقزم الأبيض، أليس عجيباً أن نجد القرآن يحدثنا عن نهاية الشمس بقوله تعالى : ﴿إِذَا الشَّمْسُ كُوِّرَتْ﴾ [التكوير: 1]

عجائب الفضاء

معلومات فضائية عجيبة!!!!!!!!!

• هل تعلم أن مجرة درب التبانة هي مجرة لولبية الشكل لها أذرع ضخمة عدة تلتف حول نتوء مركزي بسماكة 10.000 سنة ضوئية. ويبلغ قطر الاسطوانة حوالي 100 ألف سنة ضوئية وتحيط بها غيمة أكبر منها مؤلفة من غاز الهيدروجين معوجة ملتوية عند أطرافها في شكل أنصاف دوائر. وتضم هذه المجرة ملايين النجوم من أنواع مختلفة.

وأفضل الأوقات لرؤية درب التبانة من المناطق المعتدلة الواقعة في نصف الكرة الشمالي هي ليالي الصيف الصافية التي يغيب فيها القمر.

وتبدو المجرة كشريط مضيء غير متناسق يلف السماء من الأفق الشمالي الشرقي إلى الأفق الجنوبي الغربي.

• هل تعلم أن النجم هو جرم سماوي كبير الحجم يتألف من غازات مرتفعة الحرارة تجتمع بفعل الجاذبية وتطلق إشعاعات كهرومغناطيسية وخصوصاً الضوء نتيجة التفاعلات النووية التي تحدث داخل النجم.

هل تعلم أن المذنب هو جرم سماوي ضبابي يدور حول الشمس ويتميز بذيل طويل لا يظهر إلا عندما يقترب المذنب في مداره من الشمس.

• هل تعلم أن عدد النجوم الموجودة في مجرة درب التبانة حسب حسابات الفلكيين بلغت مئات المليارات.

ودرب التبانة هي واحدة من مئات الملايين من المجرات المشابهة الواقعة في مجال رؤية التلسكوبات الحديثة.

• هل تعلم أن عطارد هو الكوكب الأقرب إلى الشمس في نظامنا الشمسي ويبلغ متوسط بعده عن الشمس 58 مليون كم تقريباً، ويساوي قطره حوالي 4،875 كم. وفي عام 1991، كشفت التلسكوبات اللاسلكية على الأرض إشارات لا لبس فيها إلى وجود

صفحات شاسعة من الجليد في المناطق القطبية على عطارد.

• هل تعلم بأن عدد نجوم الدب الأكبر سبعة نجوم، وأن عدد نجوم الدب الأصغر خمسة نجوم.

• وهل تعلم أن الكوكب الذي له أكبر الأثر في عملية المد والجزر هو القمر وليست الشمس.

• هل تعلم أن الفلكيين استنتجوا من نماذج نظرية من البنية النجمية، أن الشمس في الـ50 مليون سنة الأولى من تاريخها انقبضت إلى ما يقارب حجمها الحالي، ثم قامت طاقة الجاذبية التي أطلقها الغاز المنهار بتسخين داخل الشمس. وعندما سخنت النواة بما فيه الكفاية توقف الانقباض وبدأ احتراق الهيدروجين نووياً وتحوله إلى هيليوم في نواة الشمس، ولا تزال الشمس في هذه المرحلة من حياتها منذ حوالي 5،4 مليارات سنة.

• هل تعلم أن القمر الذي نعرفه هو الوحيد الذي يتبع الأرض، وهو يدور معها حول الشمس، وهو لا يطلق أي ضوء أو حرارة، بل هو يعكس ضوء الشمس. وهذا ما يفسر ظهوره بأشكال مختلفة من الهلال إلى البدر.

• هل تعلم أن النيزك هو جسم صغير صلب يدخل جو الكوكب من الفضاء الخارجي ويصل إلى حالة من التوهج بفعل الاحتكاك الناتج من حركته السريعة وهو يتألف عموماً من رأس مضيء يليه ذيل عن الضوء شبيه بالمذنب يمكن أن يدوم دقائق معدودة.

• هل تعلم أن الأرض هي أحد كواكب النظام الشمسي، وهي تأتي في المرتبة الثالثة من حيث المسافة التي تفصلها عن الشمس، ولها خامس أكبر قطر بين الكواكب، والأرض هي الكوكب الوحيد المعروف الذي يحمل حياة، والأرض ليست كروية بالتمام بل إن لها شكلاً بيضاوياً بعض الشيء

غرائب وعجائب الفضاء

البحث عن بلوتو

بلوتو أصغر كوكب في مجموعة النظام الشمسي وهو أصغر بخمس مرات من القمر وقد اكتشف عام ١٩٣٠ من قبل عالم الفلك الأمريكي "كليد تومباو" وهو أول كوكب يكتشف بعد اكتشاف نيبتون عام ١٨٠٠ وأورانوس عام ١٧٨١.

أما الكواكب الستة الأخرى فقد اكتشف منذ عهد اليونانيين القدماء قبل (٢٠٠٠) سنة مضت.

عجائب و طرائف
lovely0smile.com

الحيوان في المدار

أول مخلوق يرسل في رحلة إلى الفضاء هو كلبة تدعى "لايكا" قد أطلقت في قمر اصطناعي سوفيتي "سبوتنيك(٢)" في تشرين الأول من عام ١٩٥٧ ليختبروا مدى تأثير الفضاء الخارجي على الأحياء، وقد ماتت "لايكا" عندما نفذت أسطوانة الأكسجين.

عجائب و طرائف

الإنسان على سطح القمر

"نيل أرمسترونغ" رائد فضاء أمريكي ، في ٢١ تموز عام ١٩٦٩ عدّ أول إنسان يطأ سطح القمر على الإطلاق وفي عام ١٩٧٢ نزل ١٢ رائد فضاء على سطح القمر وقد أحضروا معهم أكثر من ٣٨٠ كغ من صخور القمر والتراب التي ما يعادلها آلاف الكيلوغرامات ذهباً، وقد كان عمر الصخرة ٣٠٠٠ مليون سنة على الأقل.

عجائب و طرائف

رؤية الوجه المظلم

بما أن القمر يدور حول الأرض، فإنك تواجه سطحاً مرئياً واحداً فقط، وفي عام (١٩٥٩) انطلقت سفينة الفضاء السوفيتية "لونا(٣)" إلى الوجه الآخر خلف القمر لتلتقط صوراً لذلك الوجه المظلم من القمر، تلك كانت المرة الأولى التي يشاهد فيها القمر المظلم، هل ترغب برؤيته أنت أيضاً؟

عجائب و طرائف

هل تعلم ؟؟؟

يعد "آلان شيفرد" قائد سفينة الفضاء "أبولو ١٤" أول من لعب الغولف على سطح القمر، وبما أن جاذبية القمر أقل من جاذبية الأرض، فقوة الضربة لقذف الكرة مسافة (٢٧٤) متراً على سطح الأرض كانت تكفي لقذف الكرة مسافة ١.٦ كم على سطح القمر.

عجائب و طرائف

حقائق مدهشة

يدعي معظم الناس أنهم قد رأوا مركبات فضائية وصحوناً طائرة قادمة من الخارج.
في عام ١٩٧٣ إدعى رجلان في الولايات المتحدة أنهما قد اصطحبا ثلاثة مخلوقات من الفضاء لاعيون لهم لمدة ٢٠ دقيقة تم خلالها التقاط صور لهما ثم عادا سالمين.

عجائب و طرائف

سباق الماراثون الفضائي

بدأ رائدا الفضاء تسجيل الرقم القياسي في البقاء لأطول مدة في الفضاء، ففي كانون الأول من عام ١٩٨٧ عاد فلاديمير تيتوف وموسى ماناروف إلى الأرض في ٢١ كانون الأول عام ١٩٨٨ أي بعد رحلة دامت سنة كاملة في الفضاء في المحطة الفضائية "مير".

عجائب و طرائف

رؤية النجوم

أطلق المنظار الفضائي المسمى "هبل" من مكوك الفضاء الأمريكي في نيسان (١٩٩٠) وهو يدور حالياً حول الأرض من ارتفاع ٤٨٠ كم عنها، بمقدور هذا المنظار رؤية الأشياء في الفضاء أبعد بسبع مرات عن المنظار في الأرض، أو يمكن رؤية الأشياء الواضحة أكبر بـ٥٠ مرة من رؤيتنا لها.

عجائب و طرائف

بعيداً جداً جداً

أطلقت مركبة الفضاء "بايونير (١٠)" عام ١٩٧٢، وبحلول عام ١٩٨٩ مرت المركبة بالقرب من كوكب بلوتو، وهكذا عدت هذه المركبة أول شيء يغادر مجموعتنا الشمسية وهي تحمل أول لائحة معدنية مكتوبة فيها رسائل موجهة إلى جميع المخلوقات التي قد تعترض سبيلها، تعرض اللائحة صوراً للإنسان، وموقع الأرض في الفضاء.

عجائب و طرائف

عجائب سيدة القمر

سمى المسبار القمري الأول للصين، الذي أطلق في 24/ أكتوبر 2007/ من مركز الإطلاق الجنوبي الغربي، باسم «سيدة القمر» تشانغ اه وهى إلهة صينية أسطورية طارت إلى القمر.

كانت تشانغ اه وزوجها هو يى، وهو رامي سهام بارع، محور أحد أكثر الأساطير الصينية شعبية.

وتقول إحدى روايات القصة إن تشانغ اه زوجة جميلة لهو يى، وهو بطل اسقط تسعة شموس تسفع الأرض. في ذلك الوقت، لم تكن هناك سوى عشرة شموس تدور في دائرة حول الأرض مرة كل 10 أيام، ولكن في يوم من الأيام اتحدت جميع الشموس العشرة معا

لتلحق ضررا هائلا بالأرض.

وأشاد الناس على الأرض بقيام يى، وهو رامي سهام مشهور، بإسقاط الشموس التسعة. وأصبح ليي منذ ذلك الحين المزيد من التابعين الذين يتوقون الى تعلم الرماية بالسهم بمن فيهم الشرير بنغ منغ.

وحصل يى في يوم من الأيام على إكسير للخلود وطلب من زوجته أن تحتفظ به. وخبأت تشانغ اه الإكسير في صندوق شاهده بنغ الذي حاول أن يجبر تشانغ اه على أن تسلم الإكسير له عندما خرج يى للصيد.

واختارت تشانغ اه، التي هددها بنغ إذا لم تسلم له الإكسير، أن تبلع الإكسير ووجدت نفسها بدأت تطفو نحو السماء. وظلت تطفو حتى هبطت على القمر حيث أصبحت إلهة ورافقها أرنب من حجر اليشب.

وأصبح يى حزينا بعد أن فقد زوجته، ولكنه لاحظ أن القمر مشرق وواضح على نحو خاص، وبدأ في عبادة زوجته التي يحبها في اليوم الـ 15 من الشهر القمري الثامن سنويا عندما يكون القمر بدرا وفى أكثر حالاته إشراقا.

وردت هذه الأسطورة في الكثير من القصص الصينية القديمة، مما يثبت وجود ولع منذ أمد بعيد بالقمر في الخيال الصيني!

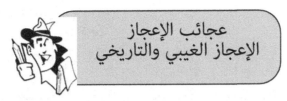

عجائب الإعجاز
الإعجاز الغيبي والتاريخي

• التطاول في البنيان

الحديث:

عن أبي هريرة؛ قال: قال رسول الـلـه ﷺ «سلوني فهابوه أن يسألوه. فجاء رجل فجلس عند ركبتيه. فقال: يا رسول الـلـه! ما الإسلام؟ قال «لا تشرك بالله شيئا. وتقيم الصلاة. وتؤتي الزكاة. وتصوم رمضان» قال: صدقت. قال: يا رسول الـلـه! ما الإيمان؟ قال «أن تؤمن بالله، وملائكته، وكتابه، ولقائه، ورسله، وتؤمن بالبعث، وتؤمن بالقدر كله» قال: صدقت. قال: يا رسول الـلـه! ما

لإحسان؟ قال «أن تخشى الـلـه كأنك تراه. فإنك إن لا تكن تراه فإنه يراك» قال صدقت. قال: يا رسول الـلـه! متى تقوم الساعة؟ قال«ما المسئول عنها بأعلم من السائل. وسأحدثك عن أشراطها. إذا رأيت المرأة تلد ربتها فذاك من أشراطها

وإذا رأيت الحفاة العراة الصم البكم ملوك الأرض فذاك من أشراطها

وإذا رأيت رعاء البهم يتطاولون في البنيان فذاك من أشراطها

في خمس من الغيب لا يعلمهن إلا الـلـه. ثم قرأ

﴿إن الـلـه عنده علم الساعة وينزل الغيث ويعلم ما في الأرحام وما تدري نفس ماذا تكسب غدا وما تدري نفس بأي أرض تموت إن الـلـه عليم خبير﴾. [لقمان، آية 34].

«ومعنى التطاول في البنيان أن كلا ممن كان يبني بيتا يريد أن يكون ارتفاعه أعلى من ارتفاع الآخر».

وجه الإعجاز:

إخبار النبي ﷺ أن رعاة الشاة والإبل سوف يتطاولون في البنيان ويتباهون بها حتى يبني كل منهم بنياناً يكون أعلى من سابقه وهذا معروف في دول الخليج وتظهر المباني الشاهقة واضحة في دول الخليج فسبحان الله تعالى من أخبر محمد ﷺ عن هذا قبل أكثر من 1400 سنة إنه الله تعالى رب العالمين.

• قصة سراقة مع النبي عند الهجرة

لما هاجر النبي ﷺ هو وصاحبه أبو بكر في قصة الهجرة المشهورة وتبعتهم قريش بفرسانها، أدركهم سراقة بن مالك وكاد يمسك بهم، فلما رآه سيدنا أبو بكر قال أتينا يا رسول الله فقال له النبي ﷺ: لا تحزن إن الله معنا فدعا النبي ﷺ على سراقة فساخت يدا فرسه في الرمل فقال سراقة: إني أراكما قد دعوتما علي، فادعوا لي، فالله لكما أن أرد عنكما الطلب، فدعا له النبي ﷺ وقال لسراقة كيف بك إذا لبست سواري كسرى وتاجه.

فلما فتحت فارس والمدائن وغنم المسلمون كنوز كسرى أتى أصحاب رسول الله بها بين يدي عمر بن الخطاب، فأمر عمر بأن يأتوا له بسراقة وقد كان وقتها شيخاً كبيراً قد جاوز الثمانين من العمر، وكان قد مضى على وعد رسول الله له أكثر من خمس عشرة سنة فألبسه سواري كسرى وتاجه وكان رجلاً أزب أي كثير شعر الساعدين فقال له أرفع يديك وقل الحمد لله الذي سلبهما كسرى بن هرمز وألبسهما سراقة الأعرابي، ولقد مات سراقة في خلافة عثمان سنة أربع وعشرين وقيل بعد عثمان.

فمن أخبر محمداً بن عبد الله هذا الإنسان الهارب من القتل بأن الله سوف يغنم أمته كنوز كسرى وتاجه ويلبسها سراقة الأعرابي.

• قصة اكتشاف جثة الفرعون

لغز حير العلماء

فرعون كان طاغية عصره.. يقول تعالى عن قصة فرعون وطغيانه ونهايته: ﴿وَقَالَ

فِرْعَوْنُ يَا أَيُّهَا الْمَلأُ مَا عَلِمْتُ لَكُمْ مِنْ إِلَهٍ غَيْرِي فَأَوْقِدْ لِي يَا هَامَانُ عَلَى الطِّينِ فَاجْعَل لِي صَرْحًا لَعَلِّي أَطَّلِعُ إِلَى إِلَهِ مُوسَى وَإِنِّي لَأَظُنُّهُ مِنَ الْكَاذِبِينَ * وَاسْتَكْبَرَ هُوَ وَجُنُودُهُ فِي الْأَرْضِ بِغَيْرِ الْحَقِّ وَظَنُّوا أَنَّهُمْ إِلَيْنَا لَا يُرْجَعُونَ * فَأَخَذْنَاهُ وَجُنُودَهُ فَنَبَذْنَاهُمْ فِي الْيَمِّ فَانْظُرْ كَيْفَ كَانَ عَاقِبَةُ الظَّالِمِينَ﴾ [القصص: 38-40]. ولكن شاء اللـه تعالى أن يُغرق فرعون وينجّيه ببدنه فيراه أهل عصرنا فيكون ظاهرة تحير العلماء، وقد كان جسد فرعون لا يزال كما هو وعجب العلماء الذين أشرفوا على تحليل جثته كيف نجا ببدنه على الرغم من غرقه، وكيف انتُزع من أعماق البحر وكيف وصل إلينا اليوم، هذا ما حدثنا عنه القرآن في آية عظيمة يقول فيها تبارك وتعالى: **﴿فَالْيَوْمَ نُنَجِّيكَ بِبَدَنِكَ لِتَكُونَ لِمَنْ خَلْفَكَ آيَةً وَإِنَّ كَثِيراً مِنَ النَّاسِ عَنْ آيَاتِنَا لَغَافِلُونَ﴾** [يونس: 92].

- توعد اللـه للوليد بن المغيرة المخزومى بالنار

في هذه الآيات الكريمات من سورة المدثر 11....31

﴿ذَرْنِي وَمَنْ خَلَقْتُ وَحِيدًا * وَجَعَلْتُ لَهُ مَالاً مَّمْدُودًا * وَبَنِينَ شُهُودًا * وَمَهَّدتُّ لَهُ تَمْهِيدًا * ثُمَّ يَطْمَعُ أَنْ أَزِيدَ * كَلاَّ إِنَّهُ كَانَ لِآيَاتِنَا عَنِيدًا * سَأُرْهِقُهُ صَعُودًا * إِنَّهُ فَكَّرَ وَقَدَّرَ * فَقُتِلَ كَيْفَ قَدَّرَ * ثُمَّ قُتِلَ كَيْفَ قَدَّرَ * ثُمَّ نَظَرَ * ثُمَّ عَبَسَ وَبَسَرَ * ثُمَّ أَدْبَرَ وَاسْتَكْبَرَ * فَقَالَ إِنْ هَذَا إِلاَّ سِحْرٌ يُؤْثَرُ * إِنْ هَذَا إِلاَّ قَوْلُ الْبَشَرِ *سَأُصْلِيهِ سَقَرَ * وَمَا أَدْرَاكَ مَا سَقَرُ * لاَ تُبْقِي وَلاَ تَذَرُ * لَوَّاحَةٌ لِّلْبَشَرِ * عَلَيْهَا تِسْعَةَ عَشَرَ * وَمَا جَعَلْنَا أَصْحَابَ النَّارِ إِلاَّ مَلاَئِكَةً وَمَا جَعَلْنَا عِدَّتَهُمْ إِلاَّ فِتْنَةً لِّلَّذِينَ كَفَرُوا لِيَسْتَيْقِنَ الَّذِينَ أُوتُوا الْكِتَابَ وَيَزْدَادَ الَّذِينَ آمَنُوا إِيمَانًا وَلاَ يَرْتَابَ الَّذِينَ أُوتُوا الْكِتَابَ وَالْمُؤْمِنُونَ وَلِيَقُولَ الَّذِينَ فِي قُلُوبِهِم مَّرَضٌ وَالْكَافِرُونَ مَاذَا أَرَادَ اللـهُ بِهَذَا مَثَلاً كَذَلِكَ يُضِلُّ اللـهُ مَن يَشَاءُ وَيَهْدِي مَن يَشَاءُ وَمَا يَعْلَمُ جُنُودَ رَبِّكَ إِلاَّ هُوَ وَمَا هِيَ إِلاَّ ذِكْرَى لِلْبَشَرِ﴾

أجمعت التفاسير على أن المقصود بهذه الآيات هو الوليد بن المغيرة المخزومي.

- يتوعد اللـه سبحانه وتعالى الوليد بن المغيرة المخزومي بالنار ويبقى معاندا ولو أنه نطق بالشهادتين لنسف القران وأثبت أنه قول بشر.

وهذا الكلام ينطبق أيضاًعلى سورة المسد حين توعد اللـه عم النبي أبى لهب وامرأته بالنار.

- الإعجاز الثاني في هذه الآيات الكريمات هي في الإيجاز والوصف لحاله الوليد في تفكيره فيما سيرد على المشركين في تحليله لآيات كتاب الـلـه عز وجل، فلم يجد له توصيفا إلا بالسحر وهو نفسه الذي وصفه في موقف آخر:-

وقد جاء حكيم العرب -كما وصفوه- يساوم النبي ﷺ؛ مقلباً له الأمور على كل وجوه الاسترضاء التي يقبلها البشر. وهنا يقول له النبي ﷺ: «أفرغت أبا الوليد»، يقول نعم فيقول له: «فاسمع مني»،ثم تلا عليه سورة فصلت حتى وصل إلى قوله تعالى: ﴿فَإِنْ أَعْرَضُوا فَقُلْ أَنذَرْتُكُمْ صَاعِقَةً مِّثْلَ صَاعِقَةِ عَادٍ وَثَمُودَ﴾ [فصلت: 13].

فوضع يده على فم النبي ﷺ وناشده الـلـه والرحم ألا يكمل.

وعاد لقومه بوجه غير الذي ذهب به. ولما سئل قال: «سمعت منه كلامًا ليس من كلام الجن ولا من كلام الإنس، و الـلـه إن له لحلاوة، وإن عليه لطلاوة، وإن أعلاه لمثمر، وإن أسفله لمغدق، وإنه يعلو ولا يُعلى عليه».

وهذا مما يعطي دلالة قاطعة على أن القرآن ليس كلام بشر وإنما هو من عند خالق البشر .... سبحانه وتعالى عما يشركون.

• من بديع الإعجاز الغيبي في السنة النبوية

تحقق الوعد النبوي لتميم الداري

بعد إسلامه بقليل.. قال تميم الداري: «يا رسول الـلـه إني لي جيرة من الروم بفلسطين، لهم قرية يقال لها حبرا [الخليل]، وأخرى يقال لها بيت عينون، فإن فتح الـلـه عليك الشام فهبهما لي

- قال: «هما لك».

- قال: «فاكتب لي بذلك كتاباً».

فكتبَ له: «بسم الـلـه الرحمن الرحيم، هذا كتاب محمد رسول الـلـه ﷺ لتميم بن أوس الداري، أن له قرية حبرا وبيت عينون، قريتها كلها: سهلها وجبلها وماؤها وحرتها وأنباطها وبقرها، ولِعَقِبِهِ من بعده..».

فلما ولي أبو بكر ﷺ كتبَ له كتاباً نصُّه: «هذا كتاب من أبي بكر أمين رسول الله ﷺ الذي استخلِف في الأرض بعده، كتبه للداريين [تميم الداري وأبناؤه] ألا يفسد عليهم مأثرتهم قرية حبرا وبيت عينون، فمن كان يسمع ويطيع فلا يفسد منها شيئاً، وليقمْ عمرو بن العاص عليهما، فليمنعهما من المفسدين».

وعائلة التميمي التي تنتسب إلى تميم الداري ﷺ أصيلة في الخليل (حبرون)، وهي من أعرق العائلات الخليلية إلى الآن...

وأشهد أن محمداً رسول الله!!

• إخبار النبي عن معركة الجمل

ومن علامات الساعة التي أشار إليها رسول الله ﷺ: معركة الجمل، وما حصل فيها من قتلى كثير، مع الإشارة فيها إلى ولاية عليٍّ بن أبي طالب رضي الله تعالى عنه.

فعن أبي رافع ﷺ ، أن رسول الله ﷺ قال لعلي بن أبي طالب ﷺ عنه: **(إنه سيكون بينك وبين عائشة أمرٌ)** قال: أنا يا رسول الله؟ قال: **نعم** قال: أنا؟ قال **نعم** قال: فأنا أشقاهم يا رسول الله؟ قال: **لا ولكن إذا كان ذلك فارددها إلى مأمنها)**.رواه أحمد

وإذا كان رسول الله ﷺ في هذا الحديث إلى طرفي النزاع ـ وهما علي وعائشة رضي الله عنهما ـ فإنه ﷺ قد ذكر العلامة التي ستكون عند ظهور هذا الخلاف، كما أشار إلى الظرف الذي ستكون عليه الأحوال.

فعن السيدة عائشة رضي الله عنها ـ لما أتت على الحوأب، وسمعت نباح الكلاب ـ قالت: سمعت رسول الله ﷺ يقول لنا: «**أيتكن تبنح عليها كلاب الحوأب**» عن النبي ﷺ أنه قال لنسائه: «**ليت شعري أيتكن صاحبة الجمل الأدبب، تخرج فينبحها كلاب الحوأب، يقتل عن يمينها وعن يسارها قتلى كثير، ثم تنجو بعدها كادت**». رواه البزار والطحاوي، برجال ثقات، كما قال الحافظان الهيثمي وابن حجر.

ولقد حدث ما أخبر النبي ﷺ: فعن قيس بن أبي حازم قال: لما أقبلت عائشة فنزلت بعض مياه بني عامر نبحت عليها الكلاب فقالت: أي ماء هذا؟ قالوا: الحَوأب قالت ما أظنني إلا راجعة، فقال لها بعض من كان معها: بل تقدمين فيراك المسلمون فيصلح الله

ذات بينهم، فقالت: إن النبي ﷺ قال لنا ذات يوم: «**كيف بإحداكن تنبح عليها كلاب الحوأب**».

وجه الإعجاز: إخبار النبي ﷺ عن أمور غيبية تحدث بعد وفاته.

1-الحوأب: موضع في طريق البصرة محاذي البقرة، وهو من مياه أبي بكر بن كلاب، وقال نصر: الحوأب من مياه العرب على طريق البصرة، وقيل: سمي الحوأب بالحوأب بنت كلب بن وبرة، وقال أبو منصور: الحوأب موضع بئر نبحت كلابه عائشة عند مقبلها إلى البصرة. وروى أبو مخنف بسنده عن ابن عباس أن رسول الله ﷺ قال يوماً لنسائه، وهنّ عنده جميعاً: ليت شعري أيتكنّ صاحبة الجمل الأَدبب تنبحها كلاب الحوأب، يُقتل عن يمينها وشمالها قتلى كثيرة، كلهم في النار، وتنجو بعدما كادت!

• إخبار النبي عن قتل أمير المؤمنين عمر بن الخطاب رضي الله عنه

ومن علامات الساعة التي أشار إليها رسول الله ﷺ قتل أمير المؤمنين سيدنا عمر بن الخطاب رضي الله عنه.

عن أبي هريرة رضي الله عنه، أن رسول الله ﷺ كان على حراء، هو وأبو بكر وعمر، وعثمان، وعلي، وطلحة والزبير [زاد في رواية:وسعد بن أبي وقاص] فتحركت الصخرة، فقال رسول الله ﷺ: «**أهدأ، فما عليك إلا نبيٌّ، أو صدِّيق، أو شهيدٌ**» رواه مسلم

ففي هذه الأحاديث الشريفة:إخباره ﷺ عن مقتل هؤلاء الأخيار، وأنهم شهداء.

وقد قتلوا جميعاً فعلاًن باستثناء سعد رضي الله تعالى عنه، ولكن يحشر معهم، و الله أعلم.

وجه الإعجاز:إخبار النبي ﷺ عن استشهاد عمر بن الخطاب وهذا من نبأ الغيب الذي لا يقدر عليها أحد إلا الأنبياء.

• الإخبار عن حدوث الطاعون في بلاد الشام

ومن علامات الساعة التي أخبر عنها رسول الله ﷺ: حصول الموت الكثير، وهو الطاعون، وقد حصل ذلك في بلاد الشام، والذي عُرف بطاعون (عمواس) نسبة إلى البلد

الذي بدأ فيه، ثم انتشر منه.

وعمواس: قرية جليلة من قرى الشام ـ في فلسطين ـ بين الرملة وبيت المقدس، على ستة أميال من الرملة على طريق بيت المقدس

وقد كان الطاعون قد ابتدأ بها، في زمن سيدنا عمر بن الخطاب رضي الـلـه تعالى عنه، ثم فشا في بلاد الشام.

وقد مات في هذا الطاعون خمسة وعشرون ألفاً من الصحابة وغيرهم رضي الـلـه تعالى عنهم ورحمهم. وقيل: بل مات ثلاثون ألفاً.

لوحة مرسومة تمثل مدينة عمواس القديمة

وممن مات من كرام الصحابة فيه، أبو عبيدة بن الجراح، ومعاذ بن جبل، ويزيد بن أبي سفيان، وشرحبيل ابن حسنة، والحارث بن هشام، والفضل بن العباس ابن عم النبي ﷺ وأبو مالك الأشعري، وسهيل بن عمرو، وابنه أبو جندل، وعتبة بن سهيل، وعامر بن غيلان الثقفي.. رضي الـلـه تعالى عنهم وأرضاهم وقد فعل.

فعن عوف بن مالك رضي الـلـه تعالى عنه قال: أتيتُ النبي ﷺ في غزوة تبوك وهو في

قبة من أدم فقال: (أعدد ستاً بين يدي الساعة، موتي ثم فتحُ بيت المقدس، ثم مُوتان يأخذ فيكم كقُعاص الغنم..) الحديث بطوله، رواه البخاري

ويلاحظ قول النبي ﷺ: «فيكم» إذ فيه إشارة إلى أن هذا الموت سيكون في جيل الصحابة رضي الله تعالى عنهم، وقد حصل ذلك فعلاً.

• الإخبار النبوي بظهور الحجاج الثقفي والمختار الثقفي

أحد الملامح الإعجازية التي تثبت صدق هذه الرسالة الإسلامية الخالدة:

من ضمن الأحداث الغيبية التي أخبر عنها النبي ﷺ وحدثت تماما كما أخبر: هو حديثه ﷺ عن ظهور الحجاج بن يوسف الثقفي، والكذاب المختار بن عبيد الثقفي

وأما الحجاج بن يوسف الثقفي فلا أظنّك تجهل ما فعل بأهل الإسلام والائمة الأعلام من أهل السنة والجماعة من قتل وسفك للدماء فقد كان مُبيراً مهلكا حقا وصدقا كما ذكر سيدنا محمد ﷺ وكما وصفته بذلك الصحابية التقية اسماء بنت أبي بكر بذلك الوصف الذي أطلقه عليه الحبيب المصطفى ﷺ

وجه الإعجاز (بإيجاز):

إخبار النبي ﷺ بظهور شخصين من بني ثقيف أحدها كذاب يدعي أنه نبي يوحى إليه، والآخر مهلك للناس بكثرة إعمال السيف فيهم بالقتل والظلم والإهلاك فكان وصف النبي الدقيق له بأنّه مبير أي مهلك. صدق رسول الله ﷺ.

• ظهر القرآنيون أخيراً.. وصدق رسول الله

ظهرت بدعة في القرن الثاني الهجري زعم أصحابها أنهم قرآنيون وأنهم يكتفون بالقرآن كمصدر تشريعي ثابت عن الله تعالى ودعوا إلى ترك سنة النبي ﷺ وذلك لأهداف خبيثة منها إسقاط العبادات ومعظم الأحكام الشرعية التي لا تثبت إلا بالسنة إضافة إلى تحريف معاني القرآن

الكريم وتفسيرها على هواهم فمن المعروف أن السنة المشرفة هي التفسير العملي للقرآن الكريم.

ولقد تصدى لهم علماء الأمة وتم وأد هذه البدعة الضالة في وقتها ولكن بعض الدوائر الاستعمارية قامت ببعث هذه الأفكار الضالة من جديد على أيدي دعاة مرتزقة همهم المال والشهرة ولقد جهر بعضهم بشكل واضح على الملاء برفضهم للسنة النبوية والاكتفاء بالقرآن الكريم أمثال محمد شحرور والدكتور أحمد صبحي وغيرهم.

أما رسول الله ﷺ الذي أرسله الله سبحانه رحمة للعالمين فقد أخبرنا عن هؤلاء قبل أكثر من 1400سنة وأكد لنا أنهم سوف يظهرون مستقبلاً، في وقت كان الصحابة ملتفون حوله وقد ظهرت دعوته وسادت في جزيرة العرب، وانتصر على الوثنية، وكان هذا الخبر مثار استغرابهم.

ولقد حدث ما أخبر به هذا النبي الصادق بعد وفاته كإشارة على صدقه وتثبيتاً للمؤمنين وفضحاً لهؤلاء بل إن عبارتهم التي يروجون بها إلى معتقدهم هي نفسها التي أخبر عنها النبي ﷺ.

عن الْمِقْدَامِ بْنِ مَعْدِ يكَرِبَ عَنْ رَسُولِ اللَّهِ ﷺ أَنَّهُ قَالَ «**أَلاَ إِنِّي أُوتِيتُ الْكِتَابَ وَمِثْلَهُ مَعَهُ أَلاَ يُوشِكُ رَجُلٌ شَبْعَانُ عَلَى أَرِيكَتِهِ يَقُولُ عَلَيْكُمْ بِهَذَا الْقُرْآنِ فَمَا وَجَدْتُمْ فِيهِ مِنْ حَلاَلٍ فَأَحِلُّوهُ وَمَا وَجَدْتُمْ فِيهِ مِنْ حَرَامٍ فَحَرِّمُوهُ أَلاَ لاَ يَحِلُّ لَكُمْ لَحْمُ الْحِمَارِ الأَهْلِيِّ وَلاَ كُلُّ ذِي نَابٍ مِنَ السَّبُعِ وَلاَ لُقَطَةُ مُعَاهِدٍ إِلاَّ أَنْ يَسْتَغْنِيَ عَنْهَا صَاحِبُهَا وَمَنْ نَزَلَ بِقَوْمٍ فَعَلَيْهِمْ أَنْ يَقْرُوهُ فَإِنْ لَمْ يَقْرُوهُ فَلَهُ أَنْ يُعْقِبَهُمْ بِمِثْلِ قِرَاهُ**» (سنن أبي دواد ـ باب لزوم السنة ـ الجزء13 ـ 324).

الإعجاز الغيبي:

- الإخبار عن ظهور طائفة ممن يزعم أنهم من المسلمين وينكرون السنة النبوية أو ما خالف القرآن بزعمهم.
- الأخبار بحرفية حجتهم وهي تركهم كل ما يخاف القرآن الكريم بزعمهم حيث قال النبي ﷺ على حجتهم عنهم أنهم سوف يقولون «**بيننا وبينكم كتاب الله عز وجل ما**

وجدنا فيه من حلال استحللناه وما وجدنا فيه من حرام حرمناه».

فمن أخبر النبي ﷺ بهذا النبأ المستقبلي؟!!!!

و اللـه لو لم يكن للنبي ﷺ سوى هذه المعجزة لكفت.

• مشارق الأرض ومغاربها

عَنْ مَسْعُودِ بْنِ قَبِيصَةَ أَوْ قَبِيصَةَ بْنِ مَسْعُودٍ يَقُولُ صَلَّى هَذَا الْحَيُّ مِنْ مُحَارِبٍ الصُّبْحَ فَلَمَّا صَلَّوْا قَالَ شَابٌّ مِنْهُمْ سَمِعْتُ رَسُولَ اللـهِ ﷺ يَقُولُ **«إِنَّهُ سَيُفْتَحُ لَكُمْ مَشَارِقُ الأَرْضِ وَمَغَارِبُهَا وَإِنَّ عُمَّالَهَا فِي النَّارِ إِلاَّ مَنِ اتَّقَى اللـهَ وَأَدَّى الأَمَانَةَ».** رواه بخاري. فلينظر العالم لهذه البشارة ويفندها إن استطاع فدول العالم الإسلامي معظمها شرق أو غرب الأرض(الكرة الأرضية أو بيت المقدس أو المسجد الحرام).

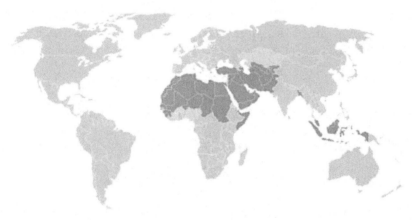

خريطة للعالم الإسلامي

لاحظ التمدد الأفقي للدول الإسلامية أي من المشرق إلى المغرب

حسب الخريطة العالم الدينية امتداد العالم الاسلامي بالعرض شرقاً وغرباً وليس شمالاً وجنوباً فدول العالم الإسلامي تقع ضمن خط عرض 40° شمالاً وخط الاستواء جنوباً باستثناء بعض الدول حولهما مثل كازخستان وقيرغزستان والجمهوريات الروسية المسلمة الجنوبية والبوسنة وألبانيا وكوسوفو وشمالاً وتنزانيا وموزامبيق والجزر الافريقية (كجزر القمر) وبعض الجزر الهندية المسلمة ويمتد العالم الاسلامي شرقاً من خط طول

140° شرق والغريب أن هذا خط الطول(140°) هو حدود طبيعية بين بابوا نيو غينيا واندونيسيا (أكبر دولة مسلمة شعبياً) ويمتد العالم الاسلامي غرباً لغاية خط طول 60° غرب منتهياً بدولة سورينام وبعض الجزر الكاريبية المسلمة (بعض جزر ترينداد)

ولا يزال الشمال(اليابان وروسيا وأوروبا وأمريكا الشمالية)والجنوب (استراليا وجنوب افريقيا وأمريكا اللاتينية) محرومين من نعمة الاسلام إلى أن يشاء الـلـه أمراً كان مفعولا.

وجه الإعجاز:

الإشارة النبوية الواضحة أن الإسلام سوف ينتشر في أغلبه انتشاراً أفقياً من الشرق إلى الغرب وليس عمودياً وهذا حدث بدون شك.

- ظاهرة طبية تحير علماء أمريكا!!!!!!!!!

تدل الدراسة بواسطة جهاز Fmri التصوير بواسطة الرنين المغنطيسي الوظيفي، على أن الدماغ يكون في حالة نشاط أثناء الغيبوبة أو الخمول الذي يمر به المصاب ويبقى لسنوات نائماً، ومن هنا يحتار العلماء: مَن الذي يحرك هذا الدماغ، ومَن الذي يلهم هذا المصاب أن يبقى على قيد الحياة على الرغم من أنه غائب تماماً عن الحياة؟ ومن الذي يجعل هذا المصاب يستيقظ فجأة فيتحدث وكأن شيئاً لم يكن؟

العلماء يحتارون

منذ أيام كانت مصابة أمريكية بحالة الخمول بقيت لمدة ست سنوات في هذه الحالة، وفجأة استيقظت وتحدثت مع أهلها وكأن شيئاً لم يكن، وبقيت مستيقظة ثلاثة أيام تكلم من حولها ثم عادت إلى حالتها الأولى! ويقول الأطباء إنها استيقظت أربع مرات خلال فترة سُباتها، وأن أكثر ما يحير في هذه الظاهرة أنها ليس نوماً وليست غيبوبة، وهذا ما يزيد من حيرتهم. والعجيب أخي القارئ أن الـلـه تعالى سمَّى ظاهرة شبيهة حدثت مع أصحاب الكهف بالرقاد فقال: ﴿**وَتَحْسَبُهُمْ أَيْقَاظًا وَهُمْ رُقُودٌ**﴾.

كما أن الأطباء يعتبرون أن عودتها للحياة تمثل معجزة!! وقد حيَّرت هذه الظاهرة علماء أمريكا لأنهم لم يجدوا لها تفسيراً، ويعتبرون هذه الحالات شبه معجزة، والسؤال: إذا

كان علماء الغرب يرون بأعينهم أناساً ينامون سنوات طويلة فلماذا لا يقتنعون بصدق كتاب الله تعالى عندما يحدثهم عن أصحاب الكهف؟

والسؤال الثاني: كيف استطاع النبي الكريم ﷺ لو لم يكن رسولاً من عند الله أن يصف لنا بدقة حالة هؤلاء النائمين ويقول: ﴿وَتَحْسَبُهُمْ أَيْقَاظًا وَهُمْ رُقُودٌ﴾؟ إنه كلام الله تعالى أودع فيه من البراهين ما يثبت صدقه ﴿وَمَنْ أَصْدَقُ مِنَ اللَّهِ حَدِيثًا﴾ [النساء: 87].

• إخبار النبي عن معركة صفين

ومن علامات الساعة التي أشار إليها رسول الله ﷺ ما وقع من قتال عظيم في معركة صفين، حيث قتل منهم مقتلة عظيمة، والمشتكي إلى الله تعالى، وكان أمر الله تعالى قدراً مقدوراً.

فعن أبي هريرة رضي الله تعالى عنه، أن رسول الله ﷺ: «لا تقوم الساعة حتى تقتتل فئتان عظيمتان، تكون بينهما مقتلة عظيمة، دعوتهما واحدة...» متفق عليه.

وهاتان الفئتان هما من المسلمين وهذا ما جاء مقيداً به في بعض روايات الحديث ويدل على ذلك أيضاً.

عن أبي سعيد الخدري رضي الله تعالى عنه، أن رسول الله ﷺ قال: «يكون في أمتي فرقتان، فيخرج من بينهما مارقة، يلي قتلهم أولاهم بالحق» رواه مسلم.

وإذا قيد هاتين الفرقتين ـ في هذا الحديث ـ بأنهما من هذه الأمة، فقد قيدهما أيضاً بأنهما من المسلمين.

وجه الإعجاز الغيبي: هو الأخبار عن حوادث سوف تحدث في المستقبل بعد وفاته.

• انتصار الروم البيزنطيين

غلبت الروم في أدنى الأرض

المنطقة التي غُلبت فيها الروم

نرى في هذه الصورة أخفض منطقة في العالم، وهي المنطقة التي دارت فيها معركة بين الروم

والفرس وغُلبت الروم، وقد تحدث القرآن عن هذه المنطقة وأخبرنا بأن المعركة قد وقعت في أدنى الأرض أي في أخفض منطقة على وجه اليابسة، فقال: ﴿الم * غُلِبَتِ الرُّومُ * فِي أَدْنَى الْأَرْضِ وَهُم مِّنْ بَعْدِ غَلَبِهِمْ سَيَغْلِبُونَ * فِي بِضْعِ سِنِينَ لِلَّهِ الْأَمْرُ مِن قَبْلُ وَمِنْ بَعْدُ وَيَوْمَئِذٍ يَفْرَحُ الْمُؤْمِنُونَ * بِنَصْرِ اللَّهِ يَنصُرُ مَن يَشَاءُ وَهُوَ الْعَزِيزُ الرَّحِيمُ * وَعْدَ اللَّهِ لَا يُخْلِفُ اللَّهُ وَعْدَهُ وَلَٰكِنَّ أَكْثَرَ النَّاسِ لَا يَعْلَمُونَ * يَعْلَمُونَ ظَاهِرًا مِّنَ الْحَيَاةِ الدُّنْيَا وَهُمْ عَنِ الْآخِرَةِ هُمْ غَافِلُونَ﴾ [الروم: 1-7]. وقد ثبتَ بالفعل أن منطقة البحر الميت وما حولها هي أدنى منطقة على اليابسة!!

وهكذا صدق ما تنبأ به القرآن الكريم عن غلبة الروم في مدته المقررة، أي في أقل من عشر سنين، كما هو المراد في لغة العرب من كلمة: «بضع»!

أما وجه الإعجاز: تنبأ القرآن بهزيمة الفرس على أيدي الروم في بضع سنين وقد كان.

كما أنه هناك وجه إعجازي آخر في هذه الآيات، وهي أنها تقرر حقيقة جغرافية لم تكن معروفة عند أحد في ذلك الوقت.

فالآية الثالثة من سورة الروم خسروا المعركة في أدنى الأرض قال تعالى: ﴿غُلِبَتِ الرُّومُ * فِي أَدْنَى الْأَرْضِ وَهُم مِّن بَعْدِ غَلَبِهِمْ سَيَغْلِبُونَ * فِي بِضْعِ سِنِينَ لِلَّهِ الْأَمْرُ مِن قَبْلُ وَمِن بَعْدُ وَيَوْمَئِذٍ يَفْرَحُ الْمُؤْمِنُونَ﴾.

و تعبير «أدنى الأرض» في العربية يعني المنخفض، والأرض تعني العالم. ولذلك فإن أدنى الأرض معناها أكثر الأمكنة انخفاضاً في العالم.

و المثير للاهتمام أن أهم مراحل الحرب التي كانت بين الروم والفرس وأسفرت عن هزيمة الروم وخسارتهم للقدس، حصلت في أكثر مناطق العالم انخفاضاً في حوض البحر الميت الذي يقع في منطقة تتقاطع فيها كل من سوريا والأردن وفلسطين ويبلغ مستوى سطح الأرض هنا 395 متراً تحت سطح البحر، مما يجعل هذه المنطقة فعلاً أدنى منطقة من الأرض.

هذه الحقيقة ذكرت في القرآن وهذا يؤكد مرة أخرى على أن القرآن هو وحي إلهي.

• الموسوعة المبسطة في الإعجاز/ سعد رفعت راجح/ دار بن رجب للنشر والتوزيع

الإعجاز العددي

البحر والبر: حقيقة عددية مذهلة

سؤال طالما كرره بعض القراء حول حقيقة نسبة البر إلى البحر في القرآن، هل هي حقيقة قرآنية ثابتة، لنقرأ...

منذ ربع قرن تقريباً اكتشف بعض الباحثين حقيقة عددية حيث تحدث القرآن بدقة مذهلة عن نسبة البحر إلى البر، وقد وردتني العديد من التساؤلات حول صحة هذا الأمر، ولذلك فقد رأيتُ أن أجري إحصاء جديداً حول عدد مرات تكرار كلمة (البحر) وعدد مرات تكرار كلمة (البرّ) وذلك في القرآن كله.

لقد وردت كلمة (بحر) في القرآن وذلك بصيغتها المفردة في 32 آية، ووردت كلمة (برّ) بصيغتها المفردة في (12) آية، وهنالك آية وردت فيها كلمة (يَبَساً) والتي تعني البر، فيكون المجموع 13.

وبالتالي يمكن أن نقول:

- عدد الآيات التي ذُكر فيها البحر في القرآن هو 32.

- عدد الآيات التي ذُكر فيها البرّ في القرآن هو 13.

- مجموع الآيات التي ذُكر فيها البحر والبر هو 32 + 13 = 45 آية.

وإذا استعملنا النسب العددية، أي قمنا بحساب نسبة تكرار البحر في هذه الآيات،

فإنه يجب علينا أن نقسّم عدد مرات تكرار آيات (البحر) أي العدد 32 على المجموع الكلّي أي 45، وستكون النسبة كما يلي:

$$32 \div 45 = 71 \%$$

وستكون نسبة آيات البرّ 13 إلى المجموع الكلي وهو 45 كما يلي:

$$13 \div 45 = 29 \%$$

وبالتالي نخلص إلى نتيجة وهي أن نسبة البحر والبر في القرآن هي 71 %، و29 % على الترتيب. وعندما نذهب إلى موقع وكالة الفضاء الأمريكية «ناسا» نلاحظ أنهم يحددون نسبة البحر على الأرض بنفس النسب الواردة في القرآن أي 71 % للبحر، و29 % للبرّ.

وهذا تطابق مذهل يشهد على أن الله قد أحكم آيات كتابه وجعل في هذه الآيات تبياناً لكل شيء فقال: ﴿وَنَزَّلْنَا عَلَيْكَ الْكِتَابَ تِبْيَانًا لِكُلِّ شَيْءٍ وَهُدًى وَرَحْمَةً وَبُشْرَى لِلْمُسْلِمِينَ﴾ [النحل: 89].

قلب القرآن

هنالك بعض المعجزات التي تستدعي أن يقف الإنسان أمامها طويلاً ليقول سبحان الله، وهنالك بعض العجائب في القرآن، تحدث تأثيراً كبيراً عندما يراها الإنسان لأول مرة......

فإن أجمل اللحظات التي يعيشها المؤمن هي تلك اللحظات عندما يكتشف معجزة جديدة تتجلى أمامه للمرة الأولى في حياته فيقف خاشعاً أمامها، ولا يملك في هذا الموقف إلا أن يقول: سبحان الله.

ومن هذه الروائع العددية في القرآن الكريم ما نجده في سورة يس، هذه السورة العظيمة المليئة بالمعجزات العلمية وهي سورة الشفاء التي تتلى على الأمراض فتشفيها بإذن الله تبارك وتعالى، والأهم من ذلك أن النبي عليه الصلاة والسلام قال فيها: (ويس قلب القرآن) انظروا إلى هذه العبارة التي أطلقها النبي عليه الصلاة والسلام أن سورة يس

هي قلب القرآن، فإن لكل شيء قلباً ويس هي قلب القرآن.

وهنا عندما يتأمل الإنسان مقدمة هذه السورة: ﴿**يس * وَالْقُرْآنِ الْحَكِيمِ**﴾ [يس: 1-2]. في هذه الكلمات القليلة بعددها ولكنها ثقيلة عند الـلـه بمعانيها سبحانه وتعالى، في هذه الكلمات لخص الـلـه تبارك وتعالى لنا قول النبي بأن يس قلب القرآن، ولخص لنا سور القرآن، ومرات ذكر كلمة (القرآن) في القرآن.

فكلمة القرآن وردت في القرآن الكريم هذه الكلمة (58) مرة، كلمة قرآن والقرآن وردت في القرآن (58) مرة بالضبط، وعدد سور القرآن هي (114) سورة، وسورة يس هي من السور التي تبدأ بحروف مقطعة، يعني (الياء والسين) وهنالك في القرآن (29) سورة تبدأ بهذه الحروف، تبدأ بسورة البقرة (الم) ثم سورة آل عمران أيضاً في مقدمتها نجد (الم) ثم سورة الأعراف تبدأ بـ (المص) وهكذا.. حتى نصل إلى آخر سورة وهي سورة القلم التي تبدأ بـ ﴿**ن وَالْقَلَمِ وَمَا يَسْطُرُونَ**﴾ [القلم: 1].

وسورة يس يأتي ترتيبها بين هذه السور (19) يعني لو قمنا بترقيم هذه السور المقطعة التي تبدأ بحروف مقطعة من الرقم 1- إلى الرقم 29 سوف نجد العدد (19) يعني ترتيب سورة يس بين هذه السور هو (19).

أصبح لدينا الآن ثلاثة أرقام تميز هذا القرآن وهذه السورة:

أولاً: عدد سور القرآن (114).

ثانياً: عدد مرات تكرار كلمة (القرآن) في القرآن كله (58) مرة.

ثالثاً: ترتيب قلب القرآن (يس) في هذه السور التي تبدأ بالافتتاحيات هو (19).

والفكرة التي أود أن أقدمها، بما أن هذا النص الكريم الذي يقول: ﴿**يس * وَالْقُرْآنِ الْحَكِيمِ**﴾ بما أن هذا النص يتحدث عن القرآن، فهل أودع الـلـه في ترتيب حروفه معجزة تدل على أن الـلـه تبارك وتعالى هو قائل هذه الكلمات، هذا ما نقصده بالإعجاز العددي، أن نجد معجزة في كل آية من آيات القرآن تدل على أن هذا الإحكام العددي لم يأت بالمصادفة ولم يكن لبشر أن يأتي به إلى يوم القيامة لأن الـلـه تبارك وتعالى قال: ﴿**قُلْ لَئِنِ اجْتَمَعَتِ الْإِنْسُ وَالْجِنُّ عَلَى أَنْ يَأْتُوا بِمِثْلِ هَذَا الْقُرْآنِ لَا يَأْتُونَ بِمِثْلِهِ وَلَوْ كَانَ بَعْضُهُمْ**

﴿لِبَعْضٍ ظَهِيرًا﴾ [الإسراء: 88].

فلو جئنا بهذا النص القرآني ﴿يس * وَالْقُرْآنِ الْحَكِيمِ﴾ أربع كلمات وكما أقول دائماً لدينا منهج ثابت دائماً في أبحاث الإعجاز العددي أننا نعد الحروف كما ترسم في القرآن، ونعدّ الواو كلمة مستقلة بذاتها لأنها تكتب منفصلة يعني عندما ننظر إلى القرآن نرى حرف الواو منفصلاً عن الكلمة لا يتصل بالكلمة التي بعده يعني يختلف عن حرف الباء وحرف الفاء، الفاء إذا قلنا: ﴿فَاللَّهُ خَيْرٌ حَافِظًا وَهُوَ أَرْحَمُ الرَّاحِمِينَ﴾ [يوسف: 64]. الفاء تتصل بكلمة الـلـه، لذلك لا نعدها كلمة' حرف الفاء نلحقه بالكلمة التي تليه، لأنه يتصل بها، حرف الباء أيضاً إذا قلنا مثلاً (بالله) أيضاً الباء يتصل فلا نعده، أما إذا قلنا: ﴿وَاللَّهُ عَلَى كُلِّ شَيْءٍ قَدِيرٌ﴾ [الحشر: 6]. الواو هنا عبارة عن كلمة لأنها لم تتصل بالكلمة التي بعدها فنعدها كلمة مستقلة عدد حروفها واحد.

وهذا التقسيم موافق لقواعد اللغة العربية، لأن قواعد النحو تقول بأن الكلمة (اسم وفعل وحرف) و(واو) العطف هي حرف مستقل، لذلك نعده كلمة، الكلمة (اسم وفعل وحرف) إذاً (واو) العطف هي كلمة مستقلة.

يس: نحن أمام حرفين (الياء) و(السين) نكتب رقم 2 تحت هذه الكلمة: {يس} إذاً حرفان (2).

وَ: حرف واحد نضع الرقم واحد (1).

الْقُرْآنِ: إذا قمنا بعدها نرى ستة أحرف ونعد الحروف كما ترسم يعني الهمزة لا نعدها حرفاً لأنها لم تكتب على زمن النبي ﷺ نعد الحروف كما رسمت على زمن النبي عليه الصلاة والسلام (6).

الْحَكِيمِ: أيضاً ستة أحرف (6).

يس	و	الْقُرْآنِ	الْحَكِيمِ
(2)	(1)	(6)	(6)

إذاً أصبح لدينا العدد الذي يمثل حروف قول الحق تبارك وتعالى ﴿يس * وَالْقُرْآنِ

﴿الْحَكِيمِ﴾ هو من اليمين إلى اليسار: 6612 وطبعاً نحن عندما نقرأ هذا العدد فإننا نقرأه ستة آلاف وستمائة واثنا عشر. ﴿يس * وَالْقُرْآنِ الْحَكِيمِ﴾ العدد الذي يمثل تسلسل حروف هذا النص القرآني هو (6612).

ولكي لا نترك أي تساؤل لدى من يطلع على هذه المعجزة القرآنية وقبل أن نستكمل هذه المعجزة أود أن أقول: إن موضوع الإعجاز العددي موضوع ثابت ويقيني، على الرغم من كثير من الأخطاء والانحرافات من بعض من بحثوا في هذا العلم.

وهنالك أيضاً ضوابط وهنالك منهج ثابت، يعني نحن المعجزة الرقمية القائمة على العدد (7) تقوم على منهج علمي ثابت، وهذا المنهج يتطلب منا أن نقوم بمعالجة الأرقام بطريقة رياضية محكمة، فنحن عندما نضع هذه الأعداد - وطبعاً هذا الكلام في كل الأبحاث ليس في هذا المثال بل هنالك آلاف وآلاف من الأمثلة جميعها تأتي بهذا التناسق المبهر - ولكن نحن نقدم شيئاً قليلاً جداً يعني (غيض من فيض) هذه الأمثلة الغزيرة في القرآن الكريم.

فعندما نقوم بصف هذه الأرقام، قد يقول قائل من أين جئت بهذا الرقم 6612 يعني نحن إذا جمعنا حروف ﴿يس * وَالْقُرْآنِ الْحَكِيمِ﴾ تكون النتيجة: 2 + 1 + 6 + 6 = 15 يعني عدد حروف هذا النص القرآني ﴿يس * وَالْقُرْآنِ الْحَكِيمِ﴾ هو (15) حرفاً فمن أين أتيت بهذا الرقم الضخم (6612)؟

وأقول إن الـلـه تبارك وتعالى عندما أنزل القرآن وتعهد بحفظه، وقال: ﴿إِنَّا نَحْنُ نَزَّلْنَا الذِّكْرَ وَإِنَّا لَهُ لَحَافِظُونَ﴾ [الحجر: 9]، حفظه بطريقة رياضية رائعة، وهي طريقة السلاسل الرقمية، لأن طريقة جمع الحروف، سهلة التحريف، مثلاً: إذا قلنا إن قوله تعالى ﴿يس * وَالْقُرْآنِ الْحَكِيمِ﴾ هي (15) حرفاً فمن السهل أن يأتي أي إنسان ويقول لك أنا أستطيع أن أؤلف لك جملة من خمسة عشر حرفاً، وهذا أمر بسيط جداً قد نجد آلاف الجمل في اللغة تتألف من خمسة عشر حرفاً.

ولكن الـلـه تبارك وتعالى فقط اختار هذه الطريقة (طريقة السلاسل الرياضية) أن كل عدد يتضاعف عن سابقه عشر مرات، يعني:

العدد (2) هو آحاد الذي يمثل حروف (يس).

العدد (1) الذي يمثل (الواو) هو عشرات.

العدد (6) الذي يمثل (القرآن) حروف كلمة (القرآن) هو مئات.

ثم العدد الأخير هو مرتبة الآلاف.

فهذه الطريقة لا يمكن الإتيان بمثلها، هنالك استحالة، ونحن عندما نتحدث عن أن اللـه تبارك وتعالى أكد للبشر أنه يستحيل عليكم أن تأتوا بمثل هذا القرآن أو حتى بمثل سورة منه، أو حتى بمثل آية من هذا القرآن، إنما يكون رب العالمين قد أحكم هذا القرآن بأسس رياضية تعجز كبار علماء الرياضيات وتعجز الإنس والجن والبشر جميعاً.

إذاً.. نحن عندما نقوم بصف هذه الأرقام بعضها بجانب بعض، إنما نتبع طريقة هي طريقة السلاسل العشرية، أي كل عدد يتضاعف عن سابقه عشر مرات، وهذا النظام له أساس من القرآن الكريم، يقول تبارك وتعالى: ﴿**مَنْ جَاءَ بِالْحَسَنَةِ فَلَهُ عَشْرُ أَمْثَالِهَا**﴾ [الأنعام: 160]. هذا نظام، هذه آية تشير إلى نظام المضاعفات العشرية.

إذاً.. بعد هذه المقدمة ندخل الآن إلى كلمات وحروف هذا النص القرآني، لنرى كيف تتجلى فيه سور القرآن، وعدد مرات كلمات ذكر القرآن في القرآن وترتيب هذه السورة التي هي قلب القرآن في القرآن. فعندنا نعالج العدد (6612) عندما نكتب هذا العدد وننظر إليه ونقوم بتحليله رياضياً نجده مساوياً (114 × 58).

تأملوا معي هذه اللوحة الرائعة:

العدد (6612) الذي يمثل حروف ﴿**يس * وَالْقُرْآنِ الْحَكِيمِ**﴾ هذا العدد يساوي: (114) يعني عدد سور القرآن مضروباً في (58) عدد مرات ذكر كلمة (القرآن) في القرآن.

ونعيد مرة أخرى لكي يسهل حفظ هذه الأرقام: عندما نكتب النص القرآني ﴿**يس ***

﴿وَالْقُرْآنِ الْحَكِيمِ﴾ ونكتب تحت كل كلمة عدد حروفه 2 1 6 6 ونقرأ العدد الناتج (ستة آلاف وستمائة واثناَ عشر) نَجد أن هذا العدد يساوي - وهو يمثل حروف ﴿يس * وَالْقُرْآنِ الْحَكِيمِ﴾ هذا العدد يساوي عدد سور القرآن مضروباً في عدد مرات تكرار كلمة القرآن في القرآن كله.

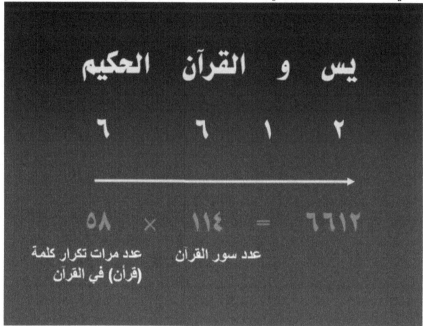

إن الذي يتأمل هذه اللوحة الهندسية الرائعة يرى على الفور أنه لا يمكن للمصادفة أن تصنع مثل هذا النظام، لأننا لم نأت بكلمات تتحدث عن السماء أو عن الأرض وقلنا إنها من مضاعفات الرقم (114) بل إن هذه الكلمات تتحدث عن القرآن، وتتحدث عن قسم بـ (القرآن الحكيم) وجاءت حروفه متناسقة مع العدد (114) وهو عدد سور القرآن.

العجيب في الأمر أنني عندما قرأت الحديث النبوي الشريف الذي يقول عن سورة يس إنها (قلب القرآن) ونحن نعلم كلمة القلب جاءت من التقلب، فقلت: ماذا يمكن أن يحدث إذا قلبنا اتجاه العدد؟ يعني بدلاً من أن نقرأه كعادتنا من اليسار إلى اليمين (ستة آلاف وستمائة واثنا عشر) ماذا يحدث إذا طبقنا هذه القاعدة وقمنا بقلب العدد وعكسه وقرأناه من اليمين إلى اليسار ليصبح: (2166).

وهنا كانت المفاجئة، عندما عالجت هذا العدد (2166) وهو مقلوب العدد الذي يمثل حروف النص القرآني ﴿يس * وَالْقُرْآنِ الْحَكِيمِ﴾ وجدت أن هذا العدد أيضاً من

مضاعفات الرقم (114) يعني لو قمنا بتحليل الرقم (2166) نجده مساوياً بالضبط (114 × 19) بالتمام والكمال. والعدد (114) كما قلنا هو عدد سور القرآن، والعدد (19) هو ترتيب قلب القرآن بين السور ذات الافتتاحيات في القرآن.

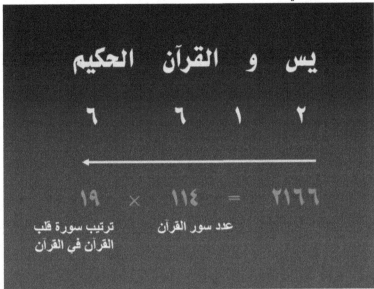

جميع الأرقام تنطق وتقول إن هذا الكلام هو كلام الـلـه تبارك وتعالى، إن هذا الأحكام لا يمكن أن يأتي بالمصادفة يعني لو جئنا بكل ما كتب على مر الزمان، كل ما كتب، وجئنا بجمل كتبها مؤلفون وكتبها أدباء وعلماء، لا يمكن أن نجد جملة تتحدث مثلاً عن كتاب ونجد فيها عدد فصول هذا الكتاب مثلاً، ونجد أيضاً، مثلاً مؤلف الكتاب يقول إن قلب هذا الكتاب ونقلب ونرى نفس الإحكام. هذا العمل لا يمكن أن نجده أبداً، وهو دليل مادي ملموس على أن القرآن كتاب الـلـه تبارك وتعالى.

نلخص ما سبق

إن العدد الذي يمثل حروف ﴿يس * وَالْقُرْآنِ الْحَكِيمِ﴾ يساوي عدد سور القرآن (114) في عدد مرات ذكر كلمة (القرآن) في القرآن (58).

وعندما نقلب هذا العدد فإنه يصبح مساوياً إلى عدد سور القرآن (114) في ترتيب السورة التي هي (قلب القرآن) في القرآن (19).

وهنا لا بد أن نقف دقيقة لنتأمل.. ما معنى أن يجعل الـلـه تبارك وتعالى في كتابه مثل

هذا النظام، يعني لماذا يأتي عدد سور القرآن (114) وعندما نتأمل الآيات التي تتحدث عن القرآن نرى فيها تناسقاً مع هذا العدد.

ماذا يعني أن نجد أن أول آية في القرآن وهي ﴿بِسْمِ اللهِ الرَّحْمَنِ الرَّحِيمِ﴾ [الفاتحة: 1]، وهي الآية الأولى في القرآن تتكرر (114) مرة بعدد سور القرآن، والعدد (114) هو من مضاعفات الرقم (19). ماذا يعني أن نجد هذا التناسق في القرآن فقط من بين كل الكتب؟

إنه يعني شيئاً واحداً: أن الذي أنزل هذا القرآن حفظه بهذه اللغة، فلغة الأرقام هي لغة التوثيق العلمي اليوم، و اللـه تبارك وتعالى وثّق كتابه وأحكمه وحفظه، بشكل يدل دلالة قطعية على أنه كتاب منزل ومنزه عن التحريف.

والسؤال: كيف يمكن أن ندعو غير المسلمين بلغة الأرقام في القرآن الكريم؟ هل هذه اللغة العددية قابلة لأن تكون وسيلة يراها أولئك الملحدون لكي يعتقدوا بأن القرآن كتاب اللـه؟ أقول: إن لغة الأرقام هي اللغة السائدة في هذا العصر، والغرب الذي قامت حضارته وعلومه على الإلحاد، يعشق هذه اللغة، يعشق لغة الأرقام، ونحن عندما نقدم لهم هذه الأمثلة الواضحة جداً والتي لا تقبل الشك أو الجدل أبداً.

عندما نقدم لهم هذه الحقائق، ونقدم لهم هذه الأرقام وندعوهم بها ليس للدخول في الإسلام، فقط لأن يتأملوا هذا الكتاب، ويعيدوا حساباتهم. وعندما يأتي اليوم ونرى معظم الناس من غير المسلمين ينظرون نظرة شك وارتياب إلى هذا القرآن، وأنه لا يوافق العقل أو لا يتفق مع العلم الحديث أو غير مناسب لهذا الزمان، فعندما نستخرج هذه العجائب ونقدمها لهم على أنها معجزات تناسب عصر التكنولوجيا الرقمية، فهذا سيكون من باب خطاب كل قوم بلغتهم التي يفقهونها جيداً، لأن اللـه تبارك وتعالى ماذا قال؟ ﴿ادْعُ إِلَى سَبِيلِ رَبِّكَ بِالْحِكْمَةِ وَالْمَوْعِظَةِ الْحَسَنَةِ وَجَادِلْهُمْ بِالَّتِي هِيَ أَحْسَنُ﴾ [النحل: 125] انظروا إلى هذا الترتيب، علمنا اللـه تبارك وتعالى كيف ندعو إلى اللـه:

أولاً: بالحكمة قبل العلم، وقبل الموعظة، وقبل المجادلة ﴿ادْعُ إِلَى سَبِيلِ رَبِّكَ بِالْحِكْمَةِ﴾ ومن الحكمة أن نكلم الناس بما يفقهون وبما أنهم يعشقون الأرقام نقدم لهم هذه المعجزات الرقمية. ﴿ادْعُ إِلَى سَبِيلِ رَبِّكَ بِالْحِكْمَةِ وَالْمَوْعِظَةِ الْحَسَنَةِ وَجَادِلْهُمْ﴾

بِالَّتِي هِيَ أَحْسَنُ إِنَّ رَبَّكَ هُوَ أَعْلَمُ بِمَنْ ضَلَّ عَنْ سَبِيلِهِ وَهُوَ أَعْلَمُ بِالْمُهْتَدِينَ﴾ [النحل: 125].
وآخر دعوانا أن الحمد لله رب العالمين.

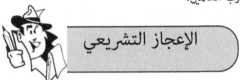

الإعجاز التشريعي

العلماء يعودون لمبادئ الإسلام: الزواج هو الأفضل

دائماً يعود الغرب إلى مبادئ الإسلام، ولكن بعد تجارب مريرة مع المبادئ البشرية التي طبَّقها وأدرك آثارها السلبية والمدمرة على الفرد والمجتمع، لنطلع على هذه الدراسة الجديدة....

يعترف الباحثون اليوم وبعد تجارب مريرة ومشاهدات قاسية تكبدتها المجتمعات الغربية، أن الزواج هو التصرف الطبيعي الذي يمكن للإنسان أن يقوم به، وليست العلاقات غير المشروعة. وكما نعلم فإن علماء الغرب في العصر الحديث كانوا يؤكدون أنه لا ضرورة للزواج، ويمكن للمرء أن يختار شريكته ويعيش معها دون زواج، ويمكن أن ينجبا الأطفال، ولن تحدث أية مشاكل. وبناء على هذا الاعتقاد سارع الكثيرون للعزوف عن الزواج، واختيار شريكة تعيش كأنها زوجة له، ولكن دون أن يعقد عليها أو يلتزم تجاهها بأي شيء.

لقد بدأت أولى سلبيات هذا النظام عندما حسب العلماء عدد حالات العنف المنزلي وأدركوا أن معظمها تحدث في بيوت غير المتزوجين، والذين يقيمون علاقات غير شرعية. ثم درسوا نسبة القلق والإحباط فوجدوها أعلى ما يمكن في هذه البيوت غير الشرعية. ولكن الدراسة الأخيرة كانت على أطفال هؤلاء «الأزواج» غير الشرعيين، فقد كانت المفاجأة.

في مقالة نشرت على جريدة ديلي ميل البريطانية بتاريخ 2008/12/19 اعترفوا بأن الزواج أفضل للأطفال. فقد اعترف الباحثون بأن الزواج ينعكس بشكل أفضل على الأطفال وأن العلاقات الزوجية تكون أكثر استقراراً، وبالتالي تنعكس على استقرار الأطفال في المنزل. لقد وجدوا أن 70 % من المجرمين يأتون من بيوت غير شرعية!

إن الأطفال يتأثرون كثيراً عندما يعيشون في بيت غير شرعي، وبالتالي يؤثر ذلك على سلوكهم وعلى حالتهم النفسية، وحتى على المستوى التعليمي لهم. كما وجدوا أن العلاقات غير الشرعية لا تعمر طويلاً، على عكس الزواج الذي يدوم أطول، ويعطي نتائج إيجابية في تربية الأطفال وسعادة الزوجين.

الزواج سنَّة نبوية شريفة!

كلنا يعلم أن النبي ﷺ قال: «**فمن رغب عن سنَّتي فليس مني**»، ولو تأملنا القرآن الكريم لا نرى أي ذكر لصديقة أو حبيبة أو عشيقة، بل نرى أن الله منذ سيدنا آدم قال: ﴿**وَقُلْنَا يَا آدَمُ اسْكُنْ أَنْتَ وَزَوْجُكَ الْجَنَّةَ**﴾ [البقرة: 35]. فالزواج سنَّة إلهية منذ أن خلق الله سيدنا آدم عليه السلام، واستمرت هذه السنة آلاف السنين ولم يكن هناك أي خطأ أو نتائج سلبية لعملية الزواج، ولكن الإنسان عندما غيَّر هذه السنَّة، بدأت المشاكل بالظهور وبدأت النتائج السلبية تطفو على السطح، وبدأ الباحثون ينادون بضرورة العودة إلى الزواج كفطرة طبيعية.

ولذلك قال تعالى: ﴿**وَمِنْ آيَاتِهِ أَنْ خَلَقَ لَكُمْ مِنْ أَنْفُسِكُمْ أَزْوَاجًا لِتَسْكُنُوا إِلَيْهَا وَجَعَلَ بَيْنَكُمْ مَوَدَّةً وَرَحْمَةً إِنَّ فِي ذَلِكَ لَآيَاتٍ لِقَوْمٍ يَتَفَكَّرُونَ**﴾ [الروم: 21]. وكأن الله تعالى يريد أن يؤكد لنا من خلال هذه الآية على ضرورة الالتزام بقانون الزواج وعدم مخالفته، وأن «الزواج» بحدّ ذاته هو آية ومعجزة تستحق التفكر ﴿**إِنَّ فِي ذَلِكَ لَآيَاتٍ لِقَوْمٍ يَتَفَكَّرُونَ**﴾، فماذا يحدث لو أن الإنسان تخلى عن الزواج! ستبدأ الاضطرابات ويبدأ التفكك الأسري، وتبدأ الجرائم، وسيظهر جيل من المجرمين، فالحمد لله الذي أنعم علينا بهذه السنة الرائعة.

الإعجاز في الكون

هل الشمس تدور أم تجري؟

لنتأمل هذه النفحة الإعجازية من كلام الحق تبارك وتعالى، وهي رد على من يشكك في هذا القرآن، لنستخدم لغة الحقائق والصور العلمية لنثبت أن القرآن هو الحق....

أحبتي في الله! لن أطيل عليكم في هذه المقالة، فقط أحببت أن أبث إليكم هذه النفحة

الإعجازية الرائعة، فالمؤمن الذي يحب القرآن يحب دائماً أن يحدث الآخرين عما يحب: عن عجائبه وأسراره والأشياء المذهلة فيه، وإذا ما تحدث عنه أحد بسوء تجده يغار على «حبيبه» ويدافع عنه وهذا ما يدعوني دائماً للاستمرار في هذه المقالات.

فالمشككون لم يتركوا كلمة في كتاب اللـه إلا وانتقدوها بغير حـق، لم يتركوا حقيقـة علميـة إلا وحاولوا أن يثبتوا خطأها، ولكن هيهات أن يفعلوا ذلك، ومن الأشياء التي خرجوا بها علينا أن القرآن قد أخطأ علمياً في استخدام كلمـة (يجـري) بالنسبة للشمس والقمر، والأدق علميـاً كما يقولون أن يستخدم كلمة (يدور) لأن القمر يدور حول الأرض والشمس تدور حول مركز المجرة.

لنتأمل أولاً كيف عبر القرآن عن حركة الشمس، يقول تعالى: ﴿وَالشَّمْسُ تَجْرِي لِمُسْتَقَرٍّ لَهَا ذَلِكَ تَقْدِيرُ الْعَزِيزِ الْعَلِيمِ﴾ [يس: 38]. والآن لنذهب إلى علماء الغرب أنفسهم والذين لم يؤمنوا بالقرآن، ماذا يقولون؟ إن ظاهرة حركة الشمس لفتت انتباه أحد العلماء ففكر أن يدرس المسار الحقيقي للشمس فيما لو نظرنا إليه من خارج المجرة، وبالطبع الشمس هي نجم في مجرتنا التي تحوي أكثر من 100000000000 نجم!!

الشمس هي نجم من نجوم هذه المجرة

هذه صورة لمجرة تشبه مجرتنا، وتحوي هـذه المجـرة أكثر من مئة ألف مليون نجم، وكـل نجـم يمكـن أن يكـون أصغر من الشمس أو أكبر منها أو بحجمها، وأريـد أن أخبركم أن الكون يحوي أكثر مـن مئـة ألـف مليـون مجـرة كهـذه!!! فهل تدركون معي عظمة هذا الكون وعظمة خلق السماوات والأرض؟ إذا اقرأوا قوله تعالى: ﴿لَخَلْقُ السَّمَاوَاتِ

وَالْأَرْضِ أَكْبَرُ مِنْ خَلْقِ النَّاسِ وَلَكِنَّ أَكْثَرَ النَّاسِ لَا يَعْلَمُونَ﴾ [غافر: 57]. المصدر NASA.

إن حركة الشمس كانت لغزاً محيراً لآلاف السنين، فطالما نظر الناس إلى الأرض على أنها ثابتة وأن الشمس تدور حولها، ولكن تبين فيما بعد أن هذا الاعتقاد خاطئ، والسبب في ذلك هـو ببساطة أن كتلة الشمس أكبر من كتلة الأرض بأكثر من مليون مرة، وبالتالي لا يمكن للأرض أن تجذب الـشمس إليها بل العكس هو الصحيح.

فالشمس وبسبب كتلتها الكبيرة تجذب جميع الكواكب إليها تماماً كما تجذب الأرض القمر الذي هو أصغر من الأرض بكثير، ولذلك أيقن العلماء أن الشمس ثابتة والأرض تدور حولها! ولكن هل هذه هي الحقيقة كاملة؟

لقد اكتشفوا بعد ذلك أن هذه الشمس تنجذب باتجاه مركز مجرتنا (درب التبانة)، بـل وتـدور حوله بشكل دقيق ومحسوب تتراوح سرعة الشمس في دورانها حول مركز المجرة 250-200 كيلو متر في الثانية. فقالوا إن الشمس تدور حول مركز المجرة، وأخيراً وجدوا أن للـشمس حركة أخرى صعوداً وهبوطاً، لقد أصبح الأمر أكثر تعقيداً.

لقد قام العلماء بدراسة حركة الشمس (المجموعة الشمسية) لمعرفة المسار الدقيق الذي ترسمه الشمس أثناء دورانها حول مركز المجرة. وقد وجدوا أن الـشمس لا تـدور دوراناً بـل تجري جرياناً حقيقياً!! وأن جريانها يشبه جريان الخيل في حلبة السباق!

هذه صورة للشمس بالأشعة السينية، إنها تمتد لأكثر من مليون كيلو متر وتظهر وكأنها فرن نووي ملتهب، إنها تزن أكثر مـن 99 % مـن وزن المجموعـة الشمسية، لـذلك فهـي تجـذب الكواكب إليهـا وتجعلها تدور حولها، وتتحرك الشمس وتسبح مع كواكبها ومنها الأرض والقمر. وتبلغ درجة الحرارة

على سـطحها 6000 درجـة مئويـة، وهـي تبـث مـن الطاقة في ثانية واحدة ما يكفي العالم بأكمله لمـدة مئة ألف سنة!! المصدر NASA.

لقد وجد العلماء أن للـشمس حـركتين داخـل المجرة: الأولى حركة دورانية حول مركز

المجرة، والثانية حركة اهتزازية للأعلى وللأسفل، ولذلك فإن الشمس تبدو وكأنها تصعد وتنزل وتتقدم للأمام! وتتم الشمس دورة كاملة حول مركز المجرة خلال 250 مليون سنة! ويستغرق صعود الشمس وهبوطها بحدود 60 مليون سنة، وهكذا تصعد وتهبط وتتقدم مثل إنسان يجري.

أيها الأحبة لقد قمتُ بدراسة حركة جريان الخيول في السباق بهدف رؤية المسار الحقيقي لجريان هذه الخيول وقد وجدتُ أن المنحني الذي يرسمه الحصان في جريانه يتطابق مع ذلك المنحني الذي ترسمه الشمس في جريانها! هل هذه مصادفة!

نرى في هذه الصورة على اليمين المسار الذي ترسمه الشمس خلال حركتها في المجرة، فهي تتم دورة كاملة كل 250 مليون سنة، وتتم هزة كاملة للأعلى والأسفل كل 60 مليون سنة تقريباً. على اليسار نرى المسار الذي ترسمه الخيول أثناء جريانها، ونلاحظ أنه يشبه إلى حد بعيد مسار الشمس، ولذلك فإن كلمة (تجري) دقيقة جداً من الناحية العلمية. المصدر (Nature).

الجريان باتجاه المستقر

لقد وجد العلماء بعد دراسات معمقة أن الشمس تجري باتجاه محدد أسموه مستقر الشمس أو solar apex ويعرفه الفلكيون كما يلي:

A point toward which the solar system is moving; it is about 10° southwest of the star Vega.

أي هو النقطة التي تتحرك الشمس (مع كواكبها) باتجاهها أي بزاوية تميل 10

درجات جنوب غرب نجم النسر بسرعة تقدر بحدود 19.4 كيلو متر في الثانية. المهم أن القرآن قد أشار إلى وجود مستقر ما للشمس في قوله تعالى: ﴿وَالشَّمْسُ تَجْرِي لِمُسْتَقَرٍّ لَهَا ذَلِكَ تَقْدِيرُ الْعَزِيزِ الْعَلِيمِ﴾ [يس: 38].

جريان النجوم

من عجائب المقالات التي قرأتها مقالة بعنوان Star Streaming أي «جريان النجوم»، فقد وجد العلماء بعد دراسات طويلة أن النجوم بما فيها الشمس جميعها تتدفق بما يشبه النهر أو الجدول، ووجدتهم يستخدمون كلمة (يجري) أو Stream للتعبير عن حركة الشمس والنجوم، وهي الكلمة القرآنية ذاتها!! ووجدتهم يستخدمون كلمة Rest أي المستقر وهي نفس الكلمة القرآنية أيضاً!!

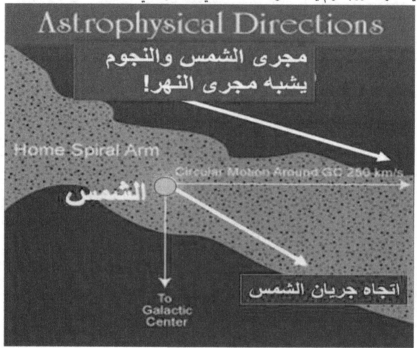

نرى في هذا الرسم كيف يعبر علماء الغرب عن حركة الشمس والنجوم، ويرسمونها ضمن مجرى يشبه مجرى النهر، ووجدوا أن حركة الشمس في هذا المجرى تشبه حركة الأمواج صعوداً وهبوطاً ولذلك يعبرون عن هذه الحركة بكلمة Stream أي تجري! وتأملوا معي كيف يعبر العلماء عن حركة هذه النجوم بالتدفق مثل الماء الذي يجري في

النهر، وكيف أن القرآ، سبقهم إلى هذا التهبير بشكل أدق، يقول تعالى: (وكل في فلك يسبحون) فسبحان الله! المصدر Star Streaming،www.astrology.com

المجرات تجري...

ولذلك فإن علماء الغرب اليوم وفي أحدث الأبحاث العلمية يشبهون حركة المجرات أيضاً بحركة الماء داخل مجرى النهر، بل إنهم عندما رسموا خريطة للكون وجدوا أن الكون عبارة عن «شبكة طرق» تتدفق خلالها المجرات بشكل بديع يشهد على عظمة الخالق عز وجل! ويصف أحد علماء ألمانيا وهو الدكتور ميلر حركة المجرات بأنها أشبه بسائل يتدفق Flow ويجري ضمن قنوات محددة، أليس القرآن يصف هذا المشهد بشكل أدق في قوله تعالى: ﴿**وكل في فلك يسبحون**﴾ [يس: 40]؟؟

تأملوا معي هذه الشبكة من المصابيح المضيئة، إن كل نقطة مضيئة هي عبارة عن مجرة تجري وتتدفق بنظام مذهل، ويقول العلماء إن المجرات تتشكل وتتدفق وتجري على طول هذه الخيوط الكونية. وتأملوا معي «العقدة» المضيئة في الوسط (وهي تجمع لآلاف المرجيات) وكأنها تربط بين هذه الخيوط في نسيج محكم لا يعلم مداه إلى الله تعالى! المصدر مختبرات ماكس بلانك - ألمانيا.

جريان القمر

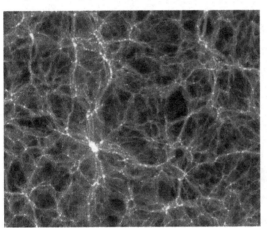

يقول تعالى: ﴿**وَسَخَّرَ الشَّمْسَ وَالْقَمَرَ كُلٌّ يَجْرِي لِأَجَلٍ مُسَمًّى**﴾ [الرعد: 2]. هذه الآية تؤكد بأن القمر يجري أيضاً، ولو تأملنا حركة القمر نلاحظ أنه يرسم مساراً متعرجاً يشبه مسار الشمس في دورانها حول مركز المجرة.

تتحرك الشمس مع الكواكب التابعة لها (مع الشمس والقمر) وتجري جميعها جرياناً

حقيقياً حول مركز المجرة، ولذلك فقد عبَّر القرآن عن هذه الحركة بقوله تعالى: ﴿أَلَمْ تَرَ أَنَّ اللَّـهَ يُولِجُ اللَّيْلَ فِي النَّهَارِ وَيُولِجُ النَّهَارَ فِي اللَّيْلِ وَسَخَّرَ الشَّمْسَ وَالْقَمَرَ كُلٌّ يَجْرِي إِلَى أَجَلٍ مُسَمًّى وَأَنَّ اللَّـهَ بِمَا تَعْمَلُونَ خَبِيرٌ﴾ [لقمان: 29].

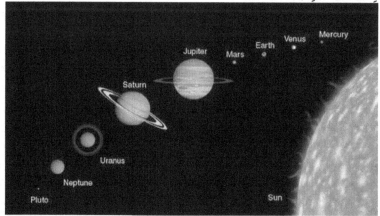

ونلاحظ من خلال الشكل أن الكواكب تدور حول الشمس وتنجرف أيضاً بحركة ثانية ضمن حركة الشمس الاهتزازية حول مركز المجرة، وبالتالي يمكننا القول إن القمر أيضاً يجري والأرض تجري والكواكب تجري، وكذلك النجوم تجري...

جريان السفينة

لقد عبَّر القرآن عن حركة الفُلك في البحر بكلمة (تجري) وهي الكلمة ذاتها التي استعملها القرآن من أجل التعبير عن حركة الشمس، يقول تعالى: ﴿وَسَخَّرَ لَكُمُ الْفُلْكَ لِتَجْرِيَ فِي الْبَحْرِ بِأَمْرِهِ وَسَخَّرَ لَكُمُ الْأَنْهَارَ﴾ [إبراهيم: 32]. فهـذه

السفن والبواخر التـي نراها في البحر هـي مـن نعمـة اللـه تعالى، وهي مسخرة بأمره، سخر الرياح وسخر المـاء وسخر وسائل صناعة هـذه السـفن للإنسان من أجل السفر والتنقل وحمل المتاع.

وهنا نلاحظ أيضاً وجهاً إعجازياً يتجلى في كلمة (لِتَجْرِيَ) فلو تأملنا حركة السفن في البحر نلاحظ أنها تأخذ شكل الأمواج صعوداً وهبوطاً، ولكن هذه الحركة قد لا تظهر لنا مباشرة، إنما تظهر خلال المسافات الطويلة التي تقطعها السفينة في البحر. وهنا نجد أن التعبير القرآني دقيق علمياً.

لو تأملنا حركة السفن في البحر نجد أنها أيضاً تشكل مساراً اهتزازياً صعوداً وهبوطاً، طبعاً قمنا بتكبير المسار المبين في الشكل باللون الأصفر بهدف إيضاح الحركة فقط.

ولذلك فليس غريباً أن يعبر القرآن عن حركة الشمس بكلمة (تجري) لأن الله تعالى يحدثنا عن الحقائق وهو يراها من أعلى! وليس غريباً كذلك أن نجد بعض الملحدين يحاولون التشكيك في صحة هذا القرآن، فهم يعلمون في قرارة أنفسهم أنه الحق، وهذا ما صوَّره لنا القرآن عندما أنكر فرعون آيات الله ومعجزاته وهم يعلمون أنها الحق، فكيف كانت عاقبتهم؟ تأملوا معي قول الحق تبارك وتعالى: ﴿فَلَمَّا جَاءَتْهُمْ آيَاتُنَا مُبْصِرَةً قَالُوا هَذَا سِحْرٌ مُبِينٌ * وَجَحَدُوا بِهَا وَاسْتَيْقَنَتْهَا أَنْفُسُهُمْ ظُلْمًا وَعُلُوًّا فَانْظُرْ كَيْفَ كَانَ عَاقِبَةُ الْمُفْسِدِينَ﴾ [النمل: 13-14].

وأقول يا أحبتي إن القرآن فعلاً كتاب رائع، إنك تجد فيه ما تريد، وتجد فيه الرد المناسب للمعترضين عليه، إذا أردت أن تزداد إيماناً فمعجزات القرآن كفيلة بزيادة إيمانك، وإذا أردت أن تكون سعيداً في هذه الدنيا فالقرآن يضمن لك السعادة في الدنيا والآخرة، فما أجمل هذا القرآن وما أعظم كلماته، في كل كلمة تجد معجزة تستحق الوقوف طويلاً، اللهم انفعنا بهذه الحقائق، واجعلها حجة لنا في ظلمات هذا العصر!

يوم نطوي السَّماء

للكون نهاية مؤكدة! هذا ما تقوله إحدى النظريات، وقد سبق القرآن إلى ذكر هذه الحقيقة منذ 1400 سنة، لنتأمل هذه الحقائق العلمية والقرآنية....

تساؤلات كثيرة يطرحها علماء الفلك على مدى أكثر من سبعين عاماً أهمها: كيف كان الكون في الماضي؟ وما هو شكل الكون اليوم؟ وإلى أين يمضي؟ وهذه المقالة هي

استعراض لأحدث الحقائق الكونية والتي تناولت شكل الكون، وكيف أن القرآن الكريم قد تحدث بدقة مذهلة عن هذا الشكل.

نظرة الناس إلى الكون في الماضي

خلال آلاف السنوات كان الاعتقاد السائد عند الناس عن الكون أنه كروي وأن الأرض هي مركز هذا الكون. وأن الكون يدور من حولها. وقد وضع أرسطو مخططاً اعتبر أن الأرض هي المركز، والكواكب والشمس والقمر والنجوم تدور حولها.

وفي عام 1917 قام ألبرت آينشتاين بوضع نموذج للكون متوافق مع نظريته النسبية وكان نموذجه معتمداً على الشكل الكروي. وقرّر بأن الكون ثابت منذ أن وُجد ولا يزال كذلك وسيبقى على ما هو عليه، ومن أجل تحقيق هذا الهدف وضع ثابتاً كونياً سمّاه ثابت آينشتاين.

ولكن الأمر انقلب رأساً على عقب عندما جاء العالم هابل بعد ذلك وأثبت بالتجربة أن المجرات تتباعد عنا بسرعات كبيرة، مما يؤكد أن الكون كان في الماضي أصغر مما هو عليه الآن. وعندها اعترف آينشتاين بأنه أخطأ خطأً شنيعاً باعتباره الكون ثابتاً، ثم عاد وصرّح بأن الكون يتوسّع

كما يؤكد جميع العلماء أن نظرية الكون اللانهائي (الأبدي) لم يعد لها وجود اليوم، بعد اكتشاف العلماء توسع الكون، وتطوره. ولكن السؤال الذي بقي يشغل بال الفلكيين: كيف كان شكل الكون في الماضي واليوم وإلى أين يذهب؟

ما رأي علماء القرن 21؟

يؤكد معظم العلماء حقيقة أن الكون مسطح ويشبه الورقة! وهاهم علماء وكالة «ناسا» الأمريكية للفضاء يؤكدون (2) أن النظرية الأكثر والأوسع قبولاً تتوقع بأن كثافة الكون قريبة جداً من الكثافة الحرجة، وأن شكل الكون ينبغي أن يكون منبسطاً، مثل صفيحة من الورق.

هذا هو رأي أكثر علماء الفلك اليوم، والسؤال: أليس القرآن قد سبق هؤلاء العلماء بقرون طويلة إلى تشبيه الكون بالسجلّ وهو الورق الذي يُكتب عليه؟ يقول تعالى: ﴿**يَوْمَ نَطْوِي السَّمَاءَ كَطَيِّ السِّجِلِّ لِلْكُتُبِ**﴾ [الأنبياء: 104].

ما هو مصير الكون

يخبرنا العلماء بأن للكون كثافة محددة ولكنها مجهولة بسبب اكتشاف العلماء للمادة المظلمة التي لا تُرى، والمعتقد أنها قريبة للكثافة الحرجة والتي يحددها معظم العلماء ببضع أجزاء من الألف بليون بليون بليون جزء من الغرام وذلك لكل سنتمتر مكعب من حجم الكون المرئي. هذا إذا اعتبرنا أن نصف قطر الكون المرئي هو ثلاث مئة ألف بليون بليون كيلو متر.

إن كثافة الكون الفعلية لا تزال مجهولة حتى الآن، ولذلك يمكن أن يكون للمادة المظلمة والطاقة المظلمة دور في حسم هذه المسألة..

لقد ظهرت حديثاً نظريات تؤكد أن الكون سيُطوى كما تُطوى الورقة (5)، والأشكال التي يتخيلها العلماء اليوم للكون، هي أشكال مسطحة وتشبه الورق!!

وهذا يتطابق تماماً مع قوله تعالى: ﴿يَوْمَ نَطْوِي السَّمَاءَ كَطَيِّ السِّجِلِّ لِلْكُتُبِ كَمَا بَدَأْنَا أَوَّلَ خَلْقٍ نُعِيدُهُ وَعْدًا عَلَيْنَا إِنَّا كُنَّا فَاعِلِينَ﴾ [الأنبياء: 104]. وربما نتذكر من وقت لآخر التأكيدات التي يطلقها كبار علماء الفلك في العالم حول إعادة الخلق وتكرار دورة الكون!

يمثل هذا الرسم الأشكال المحتملة للكون كما يراها العلماء اليوم، وجميعها أشكال مسطحة أو منحنية تشبه الورقة المطوية، وهذا ما حدثنا عنه القرآن في قوله تعالى: ﴿يَوْمَ نَطْوِي السَّمَاءَ كَطَيِّ السِّجِلِّ لِلْكُتُبِ كَمَا بَدَأْنَا أَوَّلَ خَلْقٍ نُعِيدُهُ وَعْدًا عَلَيْنَا إِنَّا كُنَّا فَاعِلِينَ﴾ [الأنبياء: 104]. مع أن الآية تتحدث عن يوم القيامة إلا أنها تتضمّن إشارة إلى شكل الكون المسطح.

وأخيراً

هذه الآية تعدّ معجزة بسبب التشبيه الدقيق الذي استخدمته، وجاء العلماء اليوم ليستخدموا التشبيه ذاته. كذلك تعدّ هذه الآية معجزة لأنها تتحدث عن نهاية للكون، وهو ما يؤكده معظم العلماء. كما أن هذه الآية خالفت المعتقدات السائدة زمن نزولها، أي في القرن السابع الميلادي، حيث كان الاعتقاد

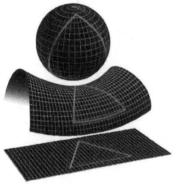

أن الكون ثابت.

وهذا يؤكد أن القرآن كتاب من عند الله وليس كما يدعي بعض المشككين أن الراهب بحيرة والقس ورقة بن نوفل هما من لقّنا الرسول الكريم عليه الصلاة والسلام هذه العلوم. ولو كانت نظريتهم هذه صحيحة إذن لامتزج القرآن بثقافة ذلك العصر وأساطيره. ولكنه جاء موافقاً للحقائق العلمية الحديثة ولا يختلف معها أبداً، وصدق الله القائل عن كتابه: ﴿**وَلَوْ كَانَ مِنْ عِنْدِ غَيْرِ اللَّهِ لَوَجَدُوا فِيهِ اخْتِلَافًا كَثِيرًا**﴾ [النساء: 82].

وأخيراً نود أن نقول: إن للعلماء اليوم عدة آراء تتلخص في أن الكون سيستمر في التوسع، ولكن هذه النظرية لا تجيب على سؤال مهم: من أين سيأتي الكون بالطاقة اللانهائية اللازمة للتوسع اللانهائي؟ وهناك نظرية تقول إن الكون سيعود من حيث بدأ، ونحن نؤيد هذا الكلام لأنه يتفق مع ما جاء في القرآن الكريم، و الله أعلم.

الإعجاز في الأرض

كأنما يصّعّد في السماء

في هذه المقالة نتأمل آية من آيات الله تعالى تشير بوضوح كامل إلى حقيقة علمية لم تكتشف إلا حديثاً، لنقرأ...

طالما حلم الإنسان بالصعود إلى السماء والارتفاع فيها، ومنذ آلاف السنين بذل البشر المحاولات العديدة لذلك، ولكن كلها باءت بالفشل حتى جاء القرن العشرين حيث أمكن دراسة طبقات الجوّ وتركيبها واستغلال هذه المعرفة في الطيران والصعود إلى الفضاء.

فمنذ مطلع القرن العشرين قام العلماء بدراسة بنية الغلاف الجوي بشكل علمي وأثبتوا أنه يتركب من الأكسجين والنتروجين بشكل أساسي. فغاز الأكسجين هو الغاز الضروري للحياة، ولا يستطيع الإنسان العيش من دونه أبداً ونسبته في الهواء (21) بالمئة تقريباً، ونسبة النتروجين (78) بالمئة، ونسبة من غازات أخرى كالكربون وبخار الماء بحدود (1) بالمئة.

هذه النسب لو اختلت قليلاً لانعدمت الحياة على سطح هذا الكوكب. ولكن الله برحمته وفضله ولطفه بعباده حدّد هذه النسب بدقة وحفظها من التغيير إلا بحدود ضيقة جداً.لقد

حفظ اللـه تعالى السماء (أي الغلاف الجوي) وجعلها سقفاً نتقي به شرَّ الأشعة الخطيرة القادمة من الشمس فيبددها ويبطل مفعولها، لذلك فهذه السماء تحافظ على حياتنا على الأرض.

ولكن قانوني الجاذبية والكثافة اللـذين سخرهما اللـه لخدمتنا يجعلان من الغلاف الجوي طبقات متعددة، لكل طبقة خصائصها وميزاتها وفائدتها. فقانون الجاذبية الأرضية يؤدي إلى إمساك الأرض بغلافها الجوي أثناء دورانها في الفضاء. ويبقى هذا الغلاف الجوي ملتصقاً بالكرة الأرضية رغم مرور ملايين السنين على وجوده. هذا بالنسبة لقانون الجاذبية فماذا بالنسبة لقانون الكثافة؟ لقد اكتشف العلماء أن السوائل الأثقل تهبط للأسفل والأخف تطفو للأعلى. لذلك عندما نضع الماء مع الزيت في كأس نرى أن الزيت قد ارتفع للأعلى وشكل طبقة فوق الماء، وذلك لأن الزيت أخف من الماء. هذا ينطبق على الغازات، فالغاز الأخف وزناً أي الأقل كثافة يرتفع للأعلى، وهذا ما يحصل تماماً في الغلاف الجوي فالهواء القريب من سطح الأرض أثقل من الهواء الذي فوقه وهكذا.

إذن هنالك تدرج في كثافة ووزن وضغط الهواء كلما ارتفعنا للأعلى حتى نصل إلى حدود الغلاف الجوي حيث تنعدم تقريباً كثافة الهواء وينعدم ضغطه.

إن هذه الحقيقة العلمية وهي نقصان نسبة الأكسجين كلما ارتفعنا في الجوّ قادت العلماء لأخذ الاحتياطات أثناء سفرهم عبر السماء. حتى إن متسلقي الجبال نراهم يضعون على أكتافهم أوعية مليئة بغاز الأكسجين ليتنفسوا منه في الارتفاعات العالية حيث تنخفض نسبة الأكسجين في أعالي الجبال مما يؤدي إلى ضيق التنفس.

صورة بالأقمار الاصطناعية لسلسلة جبال الهملايا وهي أعلى قمم في العالم، وقد وجد العلماء أننا كلما صعدنا عالياً فإن نسبة الأكسجين تنخفض، حتى نصل إلى منطقة ينعدم فيها الأكسجين!

إن أول شيء يحسُّ به الإنسان أثناء صعوده لأعلى ضيق في صدره وانقباض في رئتيه،

حتى يصل لحدود حرجة حيث يختنق ويموت. هذه الحقيقة العلمية لم تكن معروفة أبداً زمن نزول القرآن العظيم. لم يكن أحد يعلم بوجود غاز اسمه الأكسجين، ولم يكن أحد يعلم أن نسبة الأكسجين تتناقص كلما ارتفعنا في طبقات الجوّ، لم يكن أحد يعلم التأثيرات الفيزيائية على صدر الإنسان ورئتيه نتيجة نقصان الأكسجين.

إلا أن القرآن الكريم كتاب الله عز وجل وصف لنا هذه الحقيقة العلمية بدقة فائقة من خلال تشبيه ذلك الإنسان الذي أضلَّه الله بإنسان يعيش في طبقات الجوّ العليا كيف يكون حاله؟ إنه لا يستطيع التنفس أو الحركة أو الاستقرار فحالته مضطربة وحالة صدره في ضيق دائم حتى يصل للحدود الحرجة فهو أشبه بالميت.يقول عز وجل: **﴿ومن يرد أن يضلّه يجعل صدره ضيّقا حرجاً كأنما يصّعّد في السماء﴾** [الأنعام: 125].

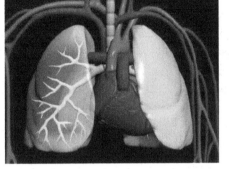

لقد زود الله الإنسان بالرئتين وسخر له الهواء في الغلاف الجوي للأرض، كذلك أنزل له القرآن وفيه تعاليم السعادة في الدنيا والآخرة. فعندما يبتعد الإنسان عن تعاليم هذا الدين فكأنما ترك هذه الأرض وصعد إلى طبقات الجو العليا حيث لا هواء، وبالتالي سيضيق صدره ولن يهنأ له عيش وربما يختنق ويموت.

إذن قررت هذه الآية قانون كثافة الهواء الذي يقضي بنقصان نسبة الهواء كلما ارتفعنا في الجوّ. إنه الله تعالى الذي وصف لنا حقيقة علمية استغرق اكتشافها مئات السنوات بكلمات قليلة وبليغة: **﴿يجعل صدره ضيّقا حرجاً كأنما يصّعّد في السماء﴾**، ثم انظر إلى كلمة (يصّعّد) المستخدمة في الآية والتي تناسب تغير السرعة أثناء الصعود إلى الأعلى. فنحن نعلم أن الجسم الذي يسقط من أعلى لأسفل لا يسقط بسرعة منتظمة، بل بسرعة متغيرة بسبب التسارع الذي تمارسه الجاذبية الأرضية على هذا الجسم.

كذلك عملية الصعود من أسفل لأعلى بعكس جاذبية الأرض، تتم بسرعة متغيرة وهذا يناسب كلمة (يصّعّد) بالتشديد للدلالة على صعوبة الصعود وقوة الجاذبية الأرضية وتغير سرعة الصعود باستمرار. وهذا يعني أن الآية قد تحدثت عن تسارع الجاذبية الأرضية أيضاً من خلال

كلمة، فهل جاءت كل هذه الحقائق العلمية في آية واحدة عن طريق المصادفة؟

فمن الذي أنبأ محمداً عليه الصلاة والسلام بهذا القانون الفيزيائي؟ ومن الذي أخبره بأن الذي يصعد في السماء يضيق صدره ويعاني من حرج شديد وصعوبة في التنفس؟

الأرض تتكلم!

هل تصدق عزيزي القارئ أن الأرض تبث ترددات صوتية بشكل دائم ولكننا لا نسمعها؟ هذا أحدث اكتشاف في علم الأرض، فماذا قال القرآن في ذلك؟......

«الأرض تتكلم Earth Speaks» هذا عنوان وجدته على أحد المواقع العالمية (مجلة الاكتشاف) www.discovermagazine.com طبعاً يبدو هذا العنوان طبيعي جداً في مثل هذا العصر، لأن العلماء اكتشفوا أن كل شيء تقريباً في الكون يبث الترددات الصوتية.

ولكن زمن نزول القرآن كان هذا الأمر مستغرباً، لأن الإنسان وقتها لم يكن يتصور بأن الأرض يمكن أن تصدر ذبذبات صوتية، إلا أن القرآن حدثنا عن مثل هذا الأمر في العديد من الآيات، والتي فسرها المفسرون بأن الله جعل في الأرض القدرة على الكلام فتكلمت. يقول تعالى: ﴿**ثُمَّ اسْتَوَى إِلَى السَّمَاءِ وَهِيَ دُخَانٌ فَقَالَ لَهَا وَلِلْأَرْضِ ائْتِيَا طَوْعًا أَوْ كَرْهًا قَالَتَا أَتَيْنَا طَائِعِينَ**﴾ [فصلت: 11]. ويقول أيضاً عن فرعون وملئه بعد أن أغرقهم الله بكفرهم: ﴿**فَمَا بَكَتْ عَلَيْهِمُ السَّمَاءُ وَالْأَرْضُ وَمَا كَانُوا مُنْظَرِينَ**﴾ [الدخان: 29].

ولو رجعنا إلى أقوال المفسرين نجدهم لم يستغربوا هذا الأمر، بل آمنوا بكل ما جاء في كتاب الله تعالى، وقالوا: بأن الأرض تكلمت بصوت حقيقي، والسماء كذلك، وأن الأرض تبكي بكاء حقيقياً، وكذلك السماء.

والعجيب أن أحد أهم مواقع الفضاء في العالم www.space.com نشر مقالة بعنوان «السماء تتكلم» وقد وجد البروفيسور مارك ويتل من جامعة فيرجينيا أن الكون في بداية خلقه أصدر ترددات صوتية بنتيجة التمدد المفاجئ للغاز الموجود وقتها، وهذا الاكتشاف حدثنا عنه القرآن كما في الآية السابقة: ﴿**ثُمَّ اسْتَوَى إِلَى السَّمَاءِ وَهِيَ دُخَانٌ فَقَالَ لَهَا وَلِلْأَرْضِ ائْتِيَا طَوْعًا أَوْ كَرْهًا قَالَتَا أَتَيْنَا طَائِعِينَ**﴾ [فصلت: 11].

إن الأمر لا يقتصر على كشف هذه الترددات الصوتية بل إن العلماء وجدوا أن هذه الترددات وهي في المجال دون الصوتي infrasound مهمة جداً ولها عمل حساس وهي

نعمة من نعم المولى تبارك وتعالى!!

فالأرض تصدر مثل هذه الذبذبات وهي في المجال أقل من 20 هرتز (أي أقل من 20 ذبذبة في الثانية)، قبل حدوث الزلازل والهزات الأرضية، وتصدر هذه الذبذبات أيضاً قبل حدوث البراكين، وكذلك قبل حدوث ظاهرة الأمواج الممتدة (تسونامي).

فعندما ضرب التسونامي عام 2004 شواطئ إندونيسيا وذهب ضحيته مئات الآلاف، قبل هذه الحادثة بقليل هربت الكلاب من المنطقة وبدأت الفيلة في حديقة الحيوانات المجاورة تتذمر وتصرخ وترتجف، وفسر العلماء هذه الظاهرة بأن الحيوانات تسمع هذه الترددات وتخاف منها.

فقد وجد العلماء أن الفيلة تتخاطب بالذبذبات تحت الصوتية أما الحيتان فتكلم أصدقاءها بهذه الذبذبات وتنتشر عبر الماء لآلاف الكيلومترات! والأغرب من ذلك أن الفيلة تسمع الترددات الصوتية المنخفضة والتي لا يسمعها الإنسان والتي تسبق العواصف، فتهرب منها! كذلك الانهيارات الجليدية العنيفة تسبقها ترددات صوتية منخفضة، وهذا ما يسعى العلماء لاستغلاله للتنبؤ المبكر بالزلازل والبراكين والكوارث الطبيعية.

لقد سخر الله هذه الترددات الصوتية المنخفضة قبل حدوث البراكين أو الكوارث الطبيعية مثل الزلازل لتكون إنذاراً للحيوانات لتهرب من المنطقة التي سيضربها البركان، لقد زود الله تعالى الحيوانات بأجهزة تسمع هذه الترددات وتحللها، وتتخذ احتياطاتها، أما الإنسان (المتكبر!) فحتى هذا اليوم لم يتمكن من اختراع جهاز يمكنه من التنبؤ بهذه البراكين والزلازل، فسبحان الله!

تأملوا معي كيف أن الله تعالى سخر كل شيء لخدمتنا! قال تبارك وتعالى: ﴿**وَسَخَّرَ لَكُم مَّا فِي السَّمَاوَاتِ وَمَا فِي الْأَرْضِ جَمِيعًا مِّنْهُ إِنَّ فِي ذَٰلِكَ لَآيَاتٍ لِّقَوْمٍ يَتَفَكَّرُونَ**﴾ [الجاثية: 13]. فلك الحمد يا رب العالمين على هذه النعم، نسألك أن تنفعنا بهذا العلم إنك سميع قريب مجيب.

ومما لا شك فيه أن عجائب الإعجاز كثيرة ومتعددة مما لا يتسع لها المجال في هذا الكتاب ويمكن الرجوع إلى الموسوعة المبسطة في الإعجاز للمؤلف لمن أراد الاستزادة.

الخاتــمــة

...مما لاشك فيه أن عجائب × عجائب

ما هو إلا غيض من فيض قطرة في بحر العجائب الزاخر

فما أكثر العجائب فيما حولنا والتي لا تحصى ولا تعد

وما هذا الكتاب سوى محاولة جادة لرصد تلك العجائب

ولا ندعى له الكمال

فما هو سوى قطرة في محيط

والحياة كانت وسوف تظل حبلى بالعجائب التي تستبين لنا عندما يأتي المخاض لذلك

سنريهم آياتنا في الآفاق وفى أنفسهم حتى يتبن لهم أنه الحق...

فالعجائب لا تنتهي وسيظل الدافع لتأليف كتاب في العجائب متجددا ما بقيت الحياة.

المؤلف/ سعد رفعت راجح

الميا سرة: 2009/4/1م

الفهـــرس

* * *

T0157269

Printed in the United States
By Bookmasters